혁신 기업을 위한

프로세스 거버넌스

PROCESS GOVERNANCE

정승렬 · 이정규 지음

국민대학교 출판부
KOOKMIN UNIVERSITY PRESS

지은이 **정승렬** srjeong@kookmin.ac.kr

서강대학교 경제학과를 졸업하고 위스콘신대학교에서 경영정보학 석사학위를, 사우스캐롤라이나대학교에서 경영정보학 박사학위를 취득했다. 현재 국민대학교 경영정보학부 및 비즈니스IT전문대학원 교수직을 맡고 있으며 기획부총장을 역임하였다. 한국인터넷정보학회 회장(2016~2017)을 지냈으며 한국은행, 국토해양부, 국무총리실, 기획예산처, 국세청 등 여러 정부 부처와 공공기관 정보화 자문위원을 역임했거나 현재도 봉사하고 있다. 또한 한화생명, 삼성화재, 한화손해보험, 농협, 국민은행, 우리은행 등 다양한 금융 기관에서 프로세스 혁신 및 ISP 컨설팅을 수행했거나 차세대 시스템 구축 자문교수를 역임했다. 경영정보학 분야에 백편 이상의 연구논문을 발표했고, 저서『비즈니스 프로세스』(한빛 아카데미, 공저, 2018) 등이 있다.

지은이 **이정규** dominiclee@naver.com

성균관대학교 기계공학과를 졸업하고 서강대에서 MBA 석사학위를, 국민대에서 경영정보학 박사학위를 취득했다. 정보처리기술사, 미국회계사이며 KAIST 기술경영대학원 겸임교수를 지냈다. 한국IBM, 브로드비전, 안철수연구소, 안랩코코넛, 한양대 자회사 스타트업, 현대엠엔소프트, 비영리재단 등 컴퓨터, 전기전자, e-Biz, IT 보안, 모바일, 자동차 임베디드 시스템 업계에서 제조산업전문가, 영업대표, 마케팅 팀장, 영업부장, 영업본부장 및 컨설팅사업부장, 대표이사, 연구소장, 사무국장 등 다양한 직무를 수행했다. 현재 ㈜KCA에서 IT수석감리원으로 일하고 있으며, ZDNET비즈니스IT컬럼니스트, 기술창업 투자심사위원, 국민대 경영정보학부 겸임교수로 사회에 기여하고 있다. 주요 저서로『동시병행설계』(대청문화사, 1994),『딥 스마트』(한빛비즈, 2011),『비즈니스 프로세스』(한빛 아카데미, 공저, 2018) 등이 있다.

홈페이지: www.deepsmart.org

프로세스 거버넌스

초판발행 | 2020년 3월 2일

지은이 | 정승렬, 이정규
펴낸이 | 임홍재
펴낸곳 | 국민대학교 출판부

주소 | 서울시 성북구 정릉로 77
전화 | 02-910-4242, 팩스 02-910-4240
등록 | 1975년 6월 17일, 제6-33호

인쇄 | ㈜상지피앤아이

ISBN 978-89-7812-458-4 93320

값 20,000원

* 잘못된 책은 교환하여 드립니다.

CONTENTS

PART 2 조직 거버넌스의 3요소

PART 3 프로세스 거버넌스의 이론적 고찰

지은이 머리말

프로세스 도메인의 관리적 관점에 대한 이해가 높더라도 프로세스 변화 프로젝트가 실패하는 이유는 대부분 거버넌스 관점에 대한 몰이해 때문이다.

프로세스는 조직의 목표 달성을 위해 수행되는 활동들의 집합이다. 프로세스는 그 자체로 조직의 업을 나타내고 있으며 경쟁력을 반영하며 동시에 정보화의 대상이기도 하다. 프로세스에 대한 종합적인 이해는 기업 경영이나 정보화와 관련된 일을 하는 사람들에게는 핵심역량이 될 수 밖에 없다.

프로세스를 어떻게 혁신해야 조직의 경쟁력을 끌어올릴 수 있는가 하는 질문은 많은 사람들의 관심사였다. 1990년대 후반부터 프로세스 리엔지니어링(BPR) 혹은 프로세스 혁신(PI)이란 캐치프레이즈 하에 다양한 프로세스 변화process change 프로젝트가 수행되었다. 이로부터 프로세스 관리 지식에 대한 요구는 지속적으로 커져왔다. 저자들은 20년 이상의 연구와 실무 경험을 바탕으로 2018년초 프로세스 및 프로세스 관리에 대한 체계적이고 종합적인systematic and comprehensive 지침서인 "비즈니스 프로세스"(한빛아카데미)를 출간하여 프로세스 관리 지식에 대한 니즈를 조금이나마 충족시키고자 하였다. 이 과정에서 독자들이 프로세스에 대한 거버넌스 관점을 이해하는 것이 시급하다는 것을 다시 한번 확인하였다. 프로세스 도메인의 관리적 관점에 대한 이해가 높더라도 프로세스 변화 프로젝트가 실패하는 이유는 대부분 거버넌스 관점에 대한 몰이해 때문이다.

거버넌스는 조직의 항상적 유동성을 보증하는 활동이다. 오늘날 급변하는 환경 속에서도 경쟁력을 잃지 않기 위해서는 조직이 고착하여 변화가능성을 잃어버리는 상태가 아닌 언제든지 변화할 수 있는 상태가 유지되어야 한다. 거버넌스 역량이 성숙되어 있지 않은 조직은 고착화를 강화하고 조직의 유동성을 떨어뜨려 결국 조직의 지속가능성을 위협한다. 즉, 환경변화에 따른 필요한 프로세스 변화가 만들어지기 어렵게 된다.

본서는 프로세스 거버넌스에 대한 최초의 통합적이고 실무용 지침서이다. 프로세스 거버넌스가 무엇인지, 어떤 요소로 구성되어 있는지, 어떻게 거버넌스 역량을 키울 것인지 등에 관해 체계적으로 설명할 것이다. 무엇보다도 거버넌스 역량 측정도구를 제공함으로써 조직의 현 상태를 파악하고 향후 어떤 액션 플랜이 필요한지 가이드라인을 제공할 수 있다. 본서를 통해 프로세스 거버넌스에 대한 이해를 높이고 이를 조직에 성공적으로 구현해 나간다면 프로세스 거버넌스의 목적인 효율성, 효과성, 투명성, 책무성, 지속가능성을 쉽게 달성해 나갈 것이라고 확신한다.

저자들은 학문적 엄격성과 실무적 관련성을 추구하면서 꽤 오랜 시간 본서를 준비하였다. 그럼에도 불구하고 아직 미진한 부분들이 틀림없이 남아있을 것이다. 언제든지 부족한 부분에 대한 독자들의 지적과 조언을 환영하며 기대한다. 이를 통해 프로세스에 대한 지식이 좀 더 체계적으로 축적되고 정리됨으로써 우리사회가 조금이나마 진보하게 될 것을 확신한다. 이정규 박사와의 작업은 훌륭한 지적 탐구로의 여행이었다.

정 승 렬

봉건적 계층구조의 구 거버넌스는 가고,
네트워크 협치의 신 거버넌스 세계가 다가오고 있다.

1990년 중반부터 정치·사회학 분야에서는 거버넌스에 대한 담론이 시작되고 여전히 현재 진행 중이다. 과거의 신 자유주의적 통치방식이 불러온 정부실패의 결과로 발생된 현상이다. 그러한 이유로 행정학 분야에서도 전통적인 정부 주도의 거버넌스 체제의 한계를 넘는 신 거버넌스에 대한 대안이 활발하게 논의되고 있었다. 신 거버넌스라 함은 시민과 사회단체들이 거버넌스의 대상에 한정되는 것이 아니라, 거버넌스 활동의 주체로서 정부 정책에 참여하는 협치와 관계된다. 즉, 전통적인 중앙 집권적 구(舊) 거버넌스 체제로부터 네트워크적 거버넌스 체제로 변화된 개념이 신(新) 거버넌스이다.

이에 영향을 받아 경영학에서도 조직 거버넌스에 대한 연구가 시작되었다. 그러나 신 거버넌스의 개념이 기업 도메인에 전파되는 와중에 미시권력, 자기조직화로 특징되는 네트워크 거버넌스의 개념은 증발해 버렸다. 이렇게 된 이유는 기업의 통제구조가 여전히 봉건적 형태의 이사회와 CXO레벨의 중앙집권적 계층구조를 고수하고 있기 때문에 네트워크적 거버넌스 체제를 수용하지 못했기 때문이다. 이러한 기업생태계의 한계 때문에 비즈니스 거버넌스는 미국의 사베인스-옥슬리 법과 같이 강제된 규제를 적정하게 준수하는 관점으로 진화했다. 즉, 이사회와 경영진의 권한관계, 대리인 이론에 근거한 내부통제구조와 회계보고의 투명성, 이사회와 외부 감사인의 독립성 보증에 대한 틀을 넘지 못했다. 한편 일단의 정보기술 벤더들은 규제에 부응하는 전략연계의 관점에서 효과적이고 효율적인 IT 거버넌스의 개념을 발전시켜

왔으며, 갈수록 증대되는 IT 비용의 절감을 도모하는 기업의 주목을 받아왔다.

전술한 비즈니스 거버넌스와 IT 거버넌스는 조직 거버넌스의 하위개념이다. 비즈니스 거버넌스는 전략연계에 초점을 맞추고, IT 거버넌스는 정보기술의 최적화에 집중한다. 그러나 프로세스는 조직의 본질적 가치창조 활동을 설명해 주며, 비즈니스 전략과 정보시스템 구축을 연계해주는 활동을 대상으로 한다. 이처럼 프로세스가 비즈니스 전략과 정보전략의 매개적 개념에 해당하는 매우 중요한 구조체임에도 불구하고, 프로세스 거버넌스는 상대적으로 연구가 미흡하였다. 2018년 초 비즈니스 프로세스(영문 명: Business Process Management, 한빛 아카데미) 책을 펴낸 이후, 저자는 프로세스 매니지먼트의 상위개념인 프로세스 거버넌스에 대한 마땅한 참고서적이 없음을 알게 되었다. 본서는 프로세스 매니지먼트를 관장하는 프로세스 거버넌스를 다룬 최초의 책이다.

현대 사회의 조직 및 기업지배구조는 새로운 변혁의 시기에 있다. 미시권력의 등장, 네트워크 파워, 협치, 자기조직화 등 정치사회적으로는 이미 드러나고 있는 변혁의 증거가 아주 희박하기는 하지만 기업 도메인에서도 감지되고 있다. 홀라크라시 경영, 린 사이클, 우리경제 WEconomy와 같은 키워드는 기업 거버넌스의 새로운 탈피 활동을 보여준다. 변화와 전환의 시대에 쓰는 이론서는 기술하기 어렵다. '전환 이전의 거버넌스 모델을 주로 설명할 것인가' 아니면 '아직은 확증이 약한 미래의 거버넌스 모델에 맞추어야 하는가' 하는 기준 때문이다. 봉건적 계층구조를 가진 회사의 구 거버넌스 체계와 네트워크 협치를 강조한 신 거버넌스 중에서 어디에 포커스를 맞추어야 하는가 하는 고민을 잠시 했었다. 그러나 양자 모두를 우리 시대에서 공존하는 거버넌스 유형으로 판단하여 균형감을 가지고 서술하려 노력했다.

본서는 은사이신 국민대 정승렬 전 부총장과의 1년 반에 걸친 공동 연구의 산물이다. 우리는 매주 마다 본서의 세부 주제에 대한 학술적 엄정함과 적정성을 리뷰하였다. 연구과정은 학문의 즐거움을 알아가는 유쾌한 경험이었고 같이한 은사와의 인연에 감사하고 있다. 본서가 나오기까지 도움을 주신 여러 지인을 밝힌다. 구글 설문에 도움을 준 WeCEO의 권성현 대표, 독자 관점에서 약점을 잡아 준 사이냅의 전경헌 대표에게 감사드린다. 특히 본서의 논리적 틀을 잡는데 도움 준 학자들이 있다. 서울대 유기윤 교수의 '2050 미래사회보고서'에서 미시권력이라는 단어를 얻었고, 서강대 노부호 교수님의 책인 '제3의 경영'에서 홀라크라시를 알게 되었다. 원칙의 사표인 후배 성균관대 김광수 교수에게서 인본적 아담 스미스 경제학의 원류를 이해했다. 존경하는 전남대 철학과 이강서 선배에게서 거버넌스의 철학적 고찰을 검증 받았다. 또한 팀프레너십의 가치 전파를 위해 뭉친 엠티에이(mta-korea.co.kr)의 멤버와 동료 앱솔루트팀과의 인연에 감사한다. 그들과의 만남은 본서의 가치지향에 큰 동력이 되었다. 끝으로 아들의 먹는 것, 자는 것을 반복해서 챙기시는 팔순 노모의 자식 사랑에 감사 드리며 이 책을 사랑하는 어머니 정종임 여사께 바친다.

이 정 규

이 책의 사용법

본서는 프로세스 매니지먼트의 상위 개념인 프로세스 거버넌스를 주제로 다룬다. 일찍이 사회과학 분야에서는 중앙집권적 통치 방식의 대안으로 제시된 신 자유주의적 통치정책이 실패로 귀착된 결과, 전통적인 정부 주도의 거버넌스 체제의 한계를 넘는 신 거버넌스에 대한 담론이 활발하게 논의되고 있었다. 신 거버넌스라 함은 시민과 사회단체들이 거버넌스의 대상으로 한정되는 것이 아니라 거버넌스 활동의 주체로서 정부 정책에 직접 참여하는 네트워크 협치와 관계된다. 즉, 전통적인 중앙 집권적 거버넌스 체제로부터 네트워크적 거버넌스로 변화된 개념이 신 거버넌스이다. 이는 본질적으로 민주주의 이론과 걸맞지 않은 엘리트 주도 대의민주주의까지도 위협하고 있다. 대의통치방식은 원래 운영적 효율성 때문에 부득이하게 도입되었으나, 소셜미디어 네트워크와 같은 정보기술의 도래가 그 존재가치에 의문을 던져주기 때문이다. 특히 국민의 대표로 선출된 엘리트들이 드러내는 집단 이기주의적 속성 때문에, 미시권력에 의한 네트워크 통치방식에 대한 요구는 앞으로 더욱 거세질 것이다.

그러나 이상의 정치사회적 변화에도 불구하고, 기업 도메인에 전파되는 와중에 네트워크에 의한 거버넌스의 개념은 연기처럼 사라져 버렸다. 기업 도메인의 의사결정 파워가 대리인 이론에 근거한 전통적 계층구조인 이사회와 CXO레벨에 집중되어 있기 때문에 네트워크적 거버넌스 체제를 배척해 온 결과이다. 그러한 이유로 저자는 현대 사회의 조직 및 기업지배구조가 새로운 변혁의 시기에 있다고 판단한다. 정치·사회적으로는 이미 드러나고 있는 네트워크 거버넌스의 증거가 기업 도메인에서도 미약하지만 감지되고 있기 때문이다. 홀라크라시, 린 사이클, 우리경제WEconomy와 같은 현상은 일부 선도적 리더들에 의한 기업 거버넌스의 새로운 탐색활동을 보여준다. 본서는 조직 거버넌스의 하위 개념임에도 그동안 연구가 취약했던 프로세스 거버넌스에 집중한다. 이를 위하여 아래와 같이 5개의 부분으로 프로세스 거버넌스의 지식체계를 구성했다.

파트 1 '거버넌스 총론'의 Chapter 1은 거버넌스에 대한 맥락적 이해를 위한 돕기 위한 내용으로 구성되었다. 그 시작은 거버넌스 담론에 관련된 카오스 이론에서 탄생한 자기조직화

현상이다. 그 다음은 자연에 대한 관점과 인간 관계에 대한 학문이라 할 수 있는 철학적 변천사를 회고하여, 거버넌스 출현의 이론적 모태인 관계철학을 설명한다. 또한 정보기술의 변천을 통해서 산업사회의 의사결정 구조 변화에 대한 통찰과 더불어 미시권력이 만들어 가는 네트워크 거버넌스를 상정한다. Chapter 2는 거버넌스에 대한 좀 더 깊은 맥락적 배경에 도움을 주는 체계, 플랫폼, 프레임워크의 개념 설명과 아울러, 들뢰즈의 관계철학 용어를 이용하여 거버넌스의 개념정의를 내린다. 아울러 정치사회적 거버넌스가 어떻게 전개되어 조직에 발현되는지를 설명한다. Chapter 3에서는 매니지먼트와 거버넌스의 차이, 현대의 주류 조직형태인 기능조직과 거버넌스, 그리고 조직 거버넌스에 대한 기존의 연구결과를 통해서 조직거버넌스의 3요소인 비즈니스, 프로세스, 정보기술(IT) 거버넌스 모델을 제시한다.

파트 2 '기업 거버넌스'는 조직 거버넌스의 3요소인 비즈니스 거버넌스, 프로세스 거버넌스, IT 거버넌스의 전반적 맥락을 설명하는 부분이다. 책의 주제인 프로세스 거버넌스가 비즈니스 전략과 정보시스템 구현의 지향과 정렬 과업에 관련된 연계를 다루지만, 프로세스 거버넌스 외에 기업내의 다른 거버넌스 요소를 설명함으로써 프로세스 거버넌스의 맥락적 위치를 이해하기 위함이다. 3개의 Chapter는 차례대로 비즈니스, 프로세스, IT 거버넌스를 다룬다.

파트 3 '프로세스 거버넌스의 이론적 고찰'에서는 본격적으로 책의 주제인 프로세스 거버넌스 모델을 설명한다. 그것은 프로세스 거버넌스 큐브 모형의 3가지 부분으로 Chapter 7에서는 핵심 모델인 프로세스 거버넌스 프레임워크을 설명한다. 이는 역량계층, 공유정신 모형 계층, 통제사이클 계층으로 이루어져 있으며 본서의 핵심 주제이다. Chapter 8은 프로세스 거버넌스의 5가지 목적, Chapter 9는 프로세스 거버넌스의 3가지 범주인 창조, 운영, 변경에 대하여 간략히 설명한다.

파트 4 '프로세스 거버넌스의 실행'에서는 Chapter 10에서 프로세스 거버넌스를 도입할 때 조직유형에 따른 도전 과제, 영리/비영리 조직의 프로세스 거버넌스의 핵심 키워드를 설명한다. 먼저 영리조직의 거버넌스 이슈를 촉발시킨 SOX법과 관련된 거버넌스 과제들을 설명한 이후에 비영리 조직에서 고려할 거버넌스 이슈에 대하여 간략히 설명한다. 이러한 키워드가 거버넌스에 관련된 이슈 전체를 포괄하지는 못하지만, 적어도 영리/비영리 도메인에서 발생될 거버넌스 리스크에 대한 통찰을 줄 것으로 생각한다. Chapter 11에서는 스타트업 벤처에서의 프로세스 거버넌스의 특징을 설명한다. 재무적 목표 보다는 비즈니스 모델을 검증하는 학습을 중요시하는 린 스타트업의 프로세스와 혁신지표를 다룰 것이다. Chapter 12에서는 공공기관, 금융기관, 제조업체에서 유의해야 할 국제적 표준과 규범에 따른 프로세스 거버넌스의 최근 추이를 다룰 것이다.

파트 5 '프로세스 거버넌스 관리도구'에서는 이상의 이론적 고찰과 실행 사례를 참고하여 각 기업들이 프로세스 거버넌스 체제를 도입할 경우 활용할 수 있는 도구를 제시할 것이다. Chapter 13에서는 본서의 창의적 방법론인 프로세스 거버넌스의 4가지 역량차원인 전략연계, 권한강화, 직능향상, 자율조직의 측정도구에 대하여 설명한다. Chapter 14에서는 측정도구를 이용하여 기업 조직의 성숙 수준을 평가하는 레퍼런스 모델과 더불어 측정치를 통하여 기업의 수준을 평가하고 프로세스 개선활동을 결정하는 활용 절차를 설명할 것이다. 마지막으로 Chapter 15는 난이도가 높은 부분으로, 정보공학 도구로서 새로이 대두되고 있는 프로세스 마이닝 이론을 중간 관리자들이 내부통제구조를 점검할 때 알아야 할 수준으로 설명한다.

독자들이 본서의 맥락을 쉽게 이해하도록 심도가 깊은 일부 참조자료는 부록에 실었다. 부록 A에는 실제 프로세스 거버넌스 성숙도 측정을 위한 도구를 담았다. 4개 역량차원을 구성하는 총 20개(5단계 리커드 척도) 변인에 대하여는 과학적 요인분석 연구기법을 통하여 타당성을 검증하였다. 또한 4개 프로세스 거버넌스 역량 차원 별로 25개씩 총 100개의 레벨 2 설문을 참조할 수도 있다. 부록 B는 일부 앞서가는 조직이 도입하고 있는 홀라크라시 거버넌스를 설명하고, 부록 C, D, E에서는 비즈니스, 프로세스, IT에 관련된 글로벌 거버넌스 참조모델을 설명하였고, 부록 F에서는 본서에서 제시한 프로세스 거버넌스의 5가지 목적을 어떻게 도출했는지 설명하였다.

저자는 프로세스 관리기법에 관한 '비즈니스 프로세스(한빛아카데미, 공저, 2018)'를 이미 출판한 바 있다. 본서와 더불어 같이 참조한다면 프로세스 도메인의 관리적 관점과 더불어 상위개념인 거버넌스 관점에 대한 포괄적인 이해에 도움이 될 것으로 판단한다. 아무쪼록 본서를 통해 프로세스 거버넌스의 철학을 기업에 적용하여, 고루한 구거버넌스 체계의 허물을 벗고 기업 경영의 지속가능성과 책무성, 투명성을 확보하는 신 거버넌스 체제의 구현에 도움되기를 기원한다.

PART 01 거버넌스 총론

PART 01

거버넌스 총론

프로세스 거버넌스의 맥락을 추적하다 보면, 네트워크 거버넌스와 자기조직화, 미시권력이라는 사회과학 분야의 담론과 마주하게 되며, 거버넌스의 핵심 키워드인 자기조직화와 미시권력이 자연에서 쉽게 관찰되고 있음을 알게 된다. 자기조직화는 나비효과로 비유되는 카오스 이론에서 모습을 드러낸 것이고, 미시권력에 관한 통찰은 일단의 관계철학자들이 개척해 왔다. 프로세스 거버넌스의 심도 깊은 이해를 위해 복잡한 이론을 비유적으로 설명하는 몇 개의 메타포로 본서를 시작하고자 한다.

Chapter 1 거버넌스 담론의 태동

메타포metaphor, 은유란 서로 이질적인 도메인의 언어를 동질화 시켜 설명하는 방법이다. 상사가 사원에게 '고객은 바람나기 직전의 연인이다'라는 표현을 했다면 메타포 용법을 쓴 것이다. 새로운 개념이나 주장을 설명할 때 메타포를 적절히 섞어 설명한다면, 개념의 본질을 깊이 생각했다는 것을 반증하다. 대개의 경우 깊은 고찰이 없었다면, 대중이 쉽게 공감하는 은유 표현은 선불리 생각해 낼 수가 없다. 메타포와 비슷한 용어이지만 보다 포괄적인 은유법을 '알레고리allegory라고도 부른다. 전형적인 관리management와 비교한 거버넌스governance의 개념이 아직 일반인에게 널리 알려져 있지 않기 때문에 거버넌스에 관련된 몇 가지 메타포와 알레고리로서 독자들의 이해를 돕고자 한다. 그 은유적 표현의 도메인은 생물학, 지구과학, 관계철학, 정보공학, 행정학의 핵심 키워드와 관련되었다. 이러한 은유적 설명이 충분하지는 않지만, 독자들이 메타포를 통하여 거버넌스 담론의 맥락을 이해한다면 거버넌스의 본질에 좀더 가까이 다가갈 수 있을 것이다.

01 카오스에서 탄생한 자기조직화

한동안 카오스 이론chaos theory을 설명하면서 '나비효과butterfly effect'라는 이야기가 회자된 적이 있었다. 필리핀의 나비 날갯짓이 중국대륙에 태풍을 불러올 수 있다는 은유적 설명이 나비효과이다. 나비효과는 기상학자인 에드워드 로렌츠Edward Lorenz의 논문에 동료학자가 붙인 부제목에 기인하였다. 로렌츠가 고안한 대기 대류의 비선형 동역학 공식의 시각화 모델이 그림 1-1과 같이 나비의 쌍 날개 모양과 같아 나비효과는 로렌츠가 주창한 카오스 이론의 상징적 언어가 되었다.

카오스 이론은 초기값의 경미한 차이가 엄청난 결과의 차이를 불러일으킬 수 있다는 '초기 민감성', 시간이 지남에 따라 변하는 궤적의 가지치기가 복잡하여 결과를 예측할 수 없다는 '예측 불가능성'을 특징으로 한다. 그러나 카오스 현상은 미시적 복잡성 속에서도 그림 1-1처럼 거시적 패턴을 보여준다. 그래서 카오스 이론은 우연과 필연의 공존현상을 인정한다. 우주의 현상이 우연 혹은 필연의 어느 한 방향으로 기울어지는 것이 아니라, 스스로 조직화되기도 하고 또한 비조직화되는 현상이 공존한다는 것이다.[1] 이러한 현상은 자연계에서 발견되는 '자기조직화self-organization' 현상을 이르는 말이다. 실제로 자연에서는 독자적으로는 보이지 않던 행동 패턴이 집단에서는 드러나는 현상을 쉽게 관찰할 수 있다. 그림 1-2와 같이 뜨거워진 벌집을 환기하여 식히려는 꿀벌집단의 날갯짓, 먼 거리를 나는 겨울 철새들의 V자 비행 패턴, 천적이 나타났을 때 보이는 새떼들의 군무와 바다 속 물고기의 구형패턴은 사전학습이나 특별한 선출과정이 없는 객체들의 자기조직화의 패턴을 보여준다.

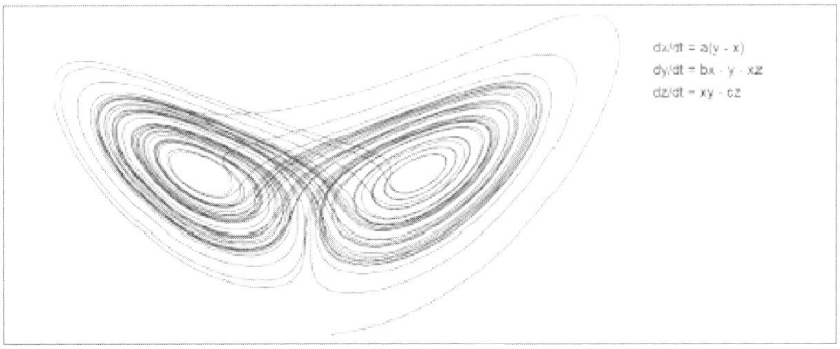

[그림 1-1] 로렌츠 방정식의 시각 모델 예시

자기 스스로 조직화할 수 있는 능력, 축약하여 '자기 조직화'는 살아있는 생명체에는 공히 발견되는 현상이다. 이는 밖에서 강요된 형태라기 보다는 내적인 가이드라인으로부터 그들 자신이 새로운 형태를 창출해 나갈 능력을 가졌다는 의미이다.[2)] 이러한 현상은 인간세상에도 예외가 아니다. 엄마의 뱃속 태아가 단세포에서 분열하며 사람의 형상을 만들어가는 신비함도 자기 조직화의 증거이다. 자기 조직화 능력이 약하다면 기형적 동물이 아주 자주 발견될 것이다. 개인을 넘어 집단의 자기조직화 현상도 쉽게 발견할 수 있다. 신호등이 없는 베트남 하노이 사거리에서 교차하는 카오스적 오토바이 흐름을 보면 인간사회의 자기조직화를 피상적으로 확인할 수 있다. 이처럼 자기조직화는 초기의 무질서 속에서 질서를 찾아가는 현상으

[그림 1-2] 자연계의 자기조직화 패턴

로, 긍정적 피드백 사이클이 존재할 때 더욱 신속히 강화된다.[3)]

'자기조직화'라는 말은 임마누엘 칸트Immanuel Kant의 판단력 비판Critique of Judgment, 1790에서 처음으로 사용한 것으로 알려져 있다.[4)] 그의 생각에 따르면 자기조직화는 생물학적 목적론과 통한다. 무질서 속에서도 생물들이 어떠한 목적을 향해 조직화한다는 뜻으로, 그 결과는 긍정적 발전임을 상정한다. 무생물로부터 생명체가 탄생하는 비밀도 자기조직화에 있다. 생물학자 스튜어투 카우프만Stuart Kauffman에 의하면, 자기조직화를 통해 새로운 생명이 탄생하려면 '자양분이 풍부한 환경, 다양한 물질요소, 요소들 간 연결의 복잡성, 상호적합성의 모색, 느슨한 사전 연결, 혼돈'이라는 여섯 가지 조건이 필요하다.[5)]

자기조직화는 외부적 조작이 아니라, 내부적 가이드라인에 따라 더욱 복잡한 체계로 진화한다. 자기조직화를 믿는다는 것은 유기체가 외부의 통제 없이도 바람직한 상태로 움직인다는 가정에 기반하고 있다. 이러한 생각이 가이아 이론Gaia theory을 만들었다. 제임스 러브록James Lovelock은 지구를 지적 의사결정을 하는 거대한 유기체로 간주하고, 그의 이론에 그리스 대지의 여신 이름인 '가이아'를 붙였다. 그에 따르면 가이아는 생명을 보호해 주고, 생명이 살아가기 좋은 최적의 조건으로 지구를 지켜나가는 고마운 존재이다.

그러나 자기조직화에 대하여 학자들이 모두 호감을 갖는 것은 아니다. 창발적 자기조직화와 아울러 의지적이고 의도된 결심의 중요성을 역설하는 지식인도 있다.[6)] 그들은 지구는 자기 조직화를 유지할 힘을 가지지 못했고, 때에 따라서는 생명체를 파괴할 수 있다고 주장한다. 그러므로 외부의 적극적인 개입이 없이는 파국으로 치달을 수 있다는 것이다. 이러한 개념을 가이아에 비교되는 악한 어머니의 표상인 메디아 이론Medea theory이라 한다. 결론적으로 자기조직화는 혼돈 속에서 유지와 파괴, 우연과 필연을 넘나드는 개념이다. BTS ARMY 클럽의 활동과 지구 곳곳에서 관찰되는 일반대중의 조직적 시민혁명은 우연성과 필연성의 양면성을 같이 보여준다. 누구도 예측하지는 못했지만, 사후 설명은 가능한 이러한 양면성 때문에 동일한 사안을 해석하는 방향은 여러 갈래로 갈라지고 달라지곤 한다. 그야말로 카오스의 현상과 같다.

카오스 이론에 대한 행정학의 시사점에 관하여 서울대 노화준 교수는 카오스 이론이 권위적 문제해결보다도 참여적 문제해결 가능성을 보여준다고 주장했다.[7] 과거에는 위기 시에 경제사회문제 해결을 전문가나 엘리트 관료에게 의존하여 권위적으로 해결했다면, 앞으로는 일반대중들이 자신들의 문제해결을 위하여 집단적으로 지혜나 에너지를 더욱 동원할 것이라는 것이다.[8] 실제로 그의 예측은 20여년이 지난 현대에서 여실히 드러나고 있다. 과거에는 불가능 했던 인터넷 및 모바일 기술의 발전에 따라 시민사회의 정치 참여 현상이 더욱 급격히 확산되고 있는 것이다. 개인적으로 보여지지 않는 어떤 것이 집단의 관계가 형성되면서 발현되는 듯 하다. 주사위를 던지는 우연도 아니고 신이 만들어 놓은 각본으로 결정되는 것이 아니라, 개별 구성원의 자기 조직화된 행동으로 미래가 결정될 것이라는 주장을 이해하기 쉽지 않다. 이러한 통찰의 이해를 위해서 철학사의 변천 맥락을 살펴볼 필요가 있다.

02 철학의 변천과 관계철학의 대두

사람은 시각 청각 후각 미각 촉각의 오감을 통한 자극으로 주변 사물을 인지한다. 엄마배속 잉태의 순간부터 자극과 반응으로 자신과 주변환경 사이의 관계정보를 축적하는 것이다. 관계정보는 사건의 상관관계와 인과관계를 설명한다. 그 결과로 형성된 사고체계를 프레임(frame)이라 부른다. 때로는 내재화된 사고 체계thinking frame가 더 이상 들어맞지 않는 환경변화가 발생한다. "이 뭐꼬?"라는 화두(話頭)가 필요한 시점이다. 불가(佛家)에서는 화두를 "말길과 생각의 길이 끊어진 말"이라 정의한다.[9] 발생한 현상을 익숙한 사고 체계로 설명할 수 없을 때, 고승은 화두를 던진다. 그러므로 화두란 '논리의 불연속' 상황을 연결하는 고도의 소통 방법이다.

한때 '사고 리더십thought leadership'이라는 용어가 회자된 적이 있다. 익숙하지 않은 시공간의 사건 속에서 가설과 추론으로 새로운 관계정보를 발굴하는 역량을 일컫는 말이다. 사고리더십은 끊어진 논리의 불연속을 이어주는 사고 역량이다. 사고 리더십은 인생관, 세계관을 아우른다. 세계와 인간의 삶에 대한 근본원리와 지혜를 탐구하는 학문을 철학이라 부른다. 그러므로 문제해결을 위한 철학적 접근에 해당하는 비즈니스 용어가 사고 리더십이 아닐까 생각해본다. 본서의 주제인 거버넌스는 사고 리더십을 필요로 하는 실천지식 도메인이다. 과거의 계층적이고 봉건적인 지배체제로는 설명되지 않는 현대 경영조직의 불연속적인 도약을 예측하고 설명하는 이론이며, 사고체계이고 행동준칙이다. 본격적으로 거버넌스 개념을 설명하기 위하여 철학사 변천의 큰 맥락을 짚어보려는 이유가 여기에 있다.

1. 근원의 철학

중세의 유럽 사람들은 우주공간을 신, 천사, 인간의 3단계 계층으로 나누는 세계관을 가졌다. 이성과 신성의 합일을 도모한 플라톤 철학의 영향을 받은 스콜라 철학자들이 만든 생각이다. 이러한 3단계 우주관은 중세 사회에 그대로 투영되어 교회 집단, 귀족 집단, 농노 집단으로 구성된 봉건 시스템의 모태가 되었다. 그뿐만이 아니라 이러한 정신모델은 사람의 몸에 대해서도 혼이 머무르는 머리, 명예를 지키는 가슴, 끼니를 책임지는 배(장)의 순서로 3단계 서열을 매겼다. 이처럼 우주의 근원을 제일 높은 곳에는 신의 세계, 그 밑은 천사와 성인의 세계, 그 밑은 사람의 세계, 그 밑에는 동물과 생물, 그 밑에는 무생물의 세계로 표현하는 사다리와 같은 위계질서를 만든 철학적 접근을 본질(이데아)주의 혹은 '근원주의 철학'이라고 한다.[10] 그리스 철학에서는 근원을 아르케arche라 호칭했다. 아르케는 시초 혹은 시작, 지배, 원리의 세 가지 뜻을 지닌다.[11] 아래에 위치한 무생물은 맨 위에 위치하는 완벽한 이데아를 향한다. 즉, 시공간을 초월하는 절대자를 바라보며 모든 사물들이 선형적으로 지향한다는 생각이다. 즉, 신에 가까울수록 고상한 것이고 높은 위격을 가진다는 우주관이다. 도형으로 표시하면 위로 향하는 '직선형line'이다.

2. 주체의 철학

근세에는 비록 경제적 계층구조는 존재한다 하더라도, 세습된 신분에 의한 권력의 위계는 수 차례의 시민혁명으로 적어도 선진사회에서 사라졌다. 이는 근원주의 철학을 대신하는 근세의 인간 중심적 철학 사상의 영향 때문이다. 종교로부터 철학이 분리되었고, 르네상스 이후로 인간중심의 철학시대가 도래한 것이다. 합리적 이성, 논리적 과학이 인류의 오랜 과업을 해결할 것이라는 믿음이 널리 퍼졌다. 이 철학은 인간을 중심에 놓는다. 모든 여타의 객체들은 인간 주변에 원환circle boundary적 동심원으로 층층이 위치한다. 그림으로 그리면 여러 겹의 '동심원concentric circle'이다. 인간중심의 철학에 신은 더 이상 고려할 대상이 아니다. 이러한 인간중심 사상을 '주체의 철학'이라 부른다. 주체의 철학에서는 중심에 있는 인간에 가까울수록 고귀한 것이고, 인간에게 멀어질수록 덜 발달하고 원시적인 것으로 간주된다. 그러므로 미개하고 원시적인 사물이나 후진국 원주민들을 정복하고 관리하는 것은 문명국 인간의 숭고한 책무이고 계몽적 활동으로 인식되었다. 대자연 역시 개발과 활용의 대상이지 보존의 대상은 아니었다. 늘어나는 인간을 먹이고, 생활을 영위하기 위해 자원과 토지는 마구 개발되고 피폐해졌다. 이러한 인간중심의 관점에 변화의 기운이 움튼 것은 오래된 일이 아니다. 자본주의의 폐해를 인지한 철학자들 사이에서 새천년을 준비할 새로운 사상의 태동이 시작되었다.

3. 관계의 철학

현대의 철학은 모든 사물들이 절대자를 향하여 층층이 위계가 정해지거나, 어떤 중심을 겹겹이 둘러싼 것이 아니고 상호 간에 관계를 맺으면서 네트워크를 형성해 나가는 형식으로 사유한다. 현대철학의 위대한 사상가인 들뢰즈Gilles Deleuze는 사물들이 접속과 일탈을 반복하면서 관계의 장(場)을 만들어 가는 형태를 '리좀rhizome'이라고 했다.[12] 리좀은 잔뿌리를 내리며 뻗어가는 땅속의 구근 혹은 덩이줄기를 말한다. 고구마 줄기의 이미지를 생각하면 된다. 한 곳에 뿌리를 내린 고정된 나무와 달리 덩이줄기는 뿌리가 따로 있지 않다. 줄기가 땅에 닿는 접점마다 새 뿌리가 제멋대로 만들어진다. 연결된 선(관계)은 마치 그물처럼 엮여있다. 이러한 그물은 환경 변화에 따라 끝임 없이 분절하고, 다시 연결되어 환경에 적응한다. 줄기가 자라날 방향이 미리 결정되지도 않고 새 줄기가 뻗어나가며 스스로 증식한다. 생물학자들이 말하는 자기조직화self-organization의 메커니즘이다. 결국 생물의 이치는 중심이 없다는 것을 표현하는 은유법으로 들뢰즈는 리좀을 도입한 것이다.[13] 이러한 철학적 개념을 '관계의 철학'이라 한다. 도형으로 그리면 불규칙한 그물과 같은 '네트워크network'이다. '자기 조직화'와 '네트워크'는 가장 중요한 거버넌스의 키워드이다. 이처럼 사회 환경의 변화는 새로운 철학적 사고를 불러일으키고, 새로운 철학적 사고는 사회의 변화를 가속화 시킨다. 철학은 문화와 사회체제에 영향을 주고, 사회체제의 변화는 조직 시스템의 변경을 요구한다. 그리고 조직 시스템의 변경은 필연적으로 프로세스의 변화로 이어진다. 그림 1-3은 근원 철학, 주체 철학, 관계 철학의 시각적 이미지를 단순하게 보여준다.

거버넌스 담론에서 관계의 철학은 매우 중요하다. 그 이유는 현대적 의미의 거버넌스의 개념이 중앙 통제적인 지배개념에서 탈피하여, 미시권력을 가진 구성원들의 연대와 협업으로 형성된 네트워크적 접근으로 진화하고 있기 때문이다. 이러한 변천의 증거는 여러 지식 도메

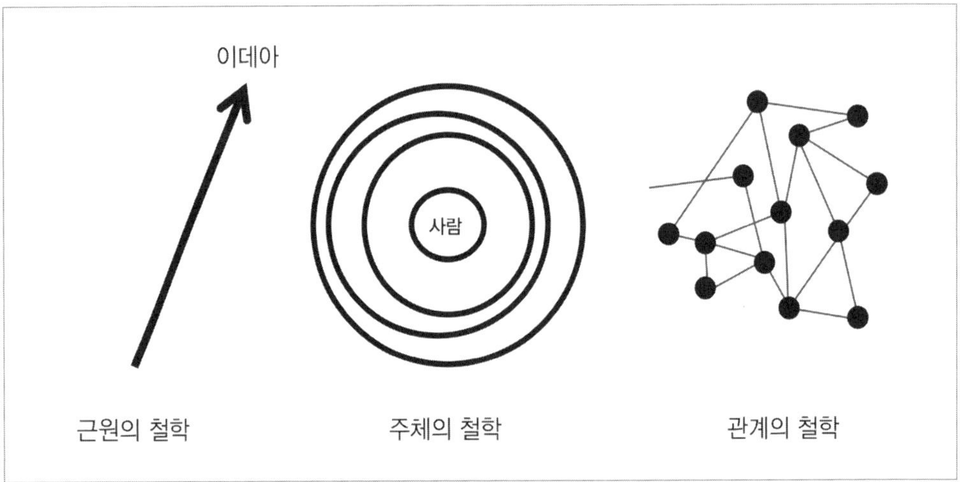

[그림 1-3] 철학개념의 시각적 예시

인에 걸쳐 있다. 물리학, 생물학은 물론 정보공학, 행정학, 정치사회학 전반에 걸쳐 확인되고 있으며, 오히려 경영 도메인이 가장 더딘 행보를 보여주는 것이 이채로울 정도이다. 다음으로 경영환경의 변화가 투영되는 정보공학의 측면을 살펴보기로 한다.

03 자기조직화를 향하는 정보기술

안구의 홍채 혹은 무지개를 뜻한다는 '아이리스'는 오래 전 인기를 끌던 첩보액션 TV 드라마의 제목이기도 한다. 오랜 시간이 지났지만 뇌리에 깊이 각인된 한 장면이 있다. 극 중 등장인물인 첩보기관 팀장이 부하에게 소리쳤다. "누가 생각하라고 했어! 시키는 대로 해!" 이러한 대사의 맥락을 시스템 아키텍처에 견주어 보고 싶어졌다. 이러한 일방적 명령은 전형적인 메인 프레임/더미 단말기식 의사소통이다.[14] 1980, 90년대의 주력 시스템인 대형 컴퓨터는 모든 논리연산 처리를 중앙의 메인 프레임에서 처리했다. 80컬럼의 모니터 단말기는 키보드 입력이나, 처리된 결과정보를 단지 모니터 상에 표시만 했다. 출력 정보가 모니터에 표시될 뿐, 계산 프로그램이 단말기에는 존재하지 않으니 컴퓨터 업계에서는 '바보'라는 말을 앞에 붙였다. 그래서 '더미 터미널dummy terminal'이다. 이러한 시스템 아키텍처는 당시의 중앙 집중적 경영관리 체계를 반영한다.

컴퓨터 기술의 발전으로 1990년대 중반 이후에는 클라이언트/서버 아키텍처의 시대가 되었다. 서로 다른 기능 조직의 분산처리를 지원하기 위한 중소형 컴퓨터 시스템이 메인 프레임을 대체하기 시작한 것이다. 이러한 클라이언트/서버 아키텍처 기술의 맥락을 인간 일상의 대화로 비유해보면 어떨까? 아마도 서버입장에서는 "네가 원하는 것을 내가 할 수 있으면 가끔씩 해줄께!" 정도가 되지 않을까 싶다. 현재의 주류 아키텍처인 클라우드 컴퓨팅을 비슷하게 풀어보면 어떤 대화가 적절할까? "당신이 원하는 정보를 어떻게든 전달할게요! 매달 돈만 제대로 내신다면^^" 정도 되지 않을까 한다.

정보는 어디에 존재하느냐에 따라 조직의 권력이 결정된다. 메인 프레임 시대에는 계층구조의 꼭대기에 위치한 최고 의사결정권자에게 모든 힘이 집중되어 있었다. 상부에서는 명령하고, 직원은 시키는 것만 수행한다. 반면에 클라이언트/서버 아키텍처에서는 서버와 클라이언트가 크기는 다르지만 권력을 서로 나누어 갖고 있다. 해당 업무별로 정보를 처리하는 서버가 다른 것이 일반적이다. 대개 클라이언트가 정보를 요청하고, 해당 서버가 서비스 한다. 서버에 장애가 생기면 해당 서비스는 활용할 수 없다. 한편 클라이언트/서버 환경에서는 비록 단말기라고 하더라도 어느 정도 정보처리 능력을 가진다. 클라이언트/서버를 사용하는 조직 안에서 직원은 시키는 일만 하는 존재가 아니다. 상사의 명령을 기다리지 않고 주어진 권한 범위 안에서는 의사결정을 자율적으로 수행할 수 있다. 판단이 잘 서지 않는다면 그때에 상급자에게 조언을 구하고, 상사는 멘토링하고 돕는다. 상급자가 도움을 구하고, 전문성을 가진 직원이 서포트하기도 한다.

클라우드 환경은 어떨까? 클라우드는 말 그대로 오리무중이다. 도대체 누가 권력을 가지고 있는지 안개 속에 감추어져 있다. 조직의 권력은 계층 위에도 없고 특정인에게 한정되지 않는다. 힘은 더 이상 메인 프레임이나 특정 서버에 존재하지 않는다. 오히려 힘은 네트워크의 관계 속에 내재한다. 만들어진 네트워크의 짜임새가 권력이고 힘이다. 정보자원은 클라우드 네트워크 상에 분산되어 있고, 구성 요소들은 자신이 가지고 있는 정보의 힘으로 협상력을 가진다. 어떠한 일도 혼자 처리할 수 없다. 당면 과제는 네트워크 상에서 분산된 자원과 협업으로 해결된다. 하나의 컴퓨팅 자원이 파괴되어도 다른 IT 자원에게 업무가 넘어가서 지속적으로 수행된다. 이러한 네트워크의 힘을 없애려면, 끊임없이 변신하는 네트워크 전체를 파괴해야 한다. 영화 매트릭스의 세계와 비슷하다.

4차 산업혁명의 한 특징인 클라우드 아키텍처의 변천을 이해하게 되면, 철학과 마찬가지로 정보기술이 네트워크의 형태로 진화한다는 통찰을 준다. 들뢰즈Gilles Deleuze가 언급한 '리좀'처럼 인간 세상에서 힘의 중심과 형태가 네트워크 형으로 바뀌어 가고 있다. 철학의 세계는 창조주를 향한 본질의 철학에서, 인간을 중심에 놓고 세상을 설명하는 주체의 철학으로, 그리고 일정한 지향과 방향이 없지만 자기조직화를 지향하는 관계의 철학으로 변천했다. 관계철학은 조직의 권력은 구성원 자체가 아니라, 구성원 전체가 연대한 네트워크에 힘이 있다고 설명한다. 컴퓨터 아키텍처도 중앙 집중적 메인 프레임 아키텍처에서, 상호적 관계를 존중하는 클라이언트/서버 아키텍처를 지나서, 일정한 형태를 설명할 수 없는 '클라우드' 아키텍처 환경으로 진화했다. 이와 같은 네트워크적 패턴으로의 변화는 관계철학과 정보기술에 국한된 것이 아니라, 행정체제의 경우도 마찬가지이다. 이러한 변화는 자기 조직화하는 미시권력과 협치에 대한 시민사회의 열망이 왜 발현되기 시작하는지 잘 설명해 준다.

04 미시권력의 출현과 네트워크 거버넌스

1980년대 중반부터 행정부에 불어 닥친 신 자유주의적 글로벌 경제체제의 강화는 관료적 정부정책의 비효율성을 부각시켰다. 그 결과 중앙집권적 정부에서 작은 정부로의 전환과 민영화로 특징되는 '신공공관리' 체제가 도입되었다.[15] 시장경제 활성화를 촉진하려는 이러한 자본 친화적 정책 변화는 일부 경제적 부흥을 가져오기도 했지만, 사회 약자를 위한 복지 프로그램과 사회 안전망의 상실도 유발시켰다. 그 결과 사회는 더욱 양극화되고, 사회계층 사이의 갈등의 골은 깊어졌다. 이러한 결과를 행정학자들은 '정부실패'로 말한다.[16] 게다가 일부 대기업의 과도한 차입경영으로 발발한 1997년 IMF 외환위기는 사회의 운명을 시장에 온전히 맡길 때 초래될 기업자본에 의한 '시장실패'의 결과를 여실히 보여준다.[17] 또한 2000년대 초 미국의 엔론Enron과 월드컴WorldCom 스캔들로 밝혀진 회계부정 사건은 전 세계적으로 기업의 내부통제구조와 조직 거버넌스가 과연 적정한가에 의문을 제기하게 만들었다. 이상의 기업문제는 정부실패, 시장실패와 비슷한 언어 표현으로서 '기업실패'라 부를 수 있다.

1990년대 말부터 정치·행정학 분야에서는 정부실패·시장실패의 해법으로 '굿 거버넌스'의 개념이 출현했다. 정부실패·시장실패의 영향으로 시민단체의 정책참여를 촉발시켜 수평적 '네트워크 거버넌스'라는 새로운 바람을 불러일으킨 것이다.[18] 이러한 변화는 인터넷과 같은

IT기술 발전과 소셜미디어를 통한 빠른 정보전파도 동인이 되기도 한다. 그러나 보다 높아진 시민의식과 NGO/NPO의 능동적 정치참여, 그리고 협치와 동일시되는 거버넌스의 대두에 더 큰 원인이 있다. 정치·행정학 분야의 학자들은 네트워크적 거버넌스를 과거의 관료적이고 중앙집권적 정치체제의 대안으로 간주하며 이를 뒷받침할 이론적 토대를 만들고 있다.[19] 일례로 진화생물학을 사회적 공진화co-evolution 이론으로 수용한다. 대자연에서 발견되는 자기조직화self-organization 현상을 이용하여 시민에 의한 '미시권력'이 최적화된 사회질서를 만들어 가는 네트워크 거버넌스 체제를 상정한다.

미시권력은 미쉘 푸코Michel Foucault가 주창한 "보이지 않은 권력, 인간관계 사이에 존재하는 힘"으로 거대권력에 대비되는 구성원 사이의 관계에서 형성되고 작동하는 미세혈관과 같은 힘을 상징한다. 프로세스 거버넌스 관점에서의 미시권력에 대해서는 Chapter 5 프로세스 거버넌스에서 좀 더 자세히 설명할 것이다. 혹자는 미시권력의 출현과 네트워크 정보기술의 발달로 인하여 조만간 의회 민주주의가 종말을 기하고 직접 민주주의 출현을 예언하기도 한다. 지금과 같이 4, 5년만에 한번씩 투표를 통해서만 시민권을 표현하는 방식은 끝날 것이라는 것이다. 그러므로 대의 민주주의의 모순에 대한 아래의 코멘트는 시사점을 던져준다. 가독성을 높이기 위해 몇 개의 단어를 수정했다.

> 민주주의의 중요한 원칙을 '자치' 곧 '스스로 다스림'이라고 할 때, 대표를 뽑아서 통치를 위임하는 것은 이 원칙에 정면으로 위배된다. 자치의 원리와 대표제 간의 모순을 줄일 수 있는 방법은, 서로 돌아가면서 다스리거나, 뽑기를 통해 통치자를 결정하는 것이다. 그런데 근대의 대표제는 이 두 가지 방식을 버리고 대신 선거라는 선출방식을 선택했다. 앞의 두 방식과 달리 선거에서는 뽑히는 사람들이 대단히 소수의 특정한 인물들이라 실제로 대부분의 사람들에게는 통치할 기회가 주어지지 않는다. 순환이나 우연에 의한 통치의 원리와는 거리가 먼, 반민주적인 방식인 셈이다. 결국 우리가 지금 하고 있는 대표제 민주주의는 원리적으로 모순적인 결합이라고 할 수 있다.[20]

국회의원과 같은 엘리트계층에 위임된 권력은 자신의 이익과 공공의 이익이 '이해의 상충관계'에 놓일 때 이기적으로 바뀌기 쉽다. 그러나 미시권력에 의한 협치의 사회에서는 이러한 일은 불가능하게 된다. 완벽한 협치 체제의 구현은 무정부 체제처럼 이해되기 어렵고, 여전히 오리무중으로 인식된다. 그러나 기술의 발전, 시민의식의 성숙이 과거에 불가능했던 미시권력에 의한 자기조직화의 협치 체제를 가능하게 할 것이라는 기대가 늘고 있는 것도 사실이다.

시대를 꿰뚫는 통찰을 가질 때, 우리는 변화해가는 미래의 사회 모습을 예견할 수 있다. 생물 집단의 자기조직화 사례, 철학사의 관계철학의 대두, 정보공학의 클라우드 컴퓨팅의 도래, 엘리트 행정조직에서 미시권력으로 향하는 주도권의 변화를 통해 리좀처럼 네트워크 하는 사회 전반의 거대한 변화가 이미 도래하고 있음을 보여준다. 사회의 관계자로서 개인들은 자신의 역할과 삶을 깊이 성찰 때가 된 것 같다. 몇 가지 메타포로서 우리의 주변환경을 돌아 보았으니, 다음 장에서는 여러 학제적 관점에서 거버넌스의 이론과 전개상황을 설명한다.

Chapter 2 거버넌스의 개요

조직 집단은 공익집단과 사익집단, 그리고 이 둘이 혼재된 집단 등 여러 유형이 있을 수 있다. 정부는 집단에 의하여 발생 가능한 분쟁을 통제하기 위해서 조직을 분류하는 기준을 법으로 정하고 있다. 자연인natural person과 구별되는 집단의 명칭은 법인legal entity이다. 법인은 '법률에 의하여 권리능력이 인정된 단체 또는 재산'을 말한다. 유한한 생명을 가진 자연인이 영속 가능한 사업을 경영하기 위하여 법적으로 영속적인 주체인 법인이 필요하기 때문이다. 법인은 영리법인과 비영리 법인으로 나뉘어진다. 조직은 영리 조직과 비영리조직 모두를 포괄하겠지만, 본서에서는 주로 영리를 추구하는 기업의 측면에서 거버넌스를 논할 것이다. 그렇지만 기업 거버넌스에 관한 본서의 이론과 개념은 영리기업 이외의 집단에도 대부분 적용이 가능할 것이므로 본서에서는 명확히 논리적인 의미를 가질 경우를 제외하고 기업보다는 조직 거버넌스라는 표현을 더 많이 사용한다. 이하 여러 지식 도메인의 관점에서 거버넌스의 정의를 살펴본다.

01 체계로서의 거버넌스

조직에서 관리로 번역되는 매니지먼트management는 일상적인 운영이나 절차를 다룬다. 반면 거버넌스는 매니지먼트를 통제하는 큰 틀의 체제 혹은 체계를 대상으로 한다. 비즈니스 체계, 프로세스 체계, IT 체계의 3가지가 조직 거버넌스가 주로 다루어야 할 핵심 주제이다.[21] 물론 조직 안에서의 거버넌스 체계가 이 세 가지에 국한되지는 않는다. 우리는 뒤에서 다룰 조직 거버넌스 메타모델에서 보조적인 조직 거버넌스 활동을 설명할 것이다. 본격적으로 조직 거버넌스를 논하기 전에 체계에 대한 용어를 명확히 이해할 필요가 있다. '체계'라는 용어가 의미상 너무도 많은 함의를 가지고 있기 때문이다. 표 2-1에서 열거한 영문 단어는 모두 '체계'로 번역 가능한 용어이며, 영어 단어 별로 함축된 어의가 서로 다르다. 이 밖에도 frame, framework, paradigm, procedure, process, platform, standard 등도 지식 도메인의 맥락에 따라 '체계'라는 단어로 번역 가능하다.

[표 2-1] 체계로 번역 가능한 영어 단어들

순번	영문 단어	"체계"외의 한글번역	어원에 내포된 함의
1	Construct	구조, 구성, 구조물, 건조물	'같이+쌓다/세운다'라는 의미로 주로 벽돌이나, 돌을 쌓은 건물이나 개념의 통합체를 일컬음
2	Structure	구조, 구성, 얼개, 틀, 구조물, 건조물	'쌓다/세우다'라는 의미로 'construct'와 유사한 의미이나, 개념 전체보다는 물리적 뼈대, 구조를 지칭함.
3	Mechanics /Mechanism	기계, 기구, 구조, 장치, 방법, 수순, 기제	그리스 철학에 어원을 두었지만, 뉴튼이 보급한 용어임. 심리학에서는 사람의 마음도 기계적 인과관계로 해석하여 '기제'라고도 부름
4	Architecture	건축, 건축학, 구조, 뼈대, 구성, 건조물, 아키텍처	그리스 철학의 아르케(arche) 즉 근원 + 기술(tech)의 합성어로 시작되었음. 건축분야의 용어가 컴퓨터 사이언스의 용어로도 채용되었음.
5	System	제도, 기구, 체제, 사회, 조직, 계, 조직망, 질서, 순서, 프로그램, 컴퓨터	그리스어 '함께' + '세우다'라는 뜻으로 시작된 단어로, 물리적/개념적 용어로 널리 활용된다.
6	Organization	조직, 구성, 구조, 계통, 질서, 기구, 유기체, 생물, 단체 조직	고대 그리스의 '일'과 '도구'를 뜻하는 단어에서 파생되어, 살아 있는 생물을 의미하는 용어. organism으로도 파생됨.
7	Scheme /Schema	조직, 구성, 체제, 배열, 적요, 계획, 설계	고대의 별의 위치를 표시하는 그림에서 유래하였음. 대략적인 개념이나 도식. IT분야에서 '데이터베이스 스키마'라는 용어로 많이 사용됨.
8	Infra-structure	하부구조, 토대 인프라, 기반시설, 구조	라틴어인 '하부' + '쌓다'라는 의미로, 어떤 개념이나 사물이 존속할 수 있는 물리적, 개념적 환경을 의미하는 용어임. 도로/전철/전기/가스/수도와 같은 사회간접자본을 의미하기도 함. 컴퓨터의 하드웨어, 네트워크에도 사용됨.

표처럼 체계라는 단어가 함축하는 의미가 너무 다양하다. 그래서 용어를 마주한 사람들의 성장 과정과 업무 영역의 정신모델에 따라 의사소통 시에 오해를 불러 일으킬 가능성이 농후하다. 그러므로 거버넌스 체계를 논함에 있어서 의사소통의 이슈를 줄일 수 있는 정의가 필요하다. 본 서에서 정의한 조직 거버넌스 체계는 아래와 같다.

> **거버넌스 체계**란 **조직의 거버넌스 활동을 계획하고, 실행하며, 통제하고 변경하는 정책과 방법·절차, 권한 관계와 성과지표에 관계된 조직 지배구조의 통일된 구조체**이다.

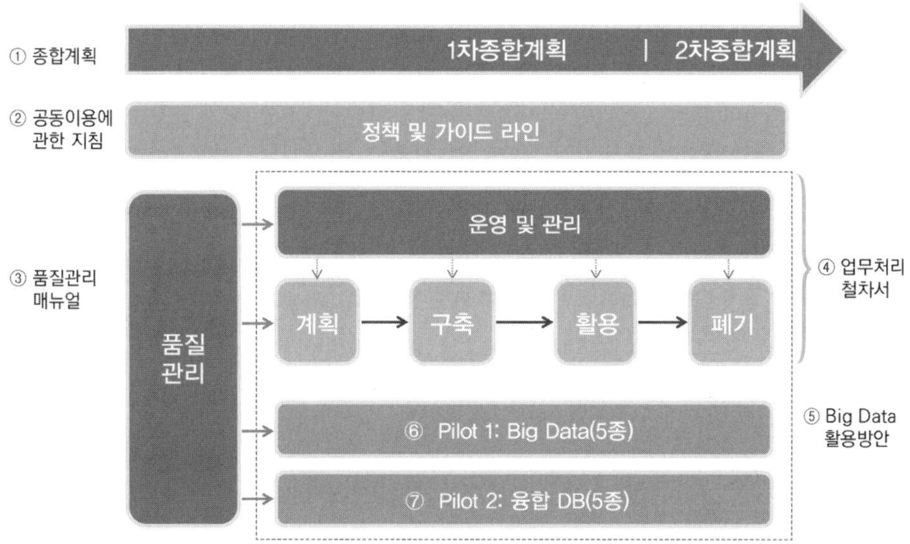

[그림 2-1] 거버넌스 개념모델의 사례: 빅데이터 활용체계

위의 정의를 참조하여 조직은 자사가 속한 환경 맥락에 부합하는 거버넌스 체계 모델을 정의할 것을 권고한다. 일례로 그림 2-1은 빅데이터 활용 시스템의 구현을 위해서 저자가 모 기관에 제안했던 거버넌스 체계의 개념 모델이다. 그림에서는 모두 7가지 분야로 해당 도메인의 거버넌스 대상을 구조화하였다. 이 체계모델에는 성장 단계별 계획은 물론, 활용 정책, 업무절차 라이프 사이클과 이를 통제하는 운영 및 관리업무, 그리고 시범 프로젝트 및 참조 매뉴얼까지 포함되어 있다. 이와 같이 도식화된 체계를 해당 도메인의 거버넌스 메타모델, 거버넌스 프레임워크 등으로 호칭할 수도 있다. 조직 내에서 사전에 그림과 같은 프레임워크를 거버넌스 도메인으로 설계한다면, 거버넌스 업무의 의사소통 시에 거버넌스 활동의 통합성을 유지할 수 있을 것으로 생각한다. 조직 거버넌스 체계에 관련된 다양한 메타모델을 제시하기 전에 자주 혼동되는 플랫폼과 프레임워크를 간략히 비교 설명한다.

02 플랫폼과 프레임워크

업계에서는 표준체계에 관한 용어로 플랫폼platform과 프레임워크framework가 주로 사용되고 있다. 의미론적으로 개념이 혼동되지만 프레임워크가 보편적 개념이고 플랫폼은 프레임워크의 한 유형인 '물리적 프레임워크'라고 할 수 있는 하위개념이다. IT업계에서 플랫폼은 대개 컴퓨팅 플랫폼computing platform을 의미한다. 한편 프레임워크는 대부분 애플리케이션 프레임워크 application framework를 지칭한다.[22] 일부 애플리케이션 프레임워크는 특정 컴퓨팅 플랫폼을 기반으로 설명되기도 한다. 메인 프레임과 같은 비표준적 독점 플랫폼proprietary platform도 있기 때문이다. 그러나 대개의 경우 특정 컴퓨팅 플랫폼이 애플리케이션 프레임워크의 전제 조건은 아니다. 개방형 응용업무 프레임워크라면 특정 컴퓨팅 플랫폼을 가정하지 않는다. 요약하면 플랫폼은 물리적 '표준 틀'의 개념이 강하고, 프레임워크는 응용 업무적인 '표준 틀'이다. 두 개념의 차이를 구분하면 표 2-2과 같다.

[표 2-2] 플랫폼과 프레임워크의 비교

카테고리	플랫폼	프레임워크
은유적 표현 (메타포)	• 플레이 그라운드(예, 벨로 드럼) • 화물 하역장 플랫폼, 기차 플랫폼	• 완성된 레고블록
정의	• 하드웨어의 경우는 컴포넌트로 이루어진 컴퓨터 시스템의 기반 기술(예, 인텔 플랫폼) • 소프트웨어의 경우는 운영체제(예, 리눅스 하둡) 혹은 미들웨어 • 응용분야는 상거래 및 서비스 플랫폼(예, Amazon, Google, iCloud) 등 수평적 "거래의 시장" 개념을 가짐.	• 구조의 확장을 지원하는 모범적 개념 모델(best practice)로서 표준 가이드라인과 같음. • 대개 애플리케이션 프레임워크 임.
특징	• 수평확장(특정 산업과 관련 없음)의 거래 효율을 목적으로 함. • 주로 HW, OS와 같은 공유되는 자원에 관계함. • 시스템 서비스를 공유토록 함. • 하드웨어 플랫폼의 경우, 이진 코드 호환성과 관계함.	• 수직시장(특정 산업)에서의 확장성.(예, 금융 프레임워크, 물류업무 프레임워크, IoT 프레임워크, 공공 서비스 프레임워크 등) • 특정 플랫폼을 기반으로 둘 수 있지만, 필수적인 것은 아님. • 소스코드의 호환성을 제공.
IT 분야의 장점	• 애플리케이션의 하드웨어/OS 환경 독립성 • 동일 플랫폼 간의 이식성(portability) • 업종과 관련 없이 수평적 확장성(expandability)이 증대	• 애플리케이션의 복제가 용이함. • 공통 응용모듈의 재활용성이 증가하여 업무개발이 빨라짐. • 구현비용 절감
제한사항	• 플랫폼 의존적인 규범(NORM)을 지키지 않으면 작동이 안 됨. - 예: 빅엔디언, 리틀엔디언 코드체계 - 예: dot.net 플랫폼 등	• 표준API를 사용하여야 함. • 특정 업종에 맞는 프레임워크가 있고, 이를 준용하여야 함. • 규범(NORM)은 플랫폼만큼 강제되지는 않음.

프레임워크framework와 이론theory, 그리고 모형/모델model의 차이점을 아는 것도 거버넌스 모델의 이해에 도움이 된다. 오스트롬Elinor Ostrom의 설명에 따르면 프레임워크는 분석의 대상이 되는 변수와 그들의 상관관계를 설명한다.[23] 이론theory은 프레임워크의 요소를 선정하여 인과관계의 가설검증과 결과를 예측하기 위해 사용한다. 모델은 제한된 변수를 적용하여 이론의 타당성을 검증하는 특정한 형태이다. 마치 자동차의 모델을 여럿 만들 수 있듯이 자동차 기능을 검증할 여러 모형의 설계가 가능하다.

03 관계철학과 거버넌스의 정의

프랑스 철학자 들뢰즈Gilles Deleuze는 지질학과 생물학, 언어학 등 다른 학문적 도메인에서 빌려온 언어로 자신의 사상을 설명했다.[24] 이는 새로운 세계로의 전이를 기존의 언표와 논술 방법으로는 표현이 불가능하다는 들뢰즈의 생각을 내포한다. 그는 철학과 동떨어진 세계의 이질적인 언어로 새로운 철학적 개념을 설명함으로써 철학적 언어가 가진 한계를 뛰어 넘고자 했다. 결국 들뢰즈의 철학적 설명에는 여러 가지 은유적 표현이 넘쳐 난다. 리좀 이외에 영토, 코드, (지)층화, 탈층화, 배치, 다양체, 기관체와 같은 철학 도메인 외적인 언표로 들뢰즈는 자신의 관계철학을 설명하고 있다. 일례로 들뢰즈와 가타리Félix Guattari는 사회체제의 변화를 설명하려고 영토화territorialization와 코드화codification라는 언표를 사용했다.[25] 영토화는 사물의 구성으로 형성된 개념의 범주를 말한다. 무대, 객석, 조명, 커튼, 마이크, 스피커가 있다면 이는 공연장의 영토가 된다. 영토와 코드는 항상 같이 붙어 다닌다. 공연장에는 시작 5분전에 착석해야 하고, 어린아이를 데려올 수 없으며, 공연 중에는 들어갈 수 없고, 음식도 먹으면 안 되고, 꾸벅꾸벅 졸아서도 안 되며, 전화기는 꺼야 하고, 휴게 시간이 아니면 자리를 떠날 수도 없다는 보이지 않는 규칙은 코드이다. 영토와 코드가 함께 맞물린 상황을 들뢰즈는 '배치arrangement'라 불렀다.[26] 배치가 고착된 것이 '층화stratification'이고, 배치가 분절되어 유연하게 움직이면 '다양체multiplicity'라고 한다. 배치가 유연하게 움직일 수 있으면 '탈층화'라고 한다. '배치가 어떻게 변화되어 가느냐?'는 결국 인간 역사의 흐름을 밝혀주는 들뢰즈의 주된 관심사였다.[27]

들뢰즈가 언급한 배치는 경영학에서의 '연계aligning'와 개념이 비슷하다. 프로세스 거버넌스의 첫 번째 역량요인은 바로 '연계'이다. 한편 영토화는 경영학 용어로 핵심사업의 범주와 같고, 코드는 광의의 조직문화이고 협의로는 경영 정책과 프로세스이다. 배치가 고착된 층화는 내재화된 규범과 규칙들이다. 층화의 반대 탈층화는 혁신이다. 조직이 생존하려면 층화와 탈층화가 유연한 다양체로 진화하여야 한다.

들뢰즈와 가타리가 말하는 이상적인 조직은 '탈기관체body without organs'를 지향한다. 우리의 삶이 완벽히 고착하여 변화가능성을 잃어버리는 성채castle가 되어서는 안 되고, 그 구성 기관들이 언제든지 변화할 수 있는 상태가 유지되어야 한다고 주장한다. 이것이 탈기관체의 세계이다. 탈기관체에는 층화 되는 방식에 따라 세 가지 기관으로부터 탈출해야 한다. 먼저, 유기화(사람의 몸과 같이 형상이 만들어진 것, 체제)로부터 탈출해야 한다. 두 번째, 기표화(삶의 기호들이 시스템이 된 상태, 규칙과 규범)로부터 벗어나야 한다. 마지막으로 주체화(나의 정체성, 감정, 멘탈 모델)에서 이탈해야 한다.[28] 이러한 유기체, 기표, 주체로부터의 탈출 개념을 조직 혁신에도 그대로 적용할 수 있다.

들뢰즈는 층화(생물학적 유기화, 사회적 기표화, 내면적 주체화)로부터 탈기관체(탈유기화, 탈기표화, 탈주체화)의 철학을 제시했다. 한편 이 세계가 탈기관체의 여건이 형성되어 있지 않으면, 들뢰즈의 이야기는 듣기 좋은 이야기에 지나지 않을 것이다. 이것이 실천 가능한 철학이 되려면, 계층을 가르는 실선solid line들이 단지 점선dotted line에 불과하다는 담론이 시작되어야 한다.[29] 이는 들뢰즈가 말한 '존재의 일의성univocity of being' 개념과 관련된다.[30] 철학적으로 존재의 일의성이란 "존재는 늘 한 가지 의미이며, 그 존재가 말해지는 대상은 다의적"이라는 생각이다.[31] 존재의 일의성이 내포하는 의미는 "세계 안에 도저히 넘어설 수 없는 근본적인 금(한계)은 없다"는 뜻이다.[32] 전통적인 철학은 존재 사이에 도저히 넘어설 수 없는 벽과 같은 실선이 있다는 생각을 가졌다. 그러나 이러한 생각은 층화를 강화하고 조직의 유동성을 떨어뜨려 결국 조직의 지속가능성을 위협한다. 그러므로 관계의 철학으로 거버넌스를 요약하면 아래와 같다.

> **거버넌스는 조직의 일의성(univocity of being)을 유지하는 방법론**이다. 즉, 조직의 항상적 유동성을 보증하는 활동이다.

사회에서 층화의 파괴는 결국 단층이 생기듯이 대립된 힘의 대결로 발생한다. 에너지 손실을 덜고 혁신을 추구하는 일은 조직원에 의한 미시권력micro-power의 강화가 선행되어야 한다. 거버넌스는 조직의 경직성에 주의하고, 조직이 살아서 움직이게 하는 활력에 도움을 주는 활동이다. '활력적 유동성' 역시 '자기조직화', '네트워크'와 더불어 거버넌스의 핵심 키워드이다. 벤처기업이 대기업보다 혁신에 효과적인 이유는 피봇팅pivoting이라 호칭하는 방향전환의 활력적 유동성이 높기 때문이다. 그러므로 기업이 거버넌스 체제를 건강하게 유지한다는 뜻은 기업의 규모가 커진다 하더라도 '스타트업'처럼 방향전환의 유동적 역량을 보유하고 있다는 의미로 해석할 수 있다. 이처럼 들뢰즈의 철학은 현대 조직의 경영 환경과 잘 들어맞는다. 본서는 들뢰즈의 철학적 개념을 수용하여 거버넌스를 다음과 같이 정의한다.

> **거버넌스**란 조직원이 **환경변화 속에서도 활력적 유동성을 유지하고자 자원을 자기조직적으로 배치하고 전향적으로 탈층화하는 네트워크적 조정 활동**이다.

이러한 거버넌스 정의는 정치학에서 시민사회와의 협력관계에 기반을 둔 신 거버넌스new governance와 일맥 상통한다. 또한 과거 행정학의 중앙 집권적이고 관료적 거버넌스와 극명하게 비교되는 네트워크 거버넌스network governance 혹은 협치 패러다임과 밀접하다. 이러한 정의는 그동안 기업환경에서 당연하게 인식된 이사회BoD에 의한 중앙 통제식 지배구조organization governance의 개념을 넘어서는 미래지향적 정의이다.

04 정치사회적 거버넌스의 전개

'거버넌스governance'는 배의 키(방향타)를 조정한다는 라틴어 'gubernare'에서 유래했다.[33] 정부를 뜻하는 'government'와 인공두뇌를 의미하는 사이버네틱cybernetics도 같은 어원이다. 비슷한 단어로 'governmentality'도 있다. (본절 말미의 TIP을 참조하라) 거버넌스는 행정학에서 여러 가지로 번역되고 있다. 이를테면 국정관리, 국정관리체계, 신공공관리, 통치양식, 국가경영, 협력적 통치, 네트워크적 관리, 망치, 협치, 공치 등 다양하다.[34] 학자들은 번역된 여러 단어들이 영어 본래 의미를 제대로 전달하기에는 한계가 있다고 동의하고 있다. 그러한 이유로 원어의 발음대로 '거버넌스'로 하자는 의견이 지금까지 우세하다.[35] 이러한 거버넌스의 개념 정의를 구분하는 주요 관점을 간단히 살펴보고자 한다.

거버넌스의 개념에 대한 학문적 합의는 학계에서 아직 존재하지 않는다. 마치 학자들의 수만큼 정의가 존재하는 듯하다.[36] 그래서 전통적 통치의 개념까지 거버넌스에 포함시키면 과거의 봉건적이고 위계적이며 중앙집권적인 통치방식도 거버넌스로 부를 수 있다. 학자들은 이러한 정의를 구 거버넌스old governance라고 한다. 그러나 '거버넌스'는 이전과 다른 새로운 개념을 지칭하는 언표로 시작되었다. 그러므로 무엇인가 새로운 의미로 사용되어야 한다. 이러한 접근을 신 거버넌스new governance로 부른다. 정부중심적 거버넌스를 구 거버넌스로 칭하고, 행위자 중심적 거버넌스를 신 거버넌스라 부른다. 그러나 신구의 접두사가 없는 거버넌스는 신 거버넌스를 이르는 말이다. 표 2-3에서 구 거버넌스와 신 거버넌스의 특징을 간략히 요약하였다.

[표 2-3] 구 거버넌스와 신 거버넌스

구분	특징	권력의 형태
구 거버넌스	• 규칙과 사회적 규범에 의한 강제된 조직화 • 통제되고 계층적인 정부 조직을 통한 사회문제의 해결 노력 • 엘리트 관료와 공공조직의 제도적 역량이 중요 • 정책으로 정한 권한과 책임의 조정방법	대의(대표) 위임적 정부 중심적 계층적
신 거버넌스	• 다양한 주체의 참여와 자발적 자기조직화 • 자율적이고 상호 작용하는 네트워크를 형성하여 사회문제를 해결함 • 비형식적이고 유연한 협치 역량이 중요 • 공통의 문제해결을 위한 사회적 조정방법	행위자 중심적 사회 중심적 네트워크적

전통적으로 우리나라의 정치 거버넌스는 엘리트 계층에게 위임적으로 수행되었다.[37] 그러나 국민의 교육수준과 시민의식이 발달함에 따라 상황이 바뀌기 시작한다. 1990년 중반경 국가의 위계적 질서를 대신하여 국가와 비국가 행위자들 사이의 협력과 조정에 의한 소위 협치적 관리양식이 신 거버넌스라는 이름으로 새롭게 형성되었다.[38] 정부통제의 한계를 인정하고 다양한 행위자의 참여와 자발성을 강조한 네트워크 중심적 혹은 행위자 중심적 거버넌스가 출현한 것이다. 행위자 중심적은 사회 중심적으로 부를 수도 있다. 공교롭게도 정부실패, 시장실패를 상징하는 IMF 외환위기의 시점인 1997년 이후부터 이러한 행위자 중심적 정의가 출현하기 시작했다. 한편 사회를 시장과 시민사회로 나누어 거버넌스를 셋으로 구분하면 (1) 정부 중심적 (2) 시장 중심적 그리고 (3) 시민사회 중심적 거버넌스로 분류할 수도 있다.[39] 본

서는 이중 기업이 속한 시장 중심적 거버넌스에 집중한다. 이는 시장원리 안에서 수행하는 조직 거버넌스로 대표된다.

1990년대 후반부터 국가·시장·시민사회에 의한 국가경영에 많은 어려움이 발생했다. 또한 세계화와 정보화는 국제사회와 국민국가 간의 경계를 모호하게 만들고, 국민국가의 쇠퇴와 더불어 국가·시장·시민사회 삼자 간의 경계가 허물어지는 경향이 두드러졌다. '이들 삼자가 협력하여 공동체의 문제를 해결해야만 하는 경우가 증가하면서 거버넌스에 대한 관심이 새롭게 증대'했다.[40] 이처럼 행정, 정치, 사회과학에서의 거버넌스는 사회적 문제 해결에 관한 거대 담론이다. 이러한 거대 담론의 이해도를 높이기 위하여, 거버넌스를 도메인 관점으로 좀 더 고찰하려 한다. 여기서 도메인이라 함은 특정한 학문의 개념이 상식으로 통용되는 지식의 범주a body of knowledge로 해석 하면 된다.

거버넌스는 정치, 경제, 기업 도메인에서 사용하는 용례가 서로 다르다. 첫 번째, 정치 도메인에서 거버넌스는 시민사회를 포함하는 개념으로 "다스림" 혹은 "협치"로 민중의 정치 참여를 내포한다. "넘사벽"이라는 말이 있다. 넘을 수 없는 제4의 벽이란 뜻이다. 이 말은 연극무대에서 유래되었다. 연극 무대는 뒤 삼면은 막혀있고, 제4면인 관객 쪽에만 열려있다. 그래도 배우는 마치 관객이 없는 듯이 연기한다.[41] 뚫려 있지만 가상의 벽이 존재하는 양 행동하니 이를 '제4의 벽'이라 불렀다. 프랑스 계몽주의 철학자인 드니 디드로Denis Diderot가 처음 꺼낸 용어이다.[42] 인류의 역사는 계층 간에 존재하는 넘사벽을 파괴하고 통로를 평평하게 만드는 활동의 기록이다. 이렇게 태생적 서열을 없애고 공평한 사회를 지속시키는 시민 주권화 기제를 행정학에서는 넓게 '거버넌스 체제'라 부른다.

거버넌스의 가장 중요한 특징은 네트워크이다. 이와 같은 거버넌스 개념의 출현은 들뢰즈의 '리좀' 개념처럼 지구상의 구성체들이 서로 네트워크처럼 물려 있고, 상호 영향을 주는 평등한 관계라는 각성에 기인한다. 서두에서 거버넌스가 배의 키에서 유래되었다고 설명했다. 선박의 조종간을 여러 사람이 붙잡을 수는 없다. 그러므로 거버넌스는 어원적으로는 중앙 통제의 의미를 내포한다. 그럼에도 불구하고 거버넌스 체제의 핵심 키워드가 네트워크라는 것은 왜일까? 그만큼 현대인이 도전 받는 문제들이 시장이나 정부가 홀로 해결하기에는 불가능하다는 의미이다. 복잡한 문제는 복잡하게 얽혀진 네트워크 그물로 붙잡아야 한다. 현대사회가 새로운 방편으로 거버넌스에 관심을 가지는 이유이다.

두 번째, 경제 도메인의 경우는 저개발 국가를 위한 공적 원조에 관계된다. 저개발국가의 뿌리 깊은 구조적 부패로부터 공적 지원자금 사용의 '투명성', '지속 가능한 성과지표', '책무성'을 보증하는 검증활동을 '굿 거버넌스good governance'라 부른다. 이러한 거버넌스 개념은 세계은행World Bank이나 공적개발원조Official Development Assistance(ODA)와 관련하여 OECD가 선호한다. 그러나 굿 거버넌스의 개념은 원조국이 수혜국의 경제발전, 정확하게는 상환능력에 보다 큰 관심을 갖는다는 점에서 거버넌스 패러다임이라기보다는 관료적 패러다임 이론에 속한다는 비판도 있다.[43]

세 번째, 기업 도메인에서는 2000년대 초반 미국 엔론의 회계부정 사건 이후로 기업 거버넌스에 대한 중요성이 강조되고 있다. 기업에서의 거버넌스는 기업 경영의 방향, 권한 관계, 기대치를 명확히 하는 일과 관계하며 기업 활동의 지속가능성, 책무성, 투명성에 집중한다. 상장기업의 성과는 거버넌스의 형태에 매우 중요하게 영향을 받는다. 다시 말해서 의사결정 권자가 사회적 파트너, 주주, 직원, 채권자, 공급자, 고객 등의 이해에 초점을 맞추고 조화를 도모하는 능력이 매우 중요하게 되었다.[44] 그러므로 기업 도메인에서의 거버넌스는 물리적인 회사의 벽을 넘어서는 사회 공동체 안에서 기업의 사회적 책임을 포함한다.

이처럼 거버넌스가 사회 전반에 보편적으로 널리 전파되고 있지만, 불행하게도 조직 내에는 계층 간의 넘사벽과 기울어진 경사가 여전히 존재한다. 이사회, 경영관리 계층, 그리고 사원의 3단계 서열이 중세의 봉건적 시스템과 유사하기 때문이다. 직원은 이사회에서 벌어지는 일을 알지 못한다. 회사의 미래를 좌우하는 큰 권한을 가진 이사들의 얼굴을 평소 마주치기도 쉽지 않다. 직원들의 의견이 이사회의 의제로 반영되는 경우도 드물다. 직원들은 제4의 벽 너머 존재하는 이사회 멤버들이 마치 없는 것처럼 일하며, 이사회 역시 직원의 퍼포먼스를 관객처럼 구경할 뿐 쌍방의 교류는 약하다. 문제는 이러한 구식 시스템은 지속될 수 없다는 것이다. 시대의 흐름으로 봉건제도가 무너졌듯이 기업 시스템도 바뀌지 않으면 지속 가능하지 않다. 이러한 변화의 방향을 조직 거버넌스가 제시한다.

조직이 오래도록 살려면 혁신해야 한다. 그 변화의 단초를 넘사벽의 원조인 연극계에서 보여준다. 갑자기 연기자가 관객 쪽에 말을 건다. 때로는 연기자가 관객 자리에 앉아 연극을 구경한다. 관객을 무대에 끌어올려 연극에 참여시킨다. 대학로에서 벌어지는 연극이나 개그 공연의 풍속이다. 조직에서 시도해야 할 혁신적 모델이다. 이미 이러한 시도를 직원주도 조직 worker-managed firm(WFM)[45]이라고도 하고 혹은 '홀라크라시holacracy'라 이름 붙였다.[46] 아직은 초기 단계라 보편적 성공을 말하기는 이르다. 그러나 미국의 자포스, 브라질의 셈코, 일본의 메이난 제작소가 이미 홀라크라시 공연을 시작했다. 홀라크라시의 핵심은 다양한 이해당사자에 의한 경영참여이다. 다양한 활동주체의 네트워크적 참여는 거버넌스의 핵심 키워드이다. 혹자는 이러한 변화를 패권이동론hegemony shift theory으로 설명하기도 한다.[47] 홀라크라시에 대하여는 부록 B를 참조하라.

Tip: 거버멘탈리티(Goveranmentality)

통치성으로 번역되는 '거버멘탈리티'란 미셸 푸코 Michel Foucault가 1977년 이후에 만든 용어로 알려져 있다.[48] 학계에는 이 단어가 govern + mentality가 합쳐진 말이라는 주장[49]과 government + ality가 합쳐졌다는 주장[50]이 혼재한다. 전자의 용어를 따른다면 통치하는 정신모델을 의미하고, 후자의 용어를 택하면 이상적인 '통치행위 다움'을 의미한다. 푸코의 논술의도가 정신이론에 한정된 것이 아니라, 다양체 간의 역학관계로 이 용어를 사용하는 이유로, 본서에서는 후자의 개념으로 해석한다. 통치성은 유기체와 같이 진화하고 변화하는 권력의 본질에 대한 개념으로서 거버넌스와 중복되는 개념도 있지만, 정치학 분야가 아닌 경영학 도메인의 용어로 크게 활용되지 않으므로 본서에서는 보편적으로 수용되는 '거버넌스'라는 말을 사용한다.

05 조직형태와 거버넌스의 유형

일찍이 얀 구이만Jan Kooiman은 정치적 거버넌스 유형을 계층형 거버넌스hierarchical governance, 협력형 거버넌스co-governing 그리고 자율형 거버넌스self-governance로 구분했다.[51] 이러한 분류 방법은 거버넌스 권력의 집행 방식에 의한 구분이다. 표 2-4는 여러 학자들의 거버넌스 체계 이론을 융합·응용하여, 조직 거버넌스 도메인의 권한체제로 재구성한 표이다. 이명석교수가 제시한 행정학 도메인의 거버넌스 분류 테이블을 기업 도메인의 내용에 맞추었다.[52] 본서는 테이블 우측 칼럼인 자율적 권한체제 즉, 신 거버넌스의 연구에 초점을 맞춘다. 아래에 간략히 표의 내용을 설명한다.

[표 2-4] 조직 거버넌스의 권한체제

권한 체제	매니지먼트 권한 체제 (Management Authority)		자율적 권한 체제 (Voluntary Exchange)
조직 배열 coordination	계층형 hierarchy	매트릭스형 matrix	네트워크형 networked
통제 방식 control	중앙 조정 streering	협력적 조정 co-steering	자율 조정 self-organizing
조직 유형 organization	관료적 bureaucratic	수직/수평 협업 cross functional	집단 협업 collective; Sociocracy
규범체제 norm	도구적 규범 instrumental	상호적 규범 interactive	제도적 규범 institutional
핵심 자산 capital	물리적 자산 physical capital	파워 엘리트 power elite	사회적 관계 자산 social relationship capital
거버넌스 구분 governance	구 거버넌스 Old Governance		신 거버넌스 New Governance

구 거버넌스 체제에서 조직의 권한은 경영층과 관리자와 같은 매니지먼트가 갖고 있다. 구 거버넌스 형태는 매니지먼트 권한체제로서 계층형 조직과 매트릭스형 조직으로 양분된다. 계층형 조직은 중앙에서 통제하는 방식이고, 매트릭스형은 여러 기능조직이 부서장 사이의 협력적 조정을 통해서 거버넌스 활동을 지배한다. 계층형 조직은 관료적 조직 형태를 가지고 있고, 매트릭스 조직은 수직적 기능 조직과 수평적 프로세스 조직 사이의 협업 조직이다. 계층형 조직의 주요 자산은 기계나 설비를 중시하고, 매트릭스 조직은 파워 엘리트의 역량 자산에 많은 의존을 한다.

반면에 신 거버넌스 체제는 그물과 같은 네트워크형 조직배열을 가지고 있다. 조직의 통제는 중앙의 경영층이나 매트릭스 조직의 부서장이 아니고, 미시권력을 가진 조직원 간에서 자율적으로 이루어진다. 그러므로 조직의 유형은 집단적이며 민주적 통제 체제이다. 신 거버넌스 조직의 핵심 자산은 물리적 자산도 아니고, 파워 엘리트에게 오롯이 의존하지도 않는다. 조직 내외에 펼쳐진 사회적 관계자산이 핵심 자산이 된다. 미시권력에 의한 신 거버넌스의 성공사례는 정치세계와 사회체제에서 이미 많이 발견되고 있다. 여기서 질문은 이러한 현상이 우연한 시대적 조류인가 하는 것과 지속 가능한 발전을 위하여 필수적으로 선택해야 하는 것인가 하는 문제이다. 본서에서는 이러한 질문에 어느 정도 의미 있는 답변을 제시할 것이다. 표 2-5는 이상에서 설명한 거버넌스의 유형 분류를 간략히 테이블로 요약한 내용이다. 독자들의 가독성을 위하여 상세화 수준에 의한 거버넌스 유형은 생략하였다. 표의 참조에 언급된 자료는 각주의 논문을 참고하기 바란다.[53)]

[표 2-5] 거버넌스의 유형 구분

구분방법	거버넌스 유형	설명	참조
행위주체 2 분법	정부 중심적	거버닝을 정부 중심적으로 수행	표 2-3
	사회 중심적	거버닝을 사회구성원들이 수행	
행위주체 3 분법	국가 중심적	국가 위주로 거버닝을 수행	문순홍 & 정규호 (2000) 외
	시장 중심적	시장원리로 거버닝이 발현	
	시민사회 중심적	시민사회가 거버닝을 수행	
도메인	정치	정부기관에 의한 거버넌스	Jessop(1997) 외
	경제	글로벌 경제 집단에 의한 거버넌스	
	기업	기업조직 안에서의 거버넌스	
권한체제	계층형	중앙조정, 관료적, 도구적 규범	Lee(2000) 외
	매트릭스형	협력적 조정, 협업, 상호적 규범	
	네트워크형	자율조정, 집단 협업, 제도적 규범	

이처럼 초기에는 정치학, 행정학, 그리고 사회과학에서 사용되는 거버넌스 용어가 기업 도메인으로 옮겨와서는 사회적 책임, 민주적 경영, 네트워크적 관리와 동의어가 되었다. 그러나 환경 맥락에 걸맞은 바람직한 거버넌스 형태에 대한 관점은 아직 논쟁의 여지가 있다. 네트워크적 거버넌스 유형이 계층형 거버넌스 보다 발전된 형태인지, 아니면 거버넌스 유형은 환경에 따른 선택의 문제인지에 대한 분명한 해답이 필요한 이유가 이 때문이다. 본서는 네트워크형 거버넌스가 계층형이나 매트릭스 형보다 발전된 단계로 간주한다. 그러한 근거는 Chapter 1에서 설명한 거버넌스 담론의 내용과 맥을 같이 한다. 본서는 조직원의 역량강화와 민주적이며 네트워크적 경영 방식을 기반으로 조직 거버넌스와 프로세스 거버넌스의 프레임워크를 설명한다.

Chapter 3 조직과 거버넌스

본 장에서는 본격적으로 조직 거버넌스 전반을 검토할 것이다. 먼저 조직 안에서의 거버넌스의 위치, 그리고 전통적인 매니지먼트와 거버넌스의 차이점에 대하여 설명한다. 그리고 조직 거버넌스를 구성하는 비즈니스 거버넌스·프로세스 거버넌스·IT 거버넌스의 개념과 상관관계는 물론 보조적인 거버넌스를 포괄하는 조직 거버넌스 메타 프레임워크를 제시한다. 보통 '기업'이란 단어는 비영리 조직이나 정부 및 공공기관을 포함하지 않는다. 그러므로 기업 거버넌스를 '조직 거버넌스'라 호칭해야 공공조직과 비영리non-profit조직의 포괄이 가능하다. 그러나 본서는 특별히 설명하지 않는 한 조직 거버넌스는 영리기업을 전제한다.

01 거버넌스와 매니지먼트

조직에서 관리의 추상화 레벨은 전통적으로 크게 전략레벨strategic level, 관리레벨managerial level, 운영레벨operational level로 나누며, 위로부터 경영층, 중간 관리자, 직원들의 업무로 구분하는 것이 상식이었다. 그렇기 때문에 기업 내 거버넌스는 이사회 혹은 경영층의 책임으로 간주되어 왔다. 반면에 비즈니스 프로세스는 관리계층과 운영계층의 업무로 간주된다. 경영층은 거버넌스 활동을 통해서 프로세스가 나아가야 할 미래 방향을 정한다. 이에 맞추어 관리자는 프로세스의 계획, 조직화, 통제 및 모니터링, 성과관리에 집중한다. 직원들은 프로세스의 운영, 성과측정, 예외 보고 및 대응이 주 업무일 것이다.

이처럼 과거에는 거버넌스, 매니지먼트와 운영의 개념이 명백히 분리된 것으로 인식되었지만 이제는 달라지고 있다. 시대를 앞서가서 홀라크라시holacracy 체제를 경영철학으로 채용한 조직들이 이러한 벽을 허물고 있기 때문이다.[54] 특히 회사의 미래를 결정하는 거버넌스가 꼭 이사회나 경영층의 책무만은 아니고 - 정도의 차이는 있겠으나 - 이해관계자 모두의 책무라는 관점이 점점 득세하고 있다. 이러한 현상은 삶으로서의 회사, 집단 지성의 활용, 미시권력화, 자기 조직화로 표출되는 관계중심 철학의 영향 때문이다. 이처럼 광의의 거버넌스는 매니지먼트와 분리되지 않은 포괄적 개념이며 조직원 전체의 책임으로 간주되기 시작하고 있다. 그러므로 누가 책임지는가에 따라 거버넌스와 매니지먼트를 구분하는 방법은 현재의 조직 현실을 반영할 수는 있으나 엄밀하게 거버넌스의 정신과는 부합하지 않는다. 본서도 직원들의 강화된 권한에 의한 프로세스 거버넌스 체계를 제시하는 개념을 기저에 깔고 있다. 표 3-1의 거버넌스 설명은 이러한 철학적인 배경을 반영하여 정리한 비교표이다.

[표 3-1] 거버넌스와 매니지먼트의 비교

카테고리	거버넌스 (Governance)	매니지먼트 (Management)
누가 책임을 지는가?	• 신 거버넌스: 이해관계자 전체(보유한 유무형 자원의 투입을 자율적으로 결정할 수 있는 주체 모두) • 구 거버넌스: 스폰서 1인	• 관리자, 경영층
게임의 법칙	• 게임의 룰을 만듦 • 항상 더 나은 시스템을 모색함(모델을 새로 만듦) • 자기(틀) 파괴적인 결정도 수행함 • 익숙한 것과 결별함	• 게임의 룰을 잘 따름 • 기존 시스템 안에서 확대 재생산 함(모델을 따라 함) • 권한의 범주(틀) 안에서 일함 • 익숙한 것을 따름
일의 태도	• 좋은 질문(Why)에 에너지를 쏟음 • 가능성에 질문함	• 좋은 답변(How)에 에너지를 쏟음 • 문제에 답변함
질문의 차원	• 미래의 기회에 질문함 • 고객에게 아름다움은 무슨 의미인가?	• 현재의 기회에 질문함 • 고객이 어떤 화장품을 좋아하는가?
필요 역량	• 예지력, 상상력, 개방성 • 예민함	• 기억력, 모방력, 성실성 • 공감력
역할 비유	• 배의 선장 • 전략적인 업무	• 배의 갑판장 • 전술적인 업무
Do 은유법	• Doing the right things.	• Doing things right.
의문대명사	• Why(partial), What	• What(partial), How
관리 모드	• 지휘 및 거버닝(Steering & Governing)	• 지시 및 감독(Driving & Overseeing)
목표지향	• 사명, 목표, 가치, 궁극적 결과(효과) • Mission, Goal, Value, Outcome	• 이익, 성과지표, 효율, 단기적 결과(산출물) • Profit, KPI, Efficiency, Output
책임의 특징	• 결과 혹은 설명책임(Accountability), 왜 했는지? • 행위나 의사결정에 대한 오너십(ownership)을 가지고 결과에 대해 설명 가능해야 함 • 권한을 양도해도, 책임은 양도할 수 없음	• 실행책임(Responsibility), 어떻게 했는지? • 주어진 일을 수행할 의무 • 권한과 함께 책임도 양도 가능함
업무수행 방식	• 프레임워크를 계획함 • 결과의 보증을 챙김	• 업무추진 조직화 • 일상 관리
통제항목	• 방향, 정책, 권한, 경영층, 자원한도, 법규 준수	• 시스템, 구현방법, 절차, 부하직원, 자원배분, 허용한도관리

표에서 가장 중요한 차이점은 '틀frame'의 파괴 능력, 결과책임, 양도 불가능의 세 가지이다. 매니지먼트와 비교하여 틀 파괴능력은 거버넌스 오너십의 무게와 관련되고, 양도 불가능한 결과책임은 거버넌스의 차별화된 특징이다.

02 기능조직과 거버넌스

그림 3-1처럼 수직적 기능조직은 경영학에서 일반적으로 인식되는 조직구조이며, 이는 전략계층strategic level, 관리계층managerial level, 운영계층operational level의 3단계로 구분된다. 최상위인 전략계층은 조직의 이사회와 최고경영자 계층을 말한다. 그들은 '왜'에 해당하는 조직의 비전·사명·가치를 제시하고, 조직이 나아가야 할 목표와 방향을 설정한다. 아울러 전 직원의 공감과 합의를 이끌어내는 감성 관리도 경영진의 몫이다. 명료한 '왜'를 제시해야 하는 경영진은 조직의 힘을 모으는 카리스마가 있어야 한다.

중간에 위치한 관리계층은 조직의 중간관리자이다. 중간관리자는 경영진으로부터 위임 받은 권한과 부여된 책임으로 자신이 맡은 부서의 프로세스를 설계한다. 또한, 인력을 확보하고 훈련하며, 생산성을 높이도록 다양한 성과지표를 관리한다. 비즈니스 프로세스의 '어떻게how'를 책임지는 계층이다. 조직이론에서는 대리인 이론agency theory으로 이들의 권한과 책임, 신의와 성실의 관계를 설명한다.[55)]

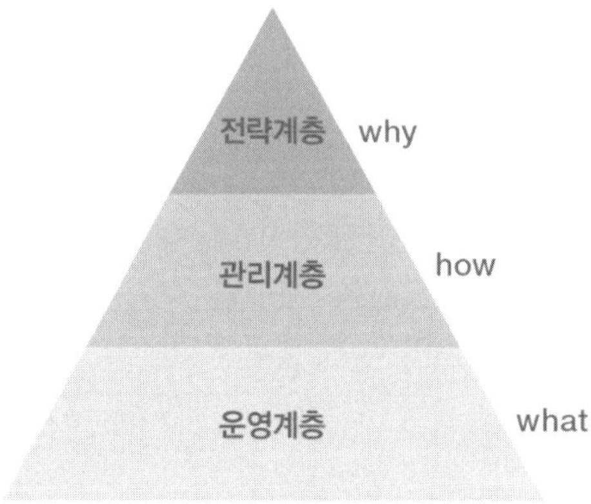

[그림 3-1] 조직의 3가지 계층

최하위계층은 운영계층이다. 고객 접점의 직원으로서 실질적인 조직 활동을 수행하고 모니터링하며, 실제로 고객 가치를 창조하는 업무 프로세스를 책임지는 계층이 된다. 일부 마케팅 관련 자료에서는 맨 위에 고객을 두는 역 피라미드 형태로 조직을 표현한다. 이는 부가가치가 직원과 고객 사이에서 창출된다는 철학에 근거한다.[56] 이러한 접근은 노드스트롬의 사례가 유명하다. 고객이 맨 위에 있고, 그 다음에 판매사원이 있다. 그 다음으로 지배인, 점장, 구매담당, 머천다이징 매니저, 지역지배인, 총지배인, 그리고 이사회가 있다.[57] 역 피라미드 조직 구조도는 고객가치 관점에서 실무자를 최상위 계층으로 대접하고, 백오피스의 중역에게는 서번트 리더십servant leadership을 요구하는 철학이 엿보인다. 고객을 최우선시 하고 고객 서비스와 관련된 권한을 직원들에게 위임하는 조직은 드물지만 존재한다. 이런 조직은 주가를 높이는 일에만 급급하고 나머지 이해관계자들을 입으로만 섬기는 조직보다 훨씬 많은 가치를 주주들에게 안겨준다.[58]

한편 계층 조직을 설명할 때 자주 인용하는 그림 3-1는 언뜻 보면 개념상으로는 모순이 없어 보이지만 언표에 있어서 논리적 일관성에 결함이 있다. 그 이유는 관리managing, management와 운영operating, operation은 동태적 명사형인 반면, 전략strategy은 동태적 의미가 풍기지 않는 정태적 단어이기 때문이다. 세 계층을 동질적인 언표로 표현하는 것이 옳다면 전략이라는 용어를 대체할 다른 동태적 언표가 필요하다. 적정한 언표를 선정하기 전에 특히 관리계층의 업무내용과 이슈를 주목할 필요가 있다. 관리계층이 자주 드러내는 문제는 전사적 최적화가 아닌 부서의 최적화만을 지향하는 집단 이기주의적인 태도이다. 이는 사일로silo 조직으로 분화된 전형적인 수직적 기능조직에서 발견되는 일반적인 현상이다. 폴 하몬Paul Harmon은 이를 사일로 씽킹silo thinking[59], 피터 센게Peter Senge는 선형적 사고linear thinking[60]라 칭했다. 이의 극복을 위해 전략계층인 이사회와 경영진은 전사적 최적화의 관점에서 중간관리자의 활동을 모니터링하고 통합해야 한다. 즉, 중간관리자가 타 부서장들과 협력하도록 공유된 성과지표를 부여하고 성공 스토리를 창조하는 공동체 정신을 고취시켜야 한다.

그러므로 전략계층의 이러한 동태적 통제활동을 상기시킬 새로운 언표의 필요성이 여기에 있다. 새로운 언표는 전략을 포괄함과 아울러 관리계층을 통제하는 동태적 개념을 내포하여야 한다. 이처럼 전략을 대체할 동태적 언표로서 거버넌스governance와 거버닝governing을 제안한다. 그림 3-1과 같은 전략, 관리, 운영 레벨의 개념으로는 거버넌스의 필요성에 대한 조직의 환경변화를 담지 못한다. 현실 요구를 더욱 잘 반영한 새로운 조직의 모델을 창조하기 위해 '전략'을 먼저 '거버넌스'로 치환하는 접근이 요구된다. '전략' 대신에 '거버닝'의 언표를 사용한 이유는 거버닝은 전략적 방향 제시 이외에 여러 탈층화 활동을 내포하기 때문이다. 개념이 달라지거나 커지면, 예전의 언표는 버리고 새로운 언표를 창안해 내야 한다. 임마누엘 칸트의 말처럼 "구분한다는 것은 가능한 한 적절한 명칭을 찾는다는 것"과 통하기 때문이다.[61] 거버넌스governance 혹은 거버닝governing은 회사를 운영하는 것이 아니라, 전반적인 조직의 방향 제시, 경영 활동의 통제, 조직 밖의 이해 관계자에 대한 사회적 책임과 규제에 관한 정당한 기대를 만족시키기 등에 관심을 갖는 것이다.[62] 강조하고 싶은 것은 거버넌스의 설명책임을 조직의 고위층의 전유물로 간주하지 않는다는 것이다.

전술한 바와 같이 철학적으로 거버넌스는 '조직의 일의성univocity of organizational being'을 유지하는 방법론이다. 질료는 같지만 양태는 다른, 조직은 동일하게 유지되더라도 비즈니스 모델은 항상 변화하는 항상적 유동성flexibility을 보증하는 활동이다. 다시 말하면 조직의 층화stratification와 경직성을 경계하고, 조직이 살아 움직이게 하는 활력을 관장하는 활동이다. 즉, 조직 도메인에서 배치의 유연한 변화를 바람직하게 관장하는 활동이다. 이러한 활력적 유동성은 층화된 조직구조에서는 발현될 수 없다. 그러한 이유로 본서는 조직거버넌스의 계층적 모델을 파괴하고, 새로운 모델을 제시하고자 한다. 그림 3-2는 동태적 언표로 표현된 네트워

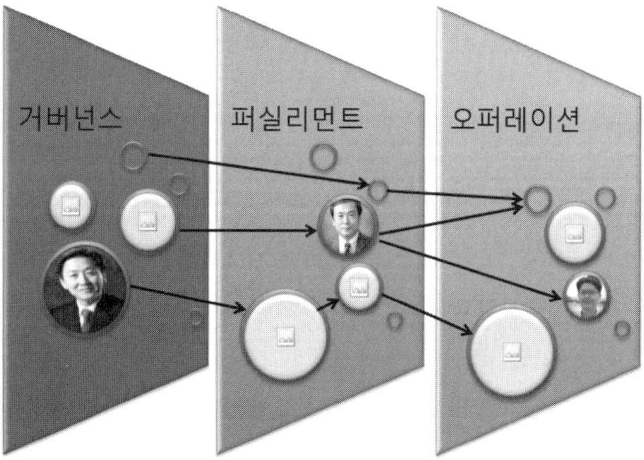

[그림 3-2] 거버넌스, 퍼실리먼트, 오퍼레이션

크형 거버넌스의 개념 모델이다. 예전의 피라미드 모델은 실무자는 운영operating하고, 관리자는 관리managing하고, 조직의 상위 리더들은 거버닝governing 하는 역할을 적정하게 표현해 주었다. 그러나 거버넌스·관리·운영을 수직적 계층조직으로 이해하는 것은 적정하지 않다. 왜냐하면 거버넌스는 넘어설 수 없는 계층은 없다고 간주하므로, 수직 기능적 계층 모델로는 구현될 수 없으며 수직 계층형 모델을 거버넌스 조직이라고 부른 것도 적정하지 않기 때문이다.

그림 3-2는 본서에서 상정한 거버넌스의 조직구조를 보여준다. 업무기능은 거버넌스, 퍼실리먼트, 오퍼레이션으로 구분하였다. 새로운 용어인 퍼실리먼트는 퍼실리테이션facilitation과 매니지먼트management의 합성어로 작명한 것으로, 거버넌스 조직에서의 중간 관리자는 직원을 관리의 대상으로 간주하는 것이 아니라 V이론에 따른 전향적 구성원으로 간주하는 철학을 반영한다.[63] 수직이 아닌 수평으로 거버넌스, 퍼실리먼트, 오퍼레이션을 펼쳐서 그린 이유는 상명하복의 위계가 사라진 조직문화를 강조한다. 이러한 모습이 거버넌스의 지향과 통한다. 산업시대에는 엄격한 규율, 근면한 노동, 상명하달 식 권위적 체제, 금융 자본과 소유권이 중시되었지만, 네트워크 시대에는 협업, 창의성, 사람 대 사람의 상호작용, 사회적 자본, 개방형 공유체제, 글로벌 네트워크 등이 더욱 중요해지기 때문이다.[64]

03 조직 거버넌스 모델

조직 거버넌스를 설명하는 전형적인 개념 모델로는 핸더슨과 벤카트라만Henderson & Venkatraman의 전략 연계 모델Strategic Aligning Model: 이하 SAM이 있다.[65] 이 모델이 발표된 1993년경에는 거버넌스라는 개념이 기업 도메인에 유입되기 이전의 시점으로, 비즈니스 거버넌스와 IT거버넌스 이론이 출현하기 이전이다. 그러므로 '전략연계'가 조직 거버넌스를 설명할 주요 키워드가 된다. SAM 모델은 그림 3-3과 같은 형태를 갖추고 있는데, 이들이 논문을 발표할 당시에 IBM 연구소에서 일했던 이유로 제안된 모델은 다분히 IT 솔루션 제조사의 관점을 유지하고 있다. 그림과 같이 SAM 모델은 비즈니스 전략, IT 전략, 조직 하부구조 및 프로세스, 정보시스템 하부구조 및 프로세스의 4가지 요소로 구성되어 있다. 또한 SAM 모델은 전략적 적합strategic fit을 종축으로, 기능적 통합functional integration을 횡축으로 하는 연계aligning를 거버넌스의 중요한 과제로 다룬다.[66] 즉, 연계를 전략적 적합과 기능적 통합을 포괄하는 개념으로 설명하고 있다.

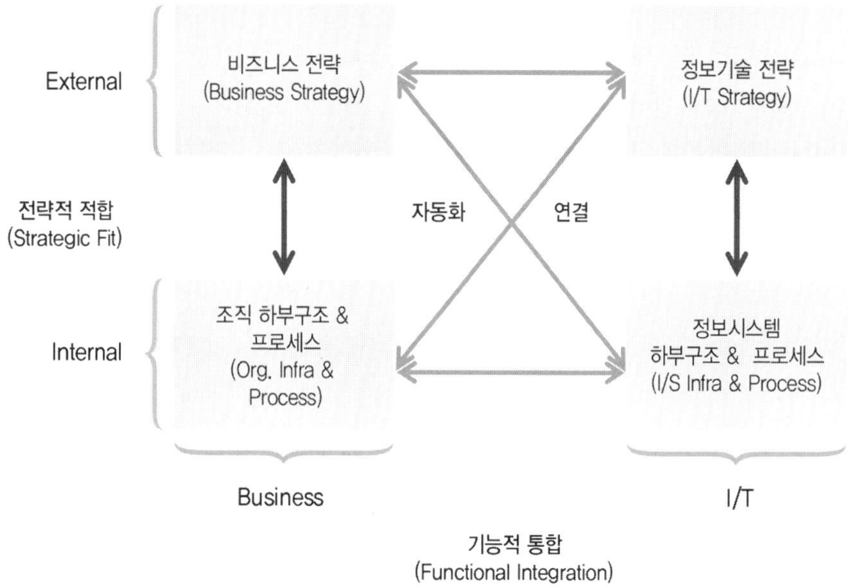

[그림 3-3] 전략 연계 모델(Strategic aligning Model)

SAM 모델은 비즈니스 가치 생성에 기여하는 IT의 잠재적 요인들을 잘 설명하고 있지만 동적인 프로세스를 정적인 인프라 기능 안에서 함께 고려하는 단점이 있다 이러한 이유로 조직 전략과 시스템 구현의 연계과정 사이에서의 매개적 부가가치 활동인 프로세스를 설명하기 어렵게 만드는 모델이 되었다. 결론적으로 비즈니스 전략과 시스템 구현의 연계과정에서 부가가치 핵심 활동인 프로세스를 전략과 IT의 하부구조로 설명하여 프로세스 거버넌스의 중요성을 상대적으로 간과하게 만들어 버렸다.

그러나 기어리 러믈러Geary Rummler와 알란 브라키Alan Brache는 미리 IT를 해법으로 간주하거나 해법의 주요 부분으로 보는 것은 위험하며, 프로세스를 재설계하는 동안 앞으로 IT가 맡아야 할 역할을 설계 팀이 결정해야 한다고 주장했다.[67] 러믈러와 브라키의 주장처럼 프로세스 디자인은 IT 해법을 고려하기 이전에 수행되어야 하는 선행활동이다. 물론 IT 신기술이 주도하고 조직전략과 프로세스가 사후적으로 적응하는 절차가 여전히 유효할 수 있다. 그러나 논리적으로 조직 전략에 연계된 프로세스 설계가 우선하며, 그 다음으로 프로세스에 연계된 IT 솔루션의 구현 순서가 상식적이고 자연스러운 접근일 것이다. 프로세스를 전략과 IT와 연계되어 고려해야 한다는 생각을 반영한 모델이 그림 3-4와 같은 신 전략연계neo-SAM 모델이다.[68] 이는 SAM 모형에서 프로세스 거버넌스를 독립된 요소로 분리하여 비즈니스 전략과 IT 사이의 매개모델로 위치시킨 모델이다.

neo-SAM 모델은 SAM과 달리 거버넌스의 대상을 비즈니스, 프로세스, 정보기술의 세 개의 부분으로 구분한 것이 특징이다. 이는 그림 3-3에서 조직 하부구조 안에 뭉뚱그려졌던 프로세스를 독립적인 요소로 떼어낸 개념모델인 그림 3-4에서 잘 나타난다. 즉 조직 거버넌스가 하부에 비즈니스 거버넌스, 프로세스 거버넌스, IT 거버넌스를 통제하는 모델이다. 이러한 개념적 구분을 기반으로 작도한 그림 3-5는 조직 거버넌스를 구성하는 3개의 서브 거버넌스 사이에 관계된 모델링, 리엔지니어링, 연계 작업, 갭gap의 특성들을 같이 묘사해 주는 이점이 있다. 본서는 그림 3-4, 3-5에 기반을 두고 조직 거버넌스의 필수적인 세 가지 구성요소로서 비즈니스 거버넌스, 프로세스 거버넌스, IT 거버넌스를 정의할 것이다.

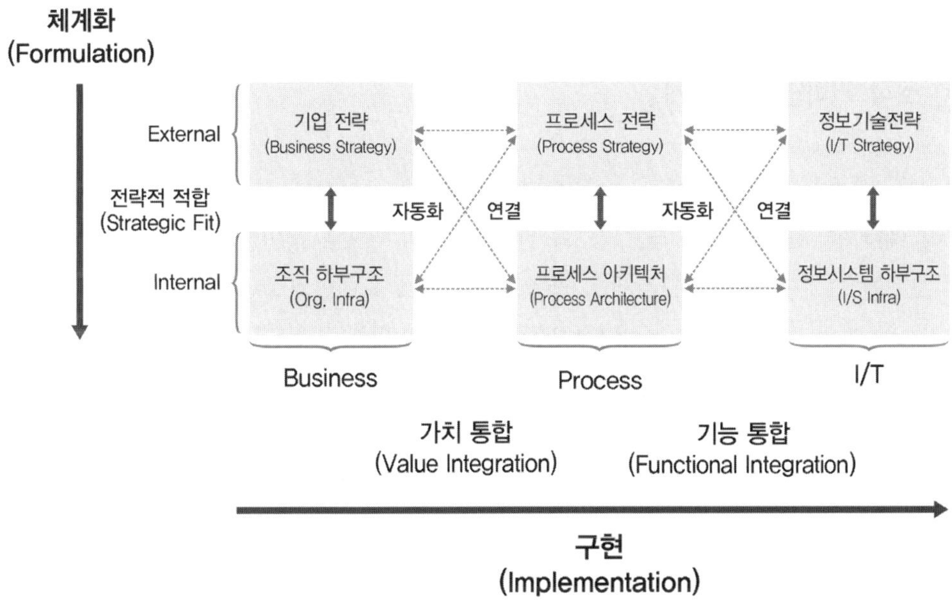

[그림 3-4] 신 전략연계(neo-SAM) 모델

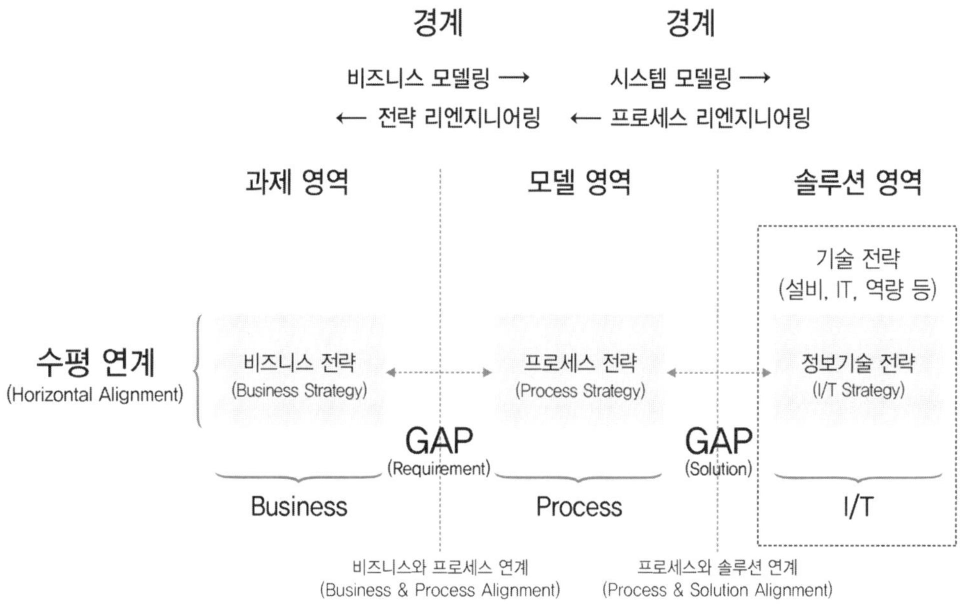

[그림 3-5] 비즈니스, 프로세스, IT 연계모델

04 조직 거버넌스의 체계

앞에서 설명한 신 전략연계neo-SAM 모델은 기존의 SAM 모델과 비교하여 조직의 가치부가 활동에 해당되는 프로세스를 비즈니스와 IT와 같은 수준으로 정의한 것이 특징이다. 신 전략 연계 모델에 따르면 기업의 프로세스 활동은 비즈니스 도메인의 목적, 책임과 책무, 기대되는 성과지표와 제약조건에 따라 거버넌스 되어야 하고 IT활동 또한 프로세스의 목적, 책임과 책무, 기대되는 성과지표와 한계에 따라 거버넌스 되어야 함을 쉽게 이해할 수 있다. 이러한 거버넌스 연계활동은 순방향은 물론 역방향으로도 상호 작용한다. 본서에서는 위의 논의에 따라 조직 거버넌스 활동이 3가지 핵심 거버넌스 활동 즉, 비즈니스 거버넌스, 프로세스 거버넌스, IT 거버넌스로 이루어진다고 정의하며 비즈니스·프로세스·IT의 세가지 도메인을 조직 거버넌스의 3가지 체계요소로 부를 것이다. 표 3-2은 조직 거버넌스를 구성하는 3가지 거버넌스 체계를 간략히 요약한 내용이다.

[표 3-2] 조직(기업) 거버넌스의 체계

조직 거버넌스 핵심 요소	설명	키워드
비즈니스 거버넌스	조직의 전략적 목표를 프로세스와 IT에 바람직하게 연계(aligning)하는 활동과 관련된다.	전략
프로세스 거버넌스	회사의 전략적 목표달성을 이루는 조직 활동의 절차, 정책, 제약조건, 권한관계, 기대치와 관련된다. 품질 높은 제품은 품질 높은 프로세스에서 나온다.	활동
IT 거버넌스	프로세스 활동을 효과적이고 효율적으로 시스템화하고, 변화에 적응하는 정보시스템 구조를 개발 유지하는 일에 관련된다.	시스템

이들 3개 핵심 거버넌스는, 그림 3-6처럼 상호 긴밀히 연결된 네트워크 모형으로 작도하거나, 그림 3-7처럼 순차적 프로세스로 묘사할 수도 있다. 네트워크 모델은 상호 간에 주고받는 영향도를 강조하는 도식이며, 순차 모델은 논리적 흐름을 강조하는 모형이 된다. 표 3-2에서 제시한 바와 같이 비즈니스·프로세스·IT 거버넌스의 핵심 키워드는 순서대로 전략, 활동, 시스템으로 특징 지워진다. 이중에서 핵심 키워드가 '활동'인 프로세스 거버넌스가 본서의 핵심 주제이다.

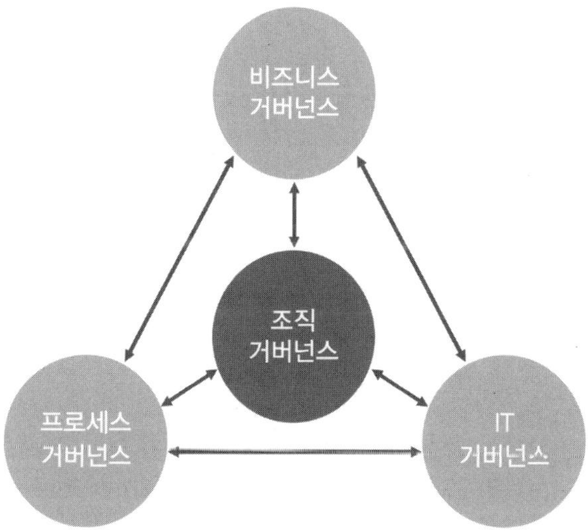

[그림 3-6] 조직 거버넌스 - 네트워크 모델

그림 3-7에서 나타나듯이 프로세스 거버넌스는 전략과 조직화를 통제하는 '비즈니스 거버넌스'와 프로세스를 자동화하는 'IT 거버넌스'를 이어주는 매개적이며 독자적 도메인 개념을 가진다.

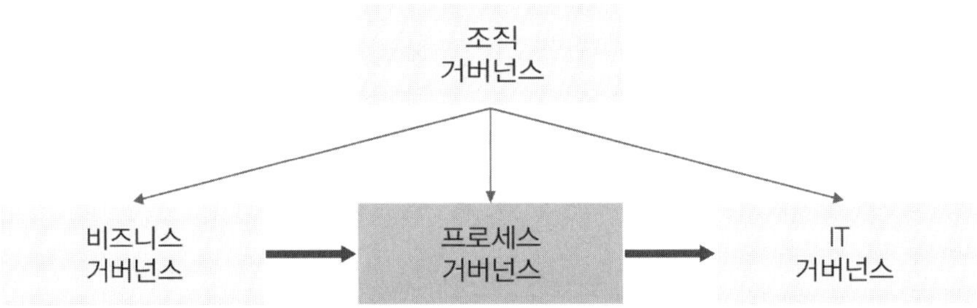

[그림 3-7] 조직 거버넌스 - 순차모델

그림 3-8은 조직 거버넌스의 3개 하부 구성요소인 비즈니스, 프로세스, 정보기술 거버넌스의 상호 연관성을 제시하기 위하여, 전략, 정책, 자원 배치의 3가지 차원에서 주요 메시지를 그림으로 제시한 내용이다. 한 장의 그림으로 3개의 거버넌스 분야를 모두 포괄하여 표현할 수는 없지만, 조직 안에서 고려해야 할 거버넌스의 주요 활동을 맥락적으로 이해하는데 도움이 되리라 생각한다. 프로세스 거버넌스는 비즈니스 전략과 정책을 실현하기 위한 활동 모델의 통제를 담당하며, 설계된 모델이 적정하게 비즈니스 목적에 부합하도록 보증하여야 한다. 검증된 프로세스는 정보기술의 설계와 운영에 반영되어, 비즈니스 요구를 충족하는지 확인과 검증을 거쳐야 한다. 확인과 검증 방법에 대하여는 부록 D의 SPICE 설명을 참고하기 바란다. 유의할 사항은 거버넌스의 활동범주가 매지니먼트를 포괄하기는 하지만, 실무적인 관리 수준에 집착해서는 안된다. 거버넌스는 나무를 살피는 것이 아니라, 숲을 보는 맥락적 활동이며, 사업환경의 이상징후를 조기에 판단하여 적정한 위험통제에 에너지를 집중하는 활동이다. 은유적으로 표현하면 어두운 밤바다에서 떠다니는 빙산을 헤쳐 나가는 타이타닉호의 선장과 같은 일이다. 조타실에서 근무하는 함장은 망원경으로 밤바다를 살피면서도, 함선의 구석구석에서 어떤 일이 벌어지고 있는지 모니터링 해야 하고, 급작스러운 돌발상황에 대한 대응 시나리오를 항시 머릿속에 그리고 있어야 한다.

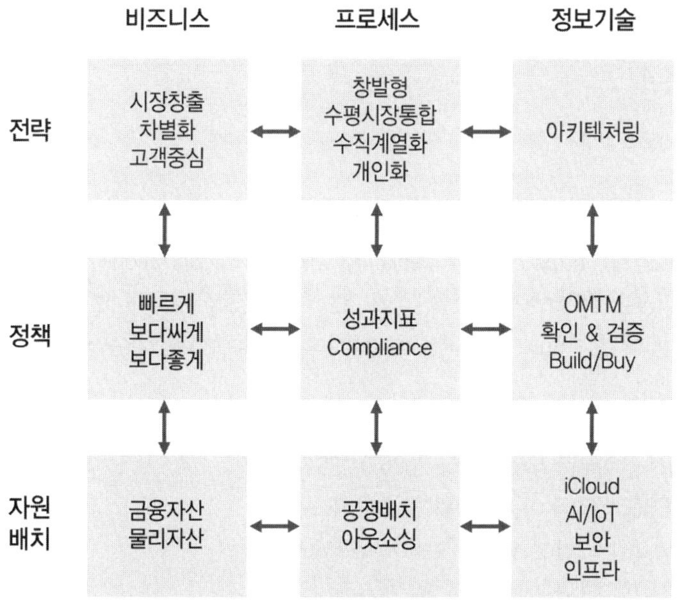

[그림 3-8] 조직 거버넌스 매트릭스 모델

이어질 Part 2에서 비즈니스, 프로세스, IT 거버넌스 각각에 대하여 좀더 자세히 설명한다.

참고문헌

1. 노화준(1998), "카오스 이론이 정책연구에 주는 시사점 분석", 행정총론, Vol. 36. No. 1.
2. Ibid. p. 10.
3. 이정규(2019), "운명은 거스르는 자에게 굴복할까?", ZDNET 전문가컬럼.
4. 위키피디아(자기조직화). https://en.wikipedia.org/wiki/Self-organization
5. 신좌섭(2016), "[공감] 자기조직화된 촛불광장에 거는 기대, 경향신문(오피니언), 2016.11.22.
6. Steven Shaviro(2009), "Against Self-Organization)", http://www.shaviro.com/Blog/?p=756
7. 노화준(1998), Ibid.
8. Ibid, p. 18.
9. 불교신문, "간화선 - 화두란 무엇인가?", 2005.01.25.
10. 이정우(2014), EBS교양강좌: 사상가와의 만남-들뢰즈, https://www.youtube.com/1watch?v=EDnWtrPSONQ
11. 이강서(2006), 서양철학이야기, 책세상, pp. 46.
12. 김해완(2013), '리좀 나의 삶 나의 글', 북드라망, pp. 26-30.
13. 박미옥(2008), 들뢰즈와 탈근대 문화연구, 도서출판 당대, pp. 39-51.
    탁석산(2011), 자기만의 철학, 창비, pp. 60-62.
14. 이정규(2019), "리좀(Rhizome)과 클라우드, ZDNET 전문가 컬럼.
15. 윤영진 & 김태룡 외(2002), (새)행정이론, 대영문화사.
16. 소병희(2007), 정부실패, 삼성경제연구소.
17. 박도준(2014), 시장실패 정부실패: 정부가 꼭 해야 할 일과 해서는 안 될 일들, 교우사, pp. 40.
18. 조희정(2010), 네트워크 사회의 정치와 민주주의: 정부·정당·시민사회의 변화와 전망. 서강대학교 출판부.
19. 하영선 외(2010), 네트워크 세계정치: 은유에서 분석으로, 서울대학교 출판문화원.
20. 이관후(2016), "왜 대의 민주주의가 되었는가? : 용례와 기원과 함의", 한국정치연구, Vol. 25, No. 2.
21. 기업활동이 모두 비즈니스이지만, 본서에서 비즈니스 체계라고 지칭할 때는 전략레벨의 체계로서 경영진에 의한 전략적 활동의 범주를 말한다.
22. 이정규(2018), '프로세스 거버넌스 프레임워크와 측정도구에 대한 연구', 국민대 학위논문.
23. Ostrom, Elinor(2010a), "Institutional Analysis and Development: Elements of the 24. Framework in Historical Perspective", Encyclopedia of Life Support Systems.
24. 윤지선(2015), "들뢰즈와 가따리의 '천개의 고원' 용어 분석론", 철학논집, 제43권, pp. 259-284. https://doi.org/10.17325/sgjp.2015.43..259
25. 빌라니 & 싸소-Arnaud Villani & Robert Sasso/신지영 옮김(2003), 들뢰즈 개념어 사전, 도서출판 갈무리, pp. 393-416.

26. 서동욱(2002), 들뢰즈의 철학, 민음사.
27. 마이클 하트/이성민 옮김(1996), 들뢰즈의 철학사상-갈무리신서 13, 갈무리.
장석주(2006), 들뢰즈 · 카프카 · 김훈: 천개의 고원 그리고 한국문학의 지평, 작가정신.
28. 윤지선(2015), "들뢰즈와 가따리의 '천개의 고원' 용어 분석론", 철학논집, 제43권, pp. 259-284. https://doi.org/10.17325/sgjp.2015.43..259
29. 이정우(2014), EBS교양강좌: 사상가와의 만남-들뢰즈, https://www.youtube.com/1watch?v=EDnWtrPSONQ
30. 요하네스 둔스 스코투스-Duns Scotus/박우석(2010), 둔스 스코투스의의 제일 원리론, 누멘
31. 서동욱(2002), 들뢰즈의 철학, 민음사.
32. 이정우(2014), ibid.
33. Muller, Ralf(2014), Project Governance, A Gower Book, pp. 1.
34. 이명석(2008), "거버넌스 패러다임의 의의: 사회적 조정양식으로서의 거버넌스 개념을 중심으로".
35. 라미경(2009), "거버넌스 연구의 현재적 쟁점", 한국거버넌스학회보, 제16권, 제3호, pp. 91-107.
36. Hufty, Marc(2009), "The Governance Analytical Framework," Preliminary Version, Graduate Institute of International and Development Studies, Geneva.
37. 이관후(2016), "왜 대의 민주주의가 되었는가? : 용례와 기원과 함의", 한국정치연구, Vol. 25, No. 2.
38. 김의영(2015), 거버넌스의 정치학, 명인문화사, pp. 4.
39. 김석준(2002), 거버넌스의 이해, 대영문화사.
40. 김석준(2002), ibid
41. 이정규(2018), "넘사벽과 홀라크라시", ZDNET 전문가 컬럼.
42. Stevenson, John(1995), "THE FOURTH WALL AND THE THIRD SPACE", Centre for Playback Theatre.
43. 이명석(2008), ibid.
44. Contandache, Nocoleta et al.(2016), "Organization Governance", The 11th edition of the international conference European Integration Realities and Perspectives, pp. 217-234.
45. Gui, Benedetto(1996), "Is there a chance for the worker-managed form of organization?", Democracy and Efficiency, (in) Economic Enterprise, Routledge, pp. 164-183.
46. 브라이언 J. 로버트슨/홍승현 역(2017), 홀라크라시, 흐름출판.
47. 김석준(2001), "뉴 밀레니엄 시대의 정부와 행정학의 정체성: 새로운 패러다임에 다른 진단과 처방의 모색", 사회과학연구논총, 제6권, pp. 5-23.
48. https://en.wikipedia.org/wiki/Governmentality
49. 이문수(2009), "거버멘탈리티 관점에서 본 행정학: 관방학과 신공공관리론", 한국행정학회 학술발표논문집, Vol. 12, pp. 417-430.
50. Karin Amos(2010), "Governance and governmentality: relation and relevance of two prominent

social scientific concepts for comparative education", University of Tuebingen.

51. Kooiman, J.(2000), Societal Governance: Levels, Modes, and Orders of Social-Political Interaction, in Pierre, J. (ed). Debating Governance. Oxford University Press.
52. Lee, M. S.(2003), "Conceptualizing the New Governance: A New Institution of Social Coordination", Presented at the Institutional Analysis and Development Mini-Conference, Workshop in Political Theory and Policy Analysis, Indiana Univ.
53. 이정규 & 정승렬(2019), "프로세스 거버넌스 메타모델과 프레임워크", 인터넷정보학회, Vol. 20, No. 4.
54. 김도현(2017), "감수의 글", 홀라크라시, 흐름출판.
55. 정용덕 외(1999), 합리적 선택과 신제도주의, 대영문화사, pp. 81-89.
56. 게리 해멀-Gary Hamel/방영호 옮김(2012), 지금 중요한 것은 무엇인가, 알키, pp. 375-387.
57. 이광종(2005), 삼성은 왜 노드스트롬을 벤치마킹하는가, 도서출판 예문, pp. 78-79.
58. 빌 조지/정성묵 옮김(2004), 진실의 리더십, 윈윈북스.
59. Paul Harmon(2007), Business Process Change, Morgan Kaufmann.
60. 피터 센게(2014), 학습하는 조직(The fifth principle), 에이지이십일.
61. 빌라니 & 싸소-Arnaud Villani & Robert Sasso/신지영 옮김(2003), 들뢰즈 개념어 사전, 도서출판 갈무리, pp. 393-416.
62. 김석준(2001), "뉴 밀레니엄 시대의 정부와 행정학의 정체성: 새로운 패러다임에 다른 진단과 처방의 모색", 사회과학연구논총, 제6권, pp. 5-23.
63. 노부호(2017), V이론에 의한 제3의 경영, 21세기비즈니스.
64. 최은수(2012), 넥스트 패러다임, 출판iN, pp. 94-115.
65. Henderson, J. C. & Venkatraman, N.(1993), "Strategic alignment: Leveraging information technology for transforming organization", IBM Systems Journal, Vol.32. No.1, 1993.
66. 아누핀디 & 초프라 - Ravi Anupindi & Sunil Chopra / 김승범 외 번역(2006). 비즈니스 프로세스 경영, 도서출판 석정.
67. 기어리 러믈러 & 알란 브라키-G. Rummler, A. Brache / 류명재 역(2010), BPM 방법, 인터워크 솔루션, pp. 172.
68. 이정규 외(2018a), "프로세스 거버넌스의 메타 모델링을 위한 체계적인 문헌 연구", 한국인터넷정보학회, 2018 춘계학술대회 논문집, 제19권 제1호.

PART 02 조직 거버넌스의 3요소

PART 02 >>

조직 거버넌스의 3요소

오카시오와 요셉Ocasio & Joseph에 따르면 1851년부터 2002년까지의 뉴욕타임즈의 모든 기사를 검색한 결과, 'corporate'와 'governance' 단어가 최초로 사용된 시점은 1972년 12월 이후부터이다.[1] 1976에는 미연방 등록부Federal Register에 처음 출현하기도 했다.[2] 그러나 본격적인 기업(조직)의 거버넌스 용어는 1977년 딜로이트Deloittes의 후원으로 편찬된 'The independent director' 책에서 저자인 트릭커Robert Tricker가 사용하기 시작했다.[3] Part 2에서는 조직 거버넌스의 3가지 하위개념인 비즈니스 거버넌스, 프로세스 거버넌스, IT 거버넌스에 대하여 개별적으로 설명한다.

Chapter 4 비즈니스 거버넌스

비즈니스 거버넌스는 조직의 목표와 관련된 전략적 지향과 관련된 활동으로, 프로세스의 효과와 효율을 도모하기 위한 자원의 정렬에 영향을 미친다. 이렇게 설정된 프로세스를 정보시스템으로 자동화 시키는 일이 IT 거버넌스이다. 그러므로, 베스트 프랙티스 정보기술을 통한 BPR 이론이 한 때 인기를 끌기는 하였지만, 조직 거버넌스의 시작은 비즈니스 거버넌스로부터 시작하는 것이 보편적인 접근이 된다.

01 자가당착에 빠진 비즈니스 법칙

경영의 세계에서 유명한 짐 콜린스Jim Collins는 17년간 4권의 베스트셀러 책을 썼다. 그는 신간을 발간할 때마다 머리말에 자신의 저서는 수년에 걸친 과학적 실증연구를 통해 기업의 성공요인에 관한 확실한 인과관계를 발견했다고 주장했다.[4] 첫번째 책 'Build to Last'을 통해 성공기업의 객관적 방법론을, 'Good to Great'에서는 성공기업에서 위대한 기업으로의 혁신법을 역설했다. 그러나, 곤혹스러운 일이 생겼다. 그가 꼽은 위대한 기업체들이 대부분 망해버린 것이다. 그러자 그는 재빨리 세번째 책 'How the Mighty fall'을 통해 위대한 기업도 몇 가지 함정에 유의하지 않으면 망한다는 논리로 응대했다. 세번째 책의 논법이 애플의 성공을 설명할 수 없다는 학자들의 반론이 일자, 네번째 책 'Great by Choice'에서는 역량이 뛰어나도 결국 하늘이 정한 '행운'이 따라 주어야 위대한 기업이 될 수 있다는 논리를 편다. 콜린스가 이상 네 권의 책을 출간하는데 17년의 시간이 흘렀다. 하지만 약 20년 동안 기업의 성공 방정식을 지속적으로 바꾸지 않으면 안 되는 자가당착에 봉착한 것이다. 만약 짐 콜린스가 주장하는 성공방정식의 끝판이 결국 '운'이라면, 경영자는 무엇을 공부해야 할지 의문을 가질 것이다. 콜린스의 스토리는 우리에게 중요한 두 가지 시사점을 던진다. 첫째는 경영의 세계에서 변하지 않은 성공 법칙은 존재하지 않는다는 것이고, 둘째는 기업 스스로의 노력만으로는 성공할 수 없으며, 통제할 수 없는 외부 환경이 잘 따라주어야 기업이 성공할 수 있다는 것이다.

한 세상을 풍미했던 기업의 성공방정식이 20년이 채 안되어 효과가 없어졌다. 원인은 무엇일까? 그것은 세상이 너무 빨리 바뀌기 때문이다. 자동차의 속도가 빨라지면 시야가 좁아진다. 그래서 주변에 다가오는 위험이 안 보인다. 과거에는 변화의 시간과 방향이 어느 정도 예측되었다. 그래서 제품이 계획되고 2~3년 안에 제품이 나오면 예상되는 매출도 달성되었다. 프로세스 중간에 고객반응을 확인할 필요는 없었고, 투자비용을 다 소비한 이후에 고객의 반응을 파악해도 위험은 적었다. 다분히 과거의 성공법칙이 미래도 동일할 것이라는 가정으로, 불확실한 미래를 예견하려는 선형적 접근 방법이다. 그러나, 비즈니스 세상에서 제일 위험한 가정은 1) 우리 제품은 잘 팔릴 것이고, 2) 그리고 계속 잘 팔릴 것이라는 가정이다. 이러한 선형적 가정은 파괴적 환경변화 속에서 조직을 위험에 빠뜨린다.

클레이튼 크리스텐슨Clayton M. Christensen은 히트작인 '혁신 기업의 딜레마The Innovator's Dilemma'에서 고착화된 성공 관행이 기업의 생존에 얼마나 해로운가를 설파했다. 파괴적 환경에 부딪치면 기존 성공관행은 순식간에 쓸모가 없어진다는 것이다. 생명체 중에 영속하는 것은 헬라HeLa cell 암세포 밖에 없다. 기업은 태어나고 성장하지만, 시간차는 있을지언정 언제나 새로운 혁신기업에 자리를 빼앗긴다. 한때 효능이 입증됐다는 기업의 성공이론도 유통기한이 지나면 약효가 사라진다.[5] 이처럼 변하지 않는 성공의 황금법칙이 존재하지 않는다면, 기업은 유행을 따라 떼 몰림을 하지 말고 항상 전략적 의사결정을 해야 한다. 전략적 의사결정은 남과 다른 생각을 할 때, 즉 혁신을 유지할 때 가능하다. 현명한 경영자는 어쩌면 영원히 달성 불가능한 목표, 끊임없이 혁신을 유지하는 조직문화를 지키는 사람이다. 이처럼 비즈니스 거버넌스가 지향하는 개념의 맥락은 경영 혁신의 항상성 유지와 관계된다.

끊임없는 혁신은 무엇what을 어떻게how 하느냐에 달려있는 게 아니다. 항상 '왜why'란 질문을 던질 때에만 해답의 실마리를 찾아낼 수 있다. 경쟁사를 벤치마킹 해서 무엇을 어떻게 만드는지 배우는 일은 그 다음이다. 무엇과 어떻게는 배우고 따라 하기 쉽다. 그러나 '왜'는 가치관과 실존을 정하는 깨우침이라 쉽게 배울 수 있는 것이 아니다. '왜'를 먼저 세우면 '어떻게'와 '무엇'은 자연히 따라 온다. 어떤 프로세스와 어떤 산출물을 만들 것이냐는 순전히 '왜'의 통제하에 이루어져야 한다. 다른 업체의 노하우를 훔쳐와도 그 업체와 고객 선호도의 차이가 좁혀지지 않는다면, 이는 두 회사의 "왜"에 대한 철학 때문이다.

도요타 생산방식을 창안했던 오노 다이이치는 이렇게 말했다. "도요타 스타일은 열심히 일함으로써 결과를 창출하는 것이 아니다. 사람의 창조력에는 한계가 없다고 말하는 시스템이다. 사람들은 도요타에 '일하러' 가는 것이 아니라 '생각하러' 간다."[6] 결국 성공의 요체는 생각이라는 주장이다. 'THINK'는 '왜'에 대한 생각을 불러일으키는 영어 단어이다. 예전에 IBM은 입사하는 모든 직원에게 자신의 이름이 새겨진 손바닥 만한 'THINK' 명패를 주었다. 창업자 왓슨이 만든 문화이다. IBM의 직원들은 이 명패를 바라보면서 사안을 대하는 사고 훈련을 받았다. 애플은 그런 IBM을 조롱하듯 'THINK DIFFERENT'(다르게 생각하라)의 기치로 IBM 같은 기득권 세력에 도전했다. 이런 THINK의 조직문화가 이제는 인공지능에 도전 받고 있다. 알파Zero와 왓슨Watson이 사람을 대신해서 더 높게 더 깊게 생각해 주는 세상이 되었다. 병원에 도입된 왓슨에게서 의사들도 질병의 확진을 검증한다. 기계가 만드는 'THINK SUPERIORLY'(탁월하게 생각하라)의 세상이다.

결론적으로 비즈니스 거버넌스는 항상 "왜"를 물으며 남보다 탁월하게 생각하고, 외부 환경에 대응하여 혁신의 항상성을 유지하는 전략적 과업이다. 만약 환경변화에 대응하거나, 자기

조직화에 의하여 "왜"에 대한 답을 얻었다면, 이것을 HOW로 연결하는 단계로 넘어가야 한다. 이것이 전략연계이고, 기업의 비즈니스 거버넌스의 첫걸음이 된다.

02 전략연계의 2가지 해법

전략연계는 비즈니스, 프로세스, IT 거버넌스 전체를 관통하는 개념이다. IT 거버넌스 관점의 연계는 Chapter 6에서, 프로세스 거버넌스 관점의 연계는 Part 3에서도 다루어진다. 그러므로 본 절에서는 비즈니스 거버넌스 관점의 전략연계에 국한하여 설명한다. 전통적으로 전략연계는 회사의 가치 지향(미션, 비전, 목표, 정체성)에 맞추어 여러 관련부서가 동일한 목표 지향을 가지고, 활동과 자원을 최적화하는 일과 관련된다. 즉, 비즈니스 거버넌스의 연계는 전략적 목표와 비즈니스 활동, 그리고 사업자원의 균형 잡힌 지향과 정렬을 추구한다. 왜냐하면 '조직의 성장과 번영은 궁극적으로 직원, 고객, 전략, 프로세스 사이의 연계를 통하여 달성'되기 때문이다.[7] 또한 연계란 조직의 비즈니스 전략에 맞춘 전반적 조직화 활동과 아울러 회사가 보유한 유·무형자원의 전개deployment에 관련된 통합의 정도를 의미한다.

Chapter 3에서 서술한 전략연계모델(SAM)은 전략적 적합strategic fit을 종축으로, 기능 통합functional integration을 횡축으로 연계 개념을 설명하며 종과 횡의 연계aligning를 거버넌스의 중요한 과제로 다루었다. 일찍이 라보비츠와 로젠스키Labovitz & Rosansky는 연계를 2개의 핵심적인 차원인 수직, 수평으로 구분하였다.[8] 수직 차원은 조직전략과 관계되고, 수평 차원은 고객이 가치를 두는 비즈니스 프로세스와 관련이 있다. 그들의 아이디어를 채용한다면 전략적 적합을 '수직연계vertical aligning'로 호칭하고, 기능 통합을 '수평연계horizontal aligning'라는 용어와 동일한 것으로 간주할 수 있다. 또한 본서에서 수직연계는 '지향orientating 혹은 orientation'으로, 수평연계는 '정렬coordinating 혹은 coordination'로도 부를 것이다. 지향은 비즈니스 프로세스의 가치지향value orientation과 관련되며, 정렬은 프로세스의 자원정렬resource coordination과 관련된다. 본서에서는 지향과 정렬의 개념을 시각적 모델로 제시하여, 두 개념의 이해도를 확장하고자 한다. SAM모델의 적합fit과 통합integration이라는 용어보다도 새로 제안한 지향과 정렬이라는 단어와 시각화 모델이 연계 개념에 대한 이해도를 보다 높여줄 것으로 판단한다.

그림 4-1은 연계aligning의 시각적 개념이다. 그림처럼 연계는 마치 나침반처럼 조직의 나아갈 방향을 동태적으로 정하는 활동과 비슷하다. 연계는 두 개의 하위 개념인 지향orientation과

정렬coordination로 구분한다. 지향의 개념은 조직의 정체성identity과 관련되고 정렬의 개념은 자원 최적화resource optimization와 관련된다. 새로운 용어를 제시하는 이유는 Chapter 3의 SAM 모델에서 제시된 적합fit이란 용어가 추상적이고, 통합integration 역시 광범위한 개념을 의미하기 때문이다. 적합fit이란 말은 1993년 카프만Stuart Kauffman이 복잡계 이론을 설명하면서 사용한 'Fitness Landscape'라는 용어에서 유래되었다.[9] 한편, 라보비츠와 로젠스키에 따르면 통합integration라는 말은 1960년대 후반부터 하버드 비즈니스 스쿨의 로렌스Paul Lawrence와 로치Jay Lorsch가 부서간의 협력 상태를 이르는 말로 사용하기 시작했다고 한다.[10] 반면에 '지향'은 조직이 눈으로 바라보는 목적지를 연상시키고, '정렬'은 물리적으로 늘어선 가치사슬을 상기시키는 단어로서 연계aligning를 시각적 이미지로 설명하기에 더욱 적당한 언표라고 판단한다. SAM 모델에서는 종축 방향을 체계화formulation 사이클로 부르고, 횡축 방향을 구현implementation 사이클로 호칭하기도 했는데, 그 의미가 전략적 지향orientation과 자원의 정렬coordination과도 유사한 개념을 내포하고 있다.

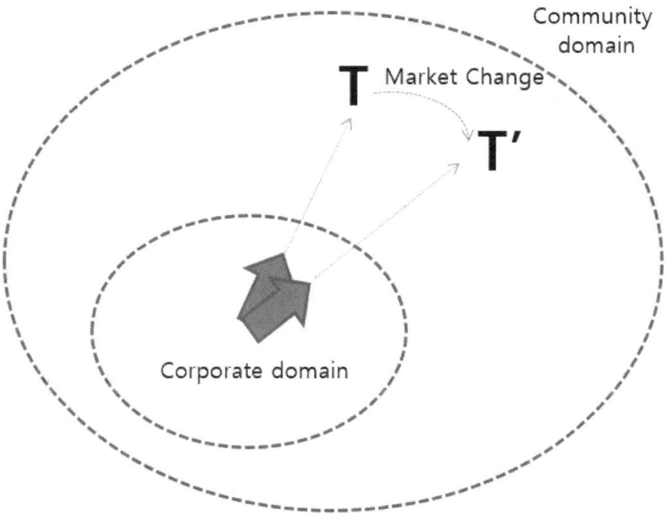

[그림 4-1] 연계(aligning)의 시각적 모형

한편 그림 4-2는 수직연계(지향)와 수평연계(정렬)의 시각화 모델이다. 전략연계의 첫번째 개념인 수직연계는 지향orientation으로 부른다. 지향이란 용어는 마케팅에서 시장지향market orientation이란 비즈니스 용어로 사용되기 시작했다.[11] 이는 그림 4-2(좌)처럼 마치 나침반이 하나의 목표를 지향하듯이 조직전체가 시장변화를 민감하게 파악하는 활동이다. 시장지향은 "조직전반의 시장통찰 획득 활동으로서, 지식을 조직전반에 전파하여 이에 조직이 부응토록 하는 것"으로 정의된다.[12)]

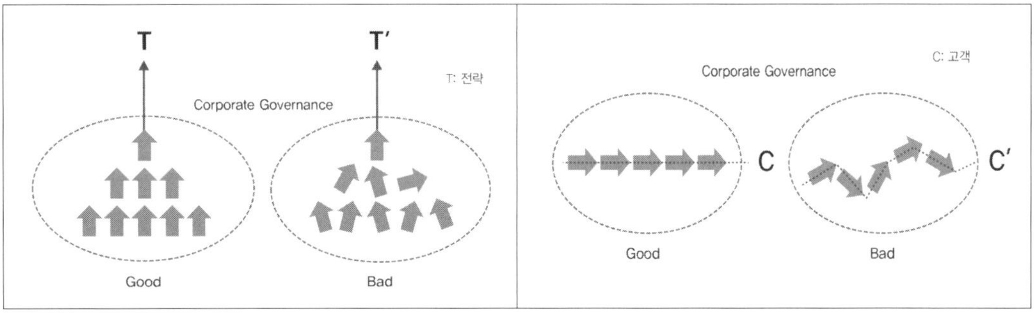

[그림 4-2] 지향(좌)과 정렬(우)의 시각적 모형

전략연계의 두번째 개념은 수평연계로서 정렬coordination이라 부른다. 정렬이란 그림 4-2 (우)처럼 조직의 가치사슬을 효과적으로 배치하는 일로서, 회사 자원의 최적화와 관련된다. 생물학에서 널리 알려진 최소율의 법칙Liebig's Law of minimum처럼 최대 효율을 향한 여러 가치사슬 프로세스의 연계 활동을 일컫는 말이다. 적정한 수평연계는 프로세스 상의 병목지점을 제거하고, 수요의 변화에 따라 유동성 있게 대응하는 풀Pull 방식의 프로세스 구현과 관계된다. 도요다의 JIT Just in Time 시스템이 좋은 사례가 될 수 있다.

돕슨Wendy Dobson은 독립된 주체 간의 협력 정도에 관한 일련의 용어 개념을 시각화하였는데 그림 4-3과 같다.[13)] 그는 주체 간의 협력 활동 중에서 정렬coordination을 갈등, 자립을 거친 후에 실현이 가능한 최상위 협력 단계로 정의했다. 즉 정렬을 주체의 자립이 전제된 협력의 범주 중에서 가장 성숙한 단계로 간주하고 통합integration 이전의 서열로 정의한 것이다. 이 모델은 협력 · 정렬 · 통합에 대한 맥락의 차이를 이해하도록 도와준다. 표 4-1은 이상의 연계 개념을 지향과 정렬로 나누고, 이들 사이의 개념을 한눈에 비교하도록 해준다.

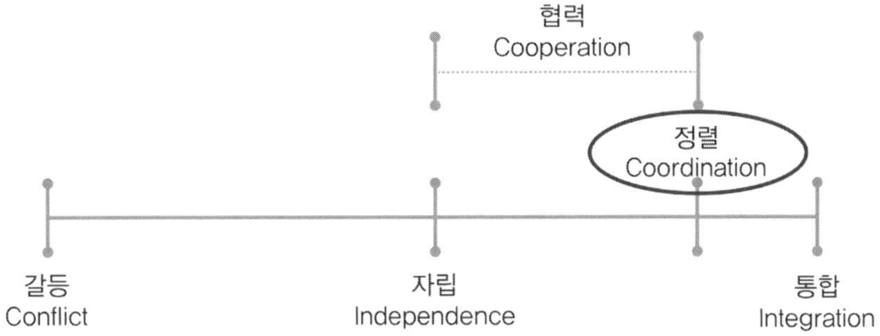

[그림 4-3] 통합과 정렬의 시각화된 서열

[표 4-1] 지향과 정렬의 비교표

연계의 구분	공간적 은유	SAM 모델의 표현	개념 설명
지향 (orientation)	수직연계 (vertical aligning)	전략적 적합 (strategic fit) 체계화(formulation)	가치지향(value orientation) 및 정체성(identity) 시장지향 및 효과지향 동일한 목표지향의 조직화 직원, 고객, 전략, 프로세스 사이의 전략적 연계의 정도
정렬 (coordination)	수평연계 (horizontal aligning)	기능 통합 (functional integration) 구현(implementation)	자원정렬(resource coordination) 및 자원 최적화 (optimization) 부가가치 지향 및 효율지향 프로세스 활동과 관련된 사업자원의 최적화 회사가 보유한 유·무형자원의 전개(deployment)에 관련된 통합의 정도

03 생존을 위한 비즈니스 유동성

연계란 조직의 비즈니스 전략에 맞춘 전반적 조직화 활동과 아울러 회사가 보유한 유·무형자원의 전개deployment에 관련된 통합의 정도를 의미한다. 그러나 이러한 생각은 경영자가 수립한 전략적 목표가 타당성이 있다는 전제를 기반으로 한다. 한편으로는 과거의 학습경험이 미래에도 그대로 적용될 것이라는 가정에 기반한다. 세상은 예측 불가능하게 끊임없이 바뀌고 있다. 과거에 전혀 경험해 보지 못한 환경의 도전에 대하여 전래된 방식으로 전략적 지향을 정하고, 자원을 정렬한다면 효과와 효율을 담보할 수 없다. 일례로 10년전까지만 해도 미세먼지가 우리나라의 큰 환경문제로 대두될지 아무도 예측하지 못했다는 것을 상기해보자. 이렇게 경험해 보지 못한 외부 환경에 대한 적정한 대응을 비즈니스 거버넌스의 범주에 포함하여야 한다.

Chapter 2에서 설명한 바와 같이 관계철학적으로 거버넌스는 '조직의 일의성univocity of being을 유지하는 방법론'이다. 그러므로 비즈니스 거버넌스는 사업의 항상적 유동성을 보증하는 활동이다. 비즈니스 모델이 경직되지 않게 하고, 살아 움직이게 하는 활력에 도움을 주는 활동이다. 비즈니스 모델이 살아 움직이게 하는 활력의 증적은 조직의 유동성에 있다. 유동성은 에너지를 덜 쓰고도 방향전환이 용이하다는 뜻이다. 전통적인 대기업의 경우는 방향전환이 용이하지 않다. 조직의 층화와 업무분장의 권한과 역할이 단단하게 굳어져 있기 때문이다. 달이 없는 깜깜한 밤 바다를 달렸던 호화 여객선 '타이타닉' 처럼 무거운 조직은 갑자기 나타난 빙산을 피할 수 없다. 타이타닉 같은 대기업이 BPR을 한다고 하여도, 이는 좌현에 있는 의자를 우현으로 옮기는 일에 불과할 가능성이 높다. 비즈니스 거버넌스가 출중한 조직이라면 다르게 접근해야 한다. 깜깜한 밤과 짙은 안개가 항로 앞을 가린다면, 신속히 큰 배에서 내려 작은 고속정에 올라타야 한다. 그리고 앞 길에 어떤 일이 벌어지고 있는지 살피고 빠르게 방향 전환을 할 수 있어야 한다.

대기업과 같은 조직이 유동성을 높이고 외부 환경에서 빠른 방향전환을 가능하게 만드는 일은 매우 힘겨운 도전이다. 크리스텐슨Clayton M. Christensen은 대기업이 이러한 융통성을 갖기란 예외 없이 불가능하다고 주장했고, 그렇기 때문에 항상 혁신적인 스타트업 회사들에게 성장의 기회가 있다고 설파했다. 대기업이 융통성과 방향전환이 어려운 이유 중 하나는 고객접점에 있는 시장정보가 의사결정권자에게 전달되지 않는 관료주의에 기반한다. 최근에 이러한 계층구조적이고 봉건적인 주식회사 형태의 틀을 깨고 새로운 시도를 주창하는 조직들이 생겨나고 있다. 이들의 해법은 조직의 구성원인 직원들이 수동적인 일꾼에서 탈피하여, 집단지성과 열정을 활용한 유기체적 조직문화의 구현을 지향한다. 이러한 일단의 노력을 '홀라크라시holacracy'라 부르기 시작했다. 홀라크라시는 비즈니스 거버넌스의 돌연변이적 접근으로, 앞으로 더욱 회자될 가능성이 농후하다고 판단한다. 이는 Chapter 1의 제4절에서 강조하였던 바와 같은 미시권력의 형성과 시민사회의 연대 문화가 기업문화에도 필연적으로 스며들 수 밖에 없다는 판단에 근거한다. 홀라크라시에 대하여 부록 B에서 좀더 자세히 설명한다.

04 비즈니스 거버넌스 모델

조직의 핵심 거버넌스core governance는 표 3-2의 3요소이다. 그러나 조직에서 요구되는 거버넌스 분야가 3요소에 한정되지 않는다. 일례로 브라간자와 램버트Braganza & Lambert는 프로세스 관점으로 전략, 이해관계자, 기대목표, 프로세스, 활동의 5단계로 이루어진 프로세스 거버넌스 프레임워크를 제안하기도 했다.[14] 그림 4-4는 이들의 모델을 수정하여 확장한 도식이다. 원래의 모형에 더하여 6단계 자원부분과 7단계 관리계획을 추가했다. 7단계의 계획부분에 기재한 항목은 PMBOK(Project Management Body of Knowledge)의 내용을 준용했다. 그림의 좌측에 기재된 '이해 당사자'를 포함한다면 PMBOK 6TH 에디션에서 제안한 10개의 관리항목 중에서 '통합관리'만 누락되어 있다. 이 그림은 조직의 비즈니스 전략부터 세부적인 프로세스 활동계획 사이의 순차적인 연관성을 보여줌과 아울러, 프로세스가 어떻게 IT 시스템 개발에 연계되는지 논리적으로 설명해주는 이점이 있다.

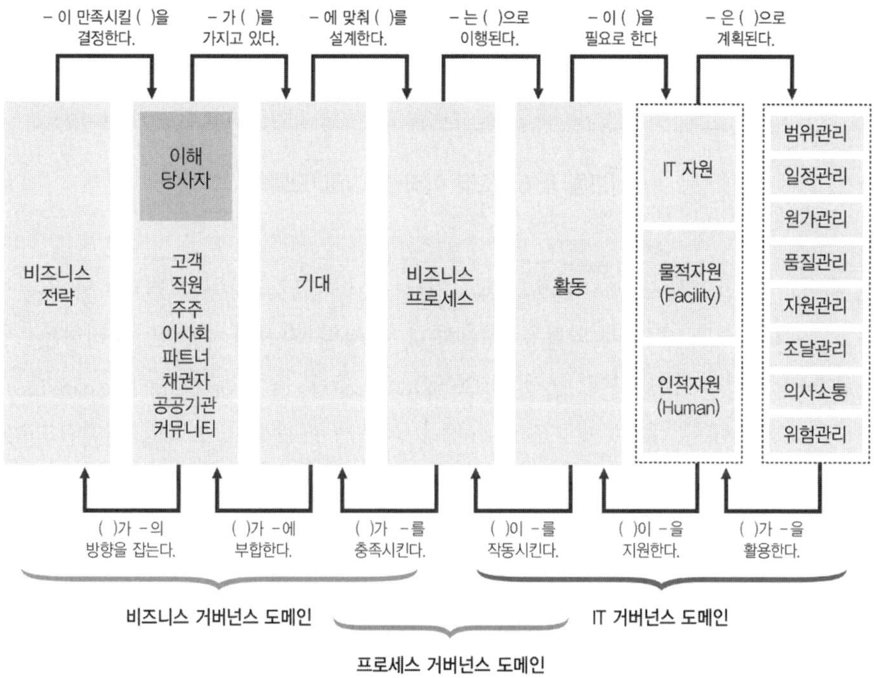

[그림 4-4] 조직 거버넌스 순차 모델

그림 4-5는 본서에서 제시하는 포괄적 조직 거버넌스 프레임워크로서 Chapter 3에서 설명한 조직 거버넌스의 3개 주제들을 포함한다. 이 조직 거버넌스 프레임워크는 크게 핵심 거버넌스 활동core governance과 보조 거버넌스support governance 활동으로 구성되어 있다. 상위 3개의 활동은 핵심 거버넌스 요소이다. 아울러 아래의 7개 활동은 보조 거버넌스 활동으로 분류한다. '보조 거버넌스' 활동은 문헌연구와 현업의 사례를 통하여 도출한 항목으로 조직 활동에 주요한 보조적인 거버넌스 통제 활동을 구조화하였다. 7개 보조 거버넌스 활동은 다음과 같다.[15]

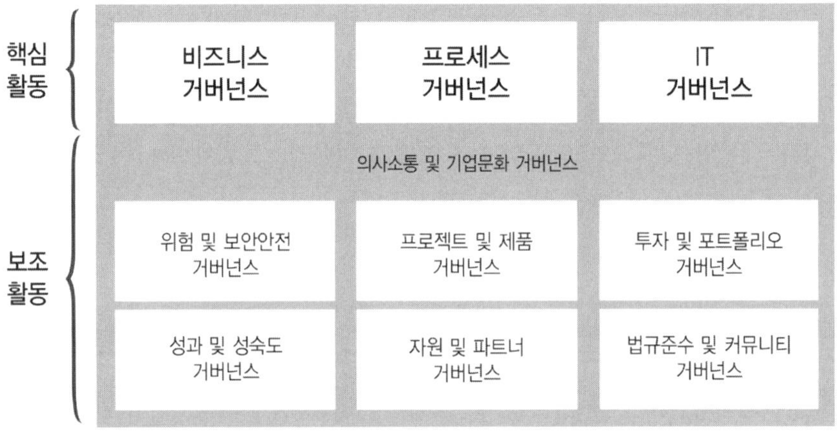

[그림 4-5] 조직 거버넌스 메타모델

첫째는 위험과 보안안전risk & safety/security 거버넌스다. 조직 활동의 결과로서 혹은 갑작스러운 내·외부 사건으로 초래된 위험을 계산하고, 유무형 자산의 안전을 관리하는 거버넌스 활동이다. 미국의 경우 1985년에 결성된 COSO(Committee of Sponsoring Organizations of the Treadway Commission)에서 내부통제구조COSO-IC나 이보다 포괄적인 조직의 위험관리COSO-ERM에 대한 프레임워크 표준을 제공하고 있다.[16] 이에 대하여는 부록 C에서 좀 더 자세하게 설명한다. 한편, 로버트 채프만Robert Chapman은 위험을 내·외부 위험으로 구분하고, 내부 리스크를 재무, 운영, 기술, 프로젝트, 조직윤리, 보건 & 안전 위험으로 나누고, 외부 리스크를 경제, 환경, 법률, 정치, 시장, 사회적 위험으로 구분하기도 했다.[17]

둘째는 프로젝트 및 제품project & product 거버넌스이다. 조직이 설계하고 생산하는 제품에 내재된 품질 안전 이슈와 주요 프로젝트의 전략적 방향, 권한관계, 제약점 및 기대치를 결정한다.

셋째는 투자 및 포트폴리오investment & portfolio 거버넌스이다. 회사의 재무·비재무적 투자와 투자 포트폴리오의 효과성과 효율성을 통제하는 활동이다.

넷째는 성과 및 성숙도performance & maturity 거버넌스이다. 회사의 내부통제 구조나 프로세스가 목표하는 성과지표 달성과 관련된 전략방향, 권한관계, 제약점 및 기대치를 통제함과 아울러 사업역량의 성숙도 수준을 통제하는 활동이다.

다섯째는 자원 및 파트너resource & partnership 거버넌스이다. 조직의 경영활동에 요구되는 원재료, 생산재, 인적자원은 물론 외부 공급자 및 파트너십을 합리적으로 통제하는 활동이다. 무형자산의 중요성이 커짐에 따라 인적자산, 관계자산, 구조자산과 같은 지적자산의 거버넌스 역시 중요해졌다.[18)]

여섯째는 법규 준수 및 커뮤니티compliance & community 거버넌스이다. 국가·사회가 요구하는 법률과 규정을 모니터링하고 준수하는 체계를 유지하며, 환경보호와 같은 지역사회의 요구에 부응하는 거버넌스 활동이다.

일곱째는 의사소통 및 조직문화communication & culture 거버넌스이다. 전반적 거버넌스 활동이 바람직하게 이루어지도록 조직의 소통 체제를 설계·운영하고 긴급 대응이 가능하도록 한다. 조직 브랜드의 긍정적 이미지 확산을 도모하고, 조직원들이 조직 정체성에 맞는 행동을 내재화하도록 하는 조직문화 거버넌스 활동이다.

넓은 의미에서 조직의 모든 활동은 비즈니스 활동에 속한다. 그러므로 이상의 7가지 보조 거버넌스 활동을 포함하여, 프로세스 거버넌스와 IT 거버넌스를 제외한 모든 부분이 비즈니스 거버넌스의 범주가 될 것이다. 그러나 광의적으로 비즈니스 거버넌스를 프로세스와 IT 거버넌스와 연계되는 포괄적 활동으로 간주하는 것이 바람직하다. 물론 프로세스와 IT 거버넌스는 전문분야에 속하는 이유로 해당 분야의 거버넌스 오너와 연계업무에 대한 긴밀한 협업이 필요할 것이다. 국제적으로 수용되는 비즈니스 거버넌스 표준에 대하여는 부록 C를 참조하라.

Chapter 5 프로세스 거버넌스

정치학과 행정학에서 먼저 시작된 거버넌스 개념은 조직 거버넌스의 학문적 진척에 영향을 주었고, 조직 거버넌스는 하위개념인 비즈니스 거버넌스와 IT 거버넌스는 물론 프로세스 거버넌스를 포괄한다. 비즈니스 거버넌스에 이어서 이번 장에서는 프로세스 거버넌스 개념에 집중한다. 본서의 핵심 주제인 프로세스 거버넌스 프레임워크를 용이하게 이해하기 위하여 관련된 주요 개념을 사전에 설명할 필요가 있다. 먼저 프로세스의 개념, 프로세스 거버넌스 사이클, 프로세스 거버넌스 큐브 모델을 설명하여 Chapter 7에서 다룰 '프로세스 거버넌스 프레임워크'에 대한 이해도를 높이고자 한다.

01 프로세스란 무엇인가?

일반적으로 업무처리 절차는 영어로는 value chain(가치사슬), process(프로세스), work flow(작업흐름 또는 워크플로우), activities(업무활동), procedure(업무절차) 혹은 step(스텝) 등으로 번역될 수 있다. 여러 단어 중에 업무처리 절차 전체를 아우르는 단어로서 '프로세스'가 받아들여진다. 가치사슬도 프로세스이고, 작업흐름과 절차, 연속된 활동 역시 프로세스이기 때문이다. 그러나 엄밀하게 프로세스 아키텍처의 차원에서는 가치사슬은 높은 추상화 레벨의 프로세스를 호칭하고, 가치 사슬 아래의 세부 활동을 프로세스로 호칭한다. 워크 플로우와 프로세스는 아키텍처 개념상 비슷한 추상화 레벨이고, 구체적으로 문자로 기술될 수 있는 프로세스 단위는 활동 수준 이하이다. 활동은 담당자가 명확히 정의되고, 산출물이 구체화될 수 있어야 한다. 업무절차와 스텝은 그림보다는 서술이 더욱 적절한 상세 레벨이다. 아래는 이들 개념을 간략히 설명한 내용이다.

- **가치사슬(value chain):** 포터Michael E. Porter가 주창한 용어로 프로세스가 '고객을 위한 부가가치를 증진하는 일련의 조직활동'이란 생각을 내포한다. 가치사슬은 비즈니스 프로세스의 최상위 개념으로 업종에 따라 가치사슬은 명확히 구분된다. 일례로 제조업과 서비스업의 가치사슬은 분명히 다르다. 제조업은 기획, 설계, 생산, 유통, 판매의 5개의 핵

심 활동으로 이루어진다. 반면 서비스업의 가치사슬의 경우는 기획, 서비스 구현, 서비스 딜리버리, 고객 유지 및 업세일즈와 같은 핵심활동으로 이루어져 있다. 가치사슬에서 가치 네트워크value network, 활동기준 원가회계activity based costing의 개념이 출현하였다.

- **프로세스(process)**: '환경의 변화에 따라 진화하는 조직의 목적을 효과적으로 달성하기 위한 일련의 절차와 규약'이라 정의할 수 있다. 업계에서는 다양한 프로세스 표기법notation이 존재한다. 비즈니스 의사소통에 적합한 표기법이 있고, 기계적 자동화에 적합한 표기법이 있다. IT개발에 친화적일수록 표기법이 더욱 정교하지만 일반인은 이해하기 어렵다. 프로세스 설계를 위한 업계 표준은 BPMN(Business Process Model and Notation)이다. 학술적으로 프로세스는 가치사슬은 물론 아래에 설명된 관련용어를 모두 포괄하는 용어이다.
- **워크플로우(workflow)**: 프로세스가 일반적인 비즈니스 용어인 반면 워크플로우는 IT업계에서 주로 사용되는 용어이다. 업계의 BPM(Business Process Management) 솔루션 제공업체들은 자사의 솔루션에 맞는 다양한 웹기반 워크플로우 디자인 툴과 표기법을 제시하고 있다. (예, SAP의 EPC: Event-driven Process Chains)
- **활동(activities)**: 역시 포괄적인 용어이지만 반드시 순서개념을 내포하지 않는 것이 개념상 프로세스와 다르다. 프로세스 아키텍처 상에서는 프로세스보다도 하위 개념으로 간주된다. 단위 활동의 정의는 일을 수행하는 주체(책임자)와 1:1 매핑이 되는 것이 적정하다.
- **업무절차(procedure)**: 프로세스 아키텍처의 최하위 개념으로서 그림으로 작도되는 프로세스 표기법보다는 문장으로 절차를 설명하는 것이 더욱 효율적일 때, 이를 구체적으로 기술하는 개념이다. 예로서, 공장 조립라인에서 제품의 조립순서를 설명한 작업명세서job order sheet는 대표적인 업무절차서의 사례이다. 스텝step이라고 호칭하기도 한다.

비즈니스 프로세스business process를 설명할 경우 때때로 '비즈니스'라는 선행 단어가 생략되지만, 프로세스는 반드시 달성되어야 할 사업목적(미션, 비전, 사업목표)과 논리적으로 연계alignment 되도록 설계되어야 한다. 그러므로 사업목표가 달라지면 관련 프로세스의 변경이 요구되기도 한다. 아래에는 이상에서 설명한 프로세스의 거시적 통제 체계인 프로세스 거버넌스 사이클에 대하여 간략히 설명한다. 보다 구체적인 프로세스 거버넌스 모델에 대해서는 Part 3에서 자세히 다루어 질 것이다.

02 프로세스 거버넌스 사이클

갈랜드Ross Garland는 프로젝트 거버넌스를 '프로젝트의 의사결정을 내리는 프레임워크'라 정의했다.[19] 같은 개념을 프로세스 거버넌스에 적용한다면, '프로세스 거버넌스란 프로세스에 관한 의사결정을 내리는 프레임워크'라 할 수 있겠다. 이처럼 학자들은 다양한 관점에서 개념 도메인의 정의를 내린다. 사람의 진정한 품성이 그 사람이 맞닥뜨린 환경과 관계를 맺는 주변 사람과의 맥락에서 드러나는 것과 같이, 프로세스를 제대로 이해하는 것은 조직이 속한 내외부 환경과 더불어 살필 때 가능하다고 생각한다. 그러므로 프로세스 거버넌스를 이야기하려면 프로세스와 영향을 주고받는 비즈니스와 IT도 같이 살펴야 한다.

예전에는 조직을 블랙박스로 생각했다. 블랙박스에 자본을 투입하면 안에서 무언가 일어나고, 결과물이 회사를 나와 고객에게 팔린다. 외부인은 단지 재무제표만으로 내부를 짐작할 뿐이다.[20] 그러나 조직관리의 중심은 기능관리에서 프로세스 접근으로 변천했다.[21] 조직의 가치본위 활동이 비즈니스 프로세스로 구현되기 때문이다. 조직의 산출물을 만드는 수단도 프로세스이고, 조직의 성과를 결정하는 것도 프로세스이다. 그러므로 프로세스도 거버넌스가 필요하다. 비즈니스 프로세스를 아주 깊이 이해하는 일은 조직 거버넌스의 시초가 된다.[22]

프로세스 거버넌스는 비즈니스 거버넌스와 IT 거버넌스 사이에서 주요한 매개역할을 함에도 크게 주목 받지 못하였다. 프로세스 거버넌스는 주로 활동에 관계하며 프로세스 설계의 정책방향, 책임관계 그리고 궁극적 결과와 관련 된다. 그러나 프로세스 거버넌스는 조직 내의 비즈니스 거버넌스, IT 거버넌스에 비하여 여전히 생소하다. 이유는 거버넌스라는 용어가 조직 내부를 넘어 폭넓은 이해당사자stakeholder 간의 관계를 고려하는 것으로 간주되어 '프로세스' 맥락과 같이 사용되지 않았기 때문이다.[23]

전술한 바와 같이 프로세스 거버넌스는 비즈니스 거버넌스와 IT 거버넌스의 사이를 중계하는 매개 거버넌스로 정의할 수 있다. 그림 5-1은 프로세스 거버넌스의 주요 역량capability요인이다. 상단의 점선 안 4개의 역량요인은 일련의 프로세스 거버넌스 순환 활동cyclic activity에 포함되며, 이들 4개 역량요인의 성숙도와 성과지표는 프로세스 거버넌스의 역량을 측정하는 지표로 활용될 수 있다. 4개의 역량요인을 간략히 설명하면 아래와 같다. 보다 자세한 개념 설명은 Chapter 7에서 다룰 것이다.

첫째는 전략연계aligning로서 회사의 비즈니스 지향(미션, 비전, 목표, 정체성)에 맞도록 프로세스 정책과 절차를 설계하는 활동이다.[24] 주로 여러 관련부서가 동일한 목표지향을 가지고, 자원을 최적화하는 일과 관련된다. 전략과 프로세스를 연계하는 활동으로 Chapter 4의 제2절에서 설명한 지향orientation과 정렬coordination의 개념을 내포한다. 회사는 미션, 비전, 핵심가치를 전략적으로 지향orientation해야 한다. 이를 위해서 여러 부서들의 자원을 효율적으로 정렬coordination해야 한다. 그러므로 합리적인 비즈니스 프로세스의 지향과 정렬은 중요한 거버넌스의 관리 요소이다. 전략연계는 비즈니스 전략에서 시작하며, 축약하여 '연계'로도 호칭한다.

둘째는 권한강화empowering이다. 직원 혹은 팀 집단이 지시에 의하지 않고, 프로세스에 긍정적/부정적 영향을 끼치는 변수를 통제할 수 있으며, 자율조직화를 도모할 수 있도록 권한을 강화하는 활동이다. 위에서 권한이 내려오는 권한부여(권한위임)와 구별되며, 권한 강화는 직원의 자율성이 더욱 강조된 개념이다. 직원 주도의 강력한 권한강화 활동은 미시권력micro-power의 형성을 보장하는 조직문화가 전제된다.

셋째는 직능향상competency enhancing으로 프로세스 개선에 관련하여 업무를 수행하는 능력을 향상시키는 활동이다. 지식knowledge은 행동의 의미가 내포되어 있지 않지만, 직무능력(약어, 직능: competency)은 행동의 개념을 포함한다. 역량과 직능도 구별된다. 학습 역량capability을 가진 사람은 해당 도메인의 전문 직능competency을 용이하게 획득한다. 직능은 달성된 직무능력이고, 역량은 잠재적 능력까지 아우른다. 직능향상은 권한이 강화된 조직원의 활력vitalizing power으로 촉진된다.

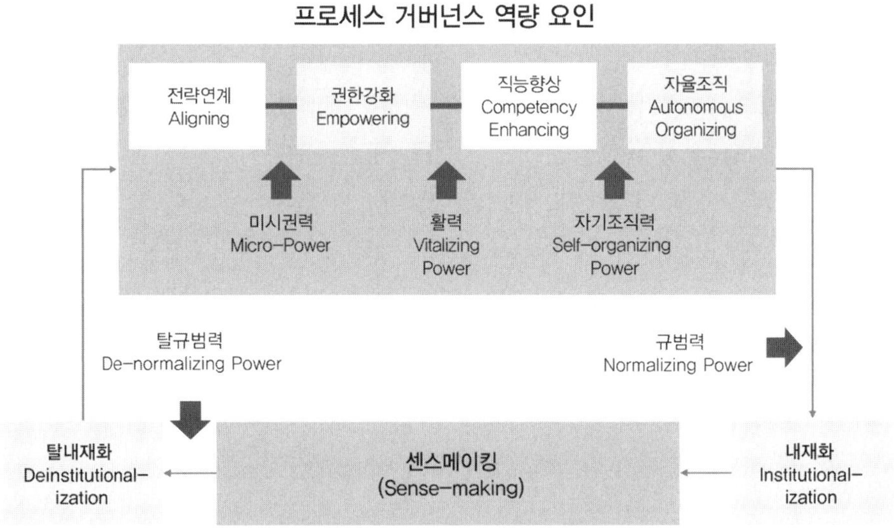

[그림 5-1] 프로세스 거버넌스 사이클

넷째는 자율조직autonomous organizing이다. 상위조직이나 외부로부터의 통제에 의하여 기동되는 것이 아니라, 조직원들이 스스로 강화된 권한과 통찰에 의하여 내·외부적 환경변화에 부응하여 프로세스를 자율적으로 개선해 나가는 조직화 능력을 말한다. 직원들은 자율적 프로세스 개선 활동으로 6시그마의 DMAIC 사이클을 자율적이고 전향적으로 수행한다. 자율조직은 직능이 향상된 조직원들이 발휘하는 능동적인 자기조직력self-organizing power으로 달성된다.

이상의 네가지 역량요인을 고려하여 프로세스 거버넌스는 아래와 같이 정의할 수 있다.

> **프로세스 거버넌스**란 **활력적 유동성을 유지하고자 프로세스를 자율적으로 조정하고 유연하게 배치하는 네트워크적 조정 활동으로 전략연계, 권한강화, 직능향상, 자율조직(화)을 핵심 역량**으로 한다.

프로세스 거버넌스를 통하여 조직은 경영전략을 효과적으로 지향하도록 정보 시스템 자원을 효율적으로 정렬시켜야 한다. 한편 위의 네가지 역량요인은 단계나 순서가 아니라 동시적으로 병립하는 요인으로 간주해야 한다.

한편 네가지 프로세스 거버넌스 역량요인을 움직이는 동력driving force이 존재한다. 이는 그림 5-1의 굵은 화살표로 표시된 미시권력micro-power, 활력vitalizing power, 자기조직력self-organizing power, 규범력normalizing power, 센스메이킹 파워sensemaking power, 탈규범력denormalizing power이다. 조직원은 네 가지 역량요인 전체를 아울러서 센스메이킹sense-making의 힘으로 환경변화와 조직역량의 불균형을 인지하며, 내재화로 고착되고 지층화된 제약을 탈규범력 de-normalizing power을 통해 해체하고, 새로운 연계전략을 다시 도모한다. 이러한 순환 사이클의 개념은 '들뢰즈'의 관계 철학의 개념에 기반한다. 아래는 6개의 동력에 대한 설명이다.

첫째 동력은 미시권력micro-power이다. 미쉘 푸코Michel Foucault가 주창한 '보이지 않는 권력, 인간관계 사이에 존재하는 힘'으로 거대권력에 대비되는 구성원 사이의 관계에서 형성되고 작동하는 미세혈관과 같은 힘을 상징한다. 푸코는 '힘은 근본적으로 다른 힘과의 관계 속에서 존재하며, 따라서 어떠한 힘도 이미 관계 즉, 권력이다'라고 주장했다.[25] 이렇게 조직원 사이의 관계 속에 미시권력이 기동되어 직원들의 권한이 강화된다. 그러나 권력은 관계 속에서 나오기 때문에 어떠한 조직원도 홀로 힘을 남용할 수 없다. 초기에 미시물리력micro-physics of power으로 푸코는 호칭했으나, 후학들은 미시권력micro-power으로 약칭하고 있다.

둘째 동력은 활력vitalizing power으로 권한이 강화된 직원이 발휘하는 능동적 활동성이 구성원의 직능향상을 달성한다. 직능의 실행능력은 자기정체성과 성과에 대한 자신감, 동료에 대한 믿음이 전제된다. 행정학자 배응환은 참여 거버넌스participatory governance를 다양한 범주의 문제나 갈등에 관련되는 결정을 만들고 집행하는데 협동하는 방법이라고 설명했다. 그리고 참여자는 문제 해결을 위해 필요한 자원이나 능력을 가진 사람이어야 한다고 주장했다.[26] 이처럼 미시권력에 의하여 권한이 강화된 구성원은 활력적으로 조직에 기여할 자원이나 역량을 보유하고 활동을 수행한다. 그 결과 구성원들은 직능이 향상되며 참여적 거버넌스를 위해 협동한다.

셋째 동력은 자기조직력self-organizing power이다. 행동하는 활력으로 직능향상이 달성된 직원들은 외부의 지시나 명령이 아니라 자기 스스로 조직화 활동을 수행할 수 있게 된다. 이러한 힘이 자율개선의 활동을 유지시킨다. 자기조직 시스템self-organizing system 혹은 자가생성 autopoiesis은 생물학자인 안취Erich Jantsch가 처음 사용한 용어이다.[27] 자연계에는 개체에서는 보이지 않던 특성이 집단에서 다른 패턴으로 드러나는 자기 조직화의 사례가 많다.[28] 일부 화학물질이 보이는 물결패턴, 꿀벌과 개미군집의 행동패턴, 겨울 철새 떼의 V자 이동패턴, 상어가 나타날 때 보이는 물고기 집단의 구형화 패턴 등. 개별적으로는 관찰되지 않았던 창발적 집단 행동패턴이 대자연의 자기 조직력 증거이다.[29] 신 거버넌스new governance의 개념은 단일한 행위자의 자원과 능력만으로 홀로 문제를 해결할 수 없다고 간주한다.[30] 분산된 자원, 책임과 권한을 가진 미시권력자들이 자기 조직화할 때 비로소 자율조직화가 실현된다. 구이만Jan Kooiman은 자기조정self-steering을 자기조직화와 비슷한 용어로 설명하는데, 이는 공동규제co-regulation, 공동조정co-steering, 공동제작co-production, 공동지도co-guidance와 같은 협업을 의미한다.[31]

넷째 동력은 규범력normalizing power이다. 학습효과와 더불어 자율조직의 경험은 보이지 않는 집단적 규범의 힘으로 작동하여, 탈선하기 쉽지 않고 거부하기 어려운 조직의 내재화 과정을 촉진한다. 내재화institutionalization란 효과적이고 효율적인 맥락을 보이는 내외부의 검증된 방법과 프로세스를 조직 전반에 정착시켜 지속하는 활동이다. 내재화는 구성원들이 모두 당연시하는 상태, 정신적으로 동화된 규범화된 상태를 의미한다. 즉 모범적 프로세스 모델을 회사 전반에 전파하고 지적자산으로 만드는 활동이다. 내재화는 규범력normalizing power으로 강화된다. 들뢰즈는 내재화를 층화stratification, 영토화territorialization와 코드화codification라는 용어로 설명하였다. 규범력은 장점도 있으나, 혁신에 저항하는 단점을 같이 가지고 있다. 그러므로 센스메이킹sense-making의 힘을 통하여 균형감을 유지하는 것이 거버넌스의 성공에 중요하다.

다섯째 동력은 센스메이킹 파워sense-making power로서 센스메이킹은 복잡한 문제를 직면했을 때 상황을 이해하기 위해 체계화하는 프로세스를 말한다.[32] 센스메이킹은 표리적인 통계 데이터에 의존하지 않고, 이벤트에 내재된 프로세스의 거시적 현상과 문제 원인을 인지cognition하여 해석interpretation하고 해결하는 활동action이다. 즉, 표층적 데이터 이면의 심층적 진실을 파고드는 발견적discovery이고 발명invention적인 활동이다. 센스메이킹은 예민함, 궁금증과 호기심에 기반 한다. 변화의 심각성을 인지하고 과거의 틀이 아닌, 미래지향적인 예지력으로 사건에 대한 새로운 해석력이 요구된다. 조직이 맞닥뜨릴 생소한 변화는 과거의 문법이나 경험으로는 해석할 수 없다.[33] 그러므로 귀납법induction, 연역법deduction의 논리보다는 '귀추법abduction'과 같은 센스메이킹이 조직 변화관리의 핵심이 된다. 센스메이킹 파워가 좋은 조직은 이상징후를 인지하는 직원들의 민감도가 상대적으로 높을 것으로 기대된다. 센스메이킹에 대하여는 Chapter 7장 2절 공유정신모형에서 자세히 다룰 것이다.

여섯째 동력은 탈규범력de-normalizing power이다. 규범력과 대응되는 반발력이다. 센스메이킹으로 인지된 해석 내용은 조직 전체로 신속하게 전파되어야 하고, 변화에 부응한 기존 규범의 해체를 통한 신속한 환경적응의 준비 작업이 이루어져야 한다. 그리고 다시 시작하는 거버넌스의 새로운 사이클이 생소한 환경에 적응하는 전략 연계로 자연스럽게 이어질 수 있다. '탈규범하기'는 위험을 알리는 휘슬 블로어whistle blower와 같은 행위자(혹은 특이점)와 소수의견을 조직이 얼마나 포용할 수 있는가에 달려있다. 관계주의 철학자인 들뢰즈와 가타리는 탈규범을 '탈영토화·재영토화'로 표현하였다.[34)]

이처럼 성공적인 프로세스 거버넌스 관리의 핵심은 조직이 얼마나 빨리 규범화하고, 얼마나 빨리 탈규범 할 수 있는 지와 같은 유동성의 정도에 귀착한다. 다음으로 이상의 네가지 차원의 역량요인을 포함하는 메타모델의 하나로서 '프로세스 거버넌스 큐브'를 설명한다.

03 프로세스 거버넌스 큐브

그림 5-2는 프로세스 거버넌스 3차원 메타모델로서 프로세스 거버넌스 입방체CUBE 혹은 프로세스 거버넌스 큐브라고 부르며, 약칭하여 PG 큐브라 호칭한다. 이 그림은 Chapter 4에서 설명한 COSO-IC, COSO-ERM 큐브 모델과 모양이 흡사하다. COSO 큐브의 경우는 통제체제, 통제목표, 통제요소의 세 가지 차원으로 구성되어 있지만, PG 큐브는 범주, 목표, 역량의 세 가지 축으로 구성된다. 먼저 PG 큐브의 첫번째 축은 PG 역량인데, COSO-IC의 경우는 5개의 통제요소 관리가 핵심이지만, PG 큐브에서는 4개의 '역량요인'이 핵심이다.

[그림 5-2] PG 큐브(입방체)

PG 큐브의 두번째 축인 PG 범주는 초기에 프로세스를 설계하고 구축하는 프로세스 창조활동, 이를 현업에 적용하는 프로세스 운영활동, 내·외부 환경에 대응하기 위하여 프로세스를 개선하거나 혹은 폐기하는 프로세스 변경활동의 3가지로 구분한다. PG 큐브의 세번째 축인 PG 목표는 조직 거버넌스에서 일반적으로 제시되는 3가지 핵심목표인 지속가능성, 책무성, 투명성과 더불어 보편적 사업목표인 효과성과 효율성의 5가지 성과측정 항목이다. 프로세스 거버넌스의 다섯가지 핵심목적의 도출과정은 부록 F를 참조하라. PG 큐브는 COSO 큐브의 개념을 채용하여 설계하였다. 그러한 이유로 그림 5-3과 같이 PG 큐브의 항목은 각각 COSO 큐브 카테고리와 연관되어 있다. 그러므로 프로세스 거버넌스의 성숙도가 상승하게 되면 논리적으로 COSO-IC, COSO-ERM의 충분성에 긍정적 영향을 미칠 것으로 기대된다.

프로세스 거버넌스 큐브 모델에는 위험관리와 자원관리가 생략되었다. 그 이유는 위험관리와 자원관리의 내용이 매니지먼트의 과업범위에 포함되기도 하고, Chapter 4장 5절에서 설명한 '조직 거버넌스 메타 모델'의 7개 보조 활동에 포함되어 있기 때문이다.

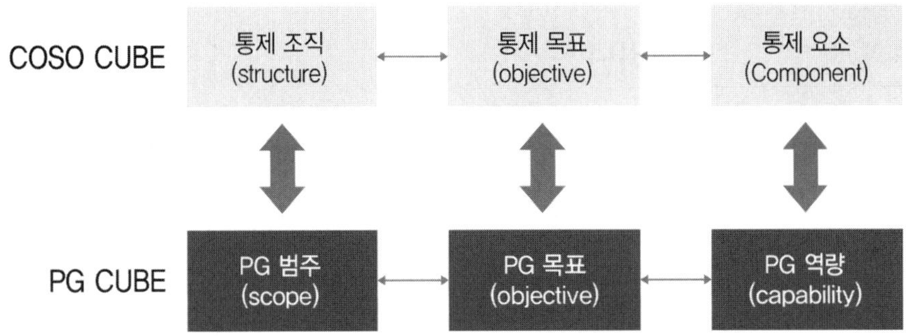

[그림 5-3] COSO와 PG 큐브의 기능 매핑

한편 프로젝트는 프로세스와 항상 비교되는 개념으로 프로세스를 이해하기 위하여 반드시 다루어야 할 주제이다. 조직의 보편적 활동을 프로젝트 프로세스와 운영 프로세스 두 가지로 나눌 수 있기 때문이다. 전자는 특정 목적을 달성하기 위한 한시적인 활동이 되고, 후자는 달성된 목표수준을 유지하는 활동이 된다. 조직은 프로젝트를 통해서 변화관리를 하게 된다. 그러므로 프로젝트 거버넌스도 있고, 프로젝트가 정보기술 시스템의 개발이라면 IT 거버넌스가 된다. 프로세스와 프로젝트의 차이점에 대하여는 부록 D를 참조하라.

Chapter 6 IT 거버넌스

조직 거버넌스의 3대 축 중의 하나인 IT 거버넌스는 '기본적으로 IT자산의 전략적 활용가치를 높이는데 있다.'[35] 그러므로 IT 거버넌스의 핵심은 정보기술의 활용전략을 조직 전략에 의하여 연계된 프로세스와 정렬되도록 하는 일이다. 현대조직에서 정보기술은 비즈니스를 전자적으로 수행함은 물론 고객, 공급자, 정부, 전략적 파트너를 연결하기 위해 필수적이기 때문이다.[36] 정보기술을 대상으로 하는 IT 거버넌스는 비즈니스 거버넌스와 전략적으로 연계된 프로세스 거버넌스로부터 바람직한 프로세스 모델을 전달받아 정보기술의 시스템화, 자동화를 효과적이고 효율적으로 구현하는 일이 핵심 요소이다. 한편 IT 거버넌스 역시 조직문화, 조직체계, 정책 및 관습에 영향을 받으며, 전략연계aligning, 고객가치 전달value delivery, 위험관리risk management, 자원관리resource management, 성과관리performance management와 같은 5가지 분야의 관리 포인트를 다룬다.[37] 이하 IT 거버넌스의 개요, 아키텍처와 IT 거버넌스, 그리고 IT 거버넌스의 서브셋이지만 중요한 데이터 거버넌스에 대하여 설명한다.

01 IT 거버넌스 개요

굿 거버넌스와 마찬가지로 '굿 IT 거버넌스'는 투명성, 책무성, 투자 대 효익, 기회창출과 파트너쉽 강화, 성과향상, 외부규범 준수compliance의 목적을 가진다.[38] 유의점은 IT 거버넌스를 IT 조직이 홀로 주도해서는 곤란하다. IT 거버넌스는 조직의 비즈니스 거버넌스 및 프로세스 거버넌스와 수직적으로나 수평적으로 연계되어 추진되어야 한다.

IT 거버넌스의 성공요인은 첫째 현업의 참여 유도, 둘째 적정한 성과지표 관리를 꼽는다. IT자원의 투자 타당성은 가치지향 업무의 성과에 의존한다. 그러므로 비용 효율적이고 시급한 비즈니스 프로세스의 시스템 투자는 현업주도의 합의를 전제로 한다. 또한 IT 거버넌스에 관한 적정한 성과지표가 없다는 것은 조종간에 앉아서, 계기판 없이 자동차, 비행기를 조정 하는 일과 같다. 이 성과지표 역시 프로세스 내부지표internal indicator 보다는 고객의 가치지향과 관련한 외부지표external indicator가 우선되어야 한다. 성과지표가 좋은 성과로 이어지지 않는다면 의미가 없는 일이다.[39] 특히 외부지표는 조직의 재무적 성과와 직결되는 성과에 관련되어 더욱 중요하다. 표 6-1은 대표적인 외부지표의 사례이다.[40] 인터넷을 통한 거래의 경우 아래와 같은 성과지표는 용이하게 수집되어 손쉽게 분석할 수 있다.

[표 6-1] 대표적인 외부지표 사례

외부지표 사례	설명
고객 만족도	제품을 구매한 고객의 만족도는 조직의 성장을 예견할 수 있는 대표적인 외부지표이다. 보통 5단계의 리커트 척도(Likert scale)로 산출한다.
구매 고객 순 증가율	특정 시점에 확보된 고객의 수는 중요하지 않다. 구매 고객 증가율과 더불어 고객 이탈율을 함께 비교하는 것이 중요하다. 특히 이전과 비교하여 고객이 얼마나 증가했는가는 사업의 성장을 예측하는 중요한 척도이다.
고객 재계약율 (고객 이탈율)	기존 계약이 종료된 후에 몇 퍼센트의 고객이 재계약을 하는지는 고객 만족도와 회사의 발전 가능성을 알려주는 지표이다. 고객 이탈률도 관찰해야 할 중요한 외부지표이다.
회사 가치 상승률 (자산가치 등)	회사의 자산 가치(시가 총액, 경제적 부가가치 EVA 등) 증가는 미래 성장에 대한 주주나 잠재 투자자의 기대치를 의미하는 중요한 외부지표이다.

흐로넥Steven M. Hronec은 자신의 저서에서 핵심적인 성과지표를 '생명표지vital sign'라 호칭하며 조직의 생존에 필수적인 것으로 간주했다.[41] 그는 생명표지를 조직원이 전략을 구현하고, 목표를 달성하고 조직을 향상시키는 표식으로 설명했다. COBIT에서는 이러한 성과 측정 지표를 KGI(Key Goal Indicator)와 KPI(Key Performance Indicator)로 구분한다. 전자는 목표 중심적 지표이고, 후자는 성과 중심적 지표이다. COBIT에 대하여는 부록 E에서 좀 더 자세히 설명한다.

02 IT 아키텍처와 거버넌스

IT 시스템의 적정한 구현은 아키텍처로 설계된다. 학계에는 IT 도메인의 아키텍처를 분류하는 다양한 이론이 존재한다. 엔터프라이즈 아키텍처나 Zachman 프레임워크와 같은 것이다. 그러나 여러 가지 용어가 동일한 개념을 포괄하는 경우가 많아 분류가 어렵기도 하다. 일례로 이메일 프로그램을 설명하는데 시스템, 솔루션, 소프트웨어, 어플리케이션이라는 용어 모두가 사용 가능할 수 있다. 테크니칼 아키텍처는 기술 아키텍처, 인프라 아키텍처이란 용어와 혼용되어 사용되기도 한다. 이러한 이유로 표 6-2와 같이 아키텍처를 3가지 카테고리 총 12개 부분으로 구분한 분류체계가 유용할 수 있다. 이는 IT감리 현장에서 여러 번 사용되었고, 검증을 통해 실무자의 혼동을 어느 정도 해결한 분류방법이다. 이중 거버넌스 아키텍처는 비즈니스 거버넌스 체계 및 활동의 권한 속성을 설명해주는 아키텍처로서 RACI(Responsible, Accountable, Consulted, Informed) 테이블의 정의가 핵심이 된다. RACI 테이블은 프로세스 활동의 적정성에 대한 설명책무A: Accountability, 프로세스 수행의 실행책임R: Responsibility, 프로세스 설계의 부처간 합의대상C: Consulted, 프로세스 내용의 부서별 통지대상I: Informed을 정의하는 필수적 거버넌스 문서이다. 설명책무와 실행책임에 대한 비교는 Chapter 8에 좀더 자세히 설명할 것이다. 표 6-4에서 데이터 거버넌스 활동의 RACI 테이블 사례를 제시했다.

[표 6-2] IT 아키텍처의 구분

카테고리	아키텍처 내용 설명
1. 비즈니스 아키텍처	**비즈니스 관리 요소(전략, 조직, 프로세스, 책임)를 정의함**
- 사업전략 아키텍처	조직 목표의 연계와 규제준수에 부응하는 IT의 전략적 포커스를 구조화함.
- 조직체계 아키텍처	비즈니스 프로세스를 책임지는 계층 조직의 구조를 설계하여 프로세스를 책임지는 주체를 결정하고 미션을 정의함.
- 프로세스 아키텍처	비즈니스 프로세스(핵심, 보조, 지원) 활동을 설계함
- 거버넌스 아키텍처	비즈니스 거버넌스 체계 및 활동의 권한관리(RACI) 아키텍처를 정의함. 실행책임과 설명책무, 합의대상, 통지대상을 설계함.
2. 정보 아키텍처	**정보관리 요소(개발 어플리케이션, 데이터, 보안 등)를 정의함**
- 어플리케이션 아키텍처	개발할 응용업무의 기능구조 및 컴포넌트의 구성과 관계를 설계함
- 데이터 아키텍처	기능 구현을 위한 데이터 아키텍처를 설계함
- 인터페이스 아키텍처	어플리케이션 사이의 데이터 전송과 수신에 대한 프로토콜을 설계함
- 보안관리 아키텍처	업무 권한에 따른 정보자산의 접근 및 관리 권한을 정의함.
3. 테크놀로지 아키텍처	**시스템 기술요소(도입솔루션, 시스템 하드웨어, 네트워크 등)를 결정함**
- 솔루션 아키텍처	도입되는 소프트웨어의 운용 아키텍처를 설계함
- 시스템 아키텍처	도입 하드웨어 기간 시스템의 안정적이고 확장 가능한 운영 환경을 설계함.
- 네트워크 아키텍처	통신 부하 분산, 가용성 높은 시스템 네트워크를 설계함
- RAS 아키텍처	시스템의 RAS(신뢰성, 안전성, 서비스성)를 담보하는 IT 구조를 설계함.

본서의 부록 D에서는 IT거버넌스의 참조모델 중의 하나인 SPICE(Software Process

Improvement and Capability dEtermination)를 설명한다. SPICE 모델의 특징인 V 모델은 확인validation과 검증verification활동에 유용한데, IT 거버넌스는 주로 확인 활동에 집중한다. 이러한 확인 활동에 표 6-2의 IT 아키텍처는 효과적인 체크리스 항목으로 사용할 수 있다. 특히 비즈니스 아키텍처의 4가지 항목을 이용하여 구현될 IT 시스템이 얼마나 효과적으로 비즈니스 목적을 지향하는지 확인할 수 있고, 정보 아키텍처의 4가지 항목을 통하여 구현될 시스템이 조직의 부가가치 활동을 얼마나 효율적으로 배치하였는지 확인할 수 있다. 이렇게 아키텍처 항목은 적정한 IT 거버넌스 툴로 활용된다.

03 데이터 거버넌스

2006년부터 IT 업계에서는 '데이터 거버넌스data governance: 이하 DG'라는 용어가 회자되었다. 데이터 중심 아키텍처Data Driven Architecture가 강조되면서 새로운 거버넌스 서브셋으로 DG가 새로이 부각되고 있는 것이다. 그러나 학계에서 DG에 대한 합의된 정의가 아직 없다. 그 때문에 일부 학자들은 기존에 정의된 IT 거버넌스 개념으로부터 DG의 정의를 채용하기도 한다.[42] 일례로 파니안Zeljko Panian은 데이터 거버넌스를 '조직 안에서 데이터의 가용성, 접근성, 품질, 일관성, 검증성과 보안성을 관리하고 보장하기 위한 프로세스, 정책, 표준, 조직화와 기술'로 정의하였다.[43] 이 정의에서 데이터 대신에 IT를 넣으면 IT 거버넌스의 정의와 다

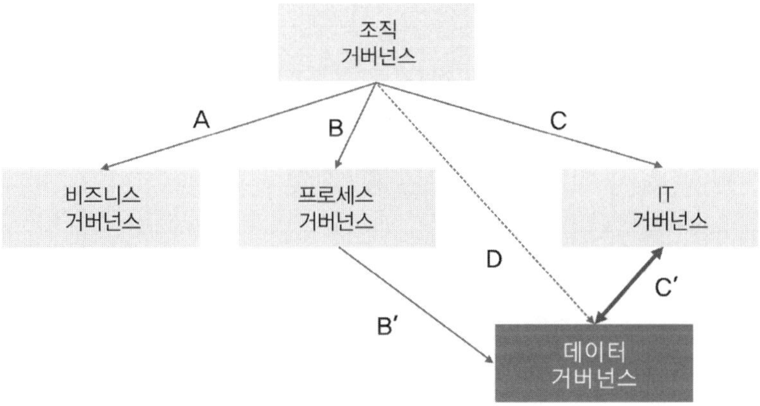

[그림 6-1] 조직 거버넌스와 데이터 거버넌스

름이 없다.

그림 6-1은 조직 거버넌스의 3가지 핵심 거버넌스 요소와 데이터 거버넌스와의 관계를 같이 표현한 그림이다. 데이터는 IT 도메인 요소 중 하나이므로, IT 거버넌스로부터 DG의 정의를 채용하는 접근은 자연스러운 일이다. 그러므로 DG를 IT 거버넌스의 하위개념으로 정의하는 것은 적정하다. 그럼에도 유의사항이 있다. 데이터 거버넌스를 IT 거버넌스의 밑에 위치시킨다 하더라도, 그림의 점선 'D'처럼 반드시 조직 거버넌스와 DG가 1:1로 연결되는 선을 같이 그리는 것이 적정하다. 이유는 매니지먼트는 책임과 권한을 양도할 수 있지만, 거버넌스는 권한을 양도하여도 책임까지 타인에게 양도할 수 없기 때문이다. 즉, 거버넌스의 통제는 대리인을 통해서가 아니라 직접적으로 이루어져야 하므로, 조직 거버넌스가 하위 거버넌스의 요소인 비즈니스 · 프로세스 · IT · 데이터 거버넌스 각각을 1:N(point to multipoint) 방식으로 직접 통제하여야 한다.[44] 만약 이러한 통제 라인이 없다면, 조직내의 IT 매니지먼트는 존재한다고 해도 IT 거버넌스가 있다고 주장할 수 없다. 그러므로 DG 역시 IT 거버넌스의 통제와 더불어 조직 거버넌스, 프로세스 거버넌스의 통제도 받아야 한다. 요약하면 그림처럼 DG는 프로

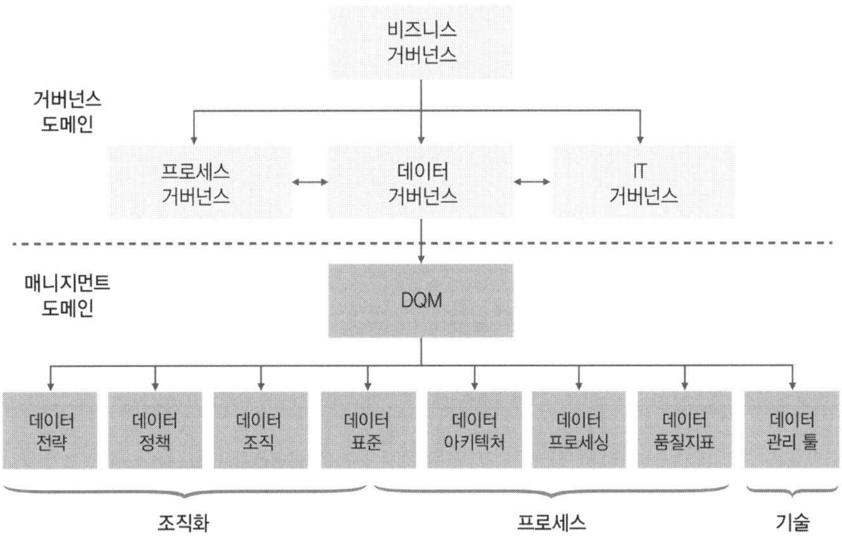

[그림 6-2] 데이터 거버넌스와 DQM

세스 거버넌스(라인 B')와 IT 거버넌스(라인 C')의 통제와 아울러 조직 거버넌스(라인 D) 차원에서도 직접 통제를 받아야 한다. 프로세스로부터 데이터 모델이 설계되고, 만들어진 데이터 모델에 따라 물리적 IT 시스템이 구축되기 때문이다.

그림 6-2는 비즈니스·프로세스·IT 거버넌스 도메인과 데이터 거버넌스의 상관관계와 아울러 데이터 거버넌스가 통제하는 데이터 품질관리Data Quality Management: 이하 DQM의 개념을 보여준다. 중간을 횡으로 가르는 점선은 거버넌스 도메인과 매니지먼트 도메인을 구분한다. 이 모델은 데이터 거버넌스에 관련된 웬디Kristin Wende[45]와 파니안Zeiljko Panian[46]의 연구결과를 토대로 재구성한 DQM 활동 모델이다. 그림에서 DG를 프로세스 거버넌스와 IT 거버넌스 사이에 위치한 이유는 데이터 중심 아키텍처를 강조하는 표현 방식이다. 학계에서는 DQM을 데이터 거버넌스 도메인의 하위 개념으로 접근하고 있다. 한편 웬디Wende는 DQM이 DG를 포함한다고 주장하고 있다. 그러나 이는 거버넌스와 매니지먼트의 차이를 이해하지 못한 결과라고 생각한다. 상위개념인 거버넌스는 하위 개념인 매니지먼트를 통제하지만, 매니지먼트는 거버넌스를 통제하는 개념이 아니기 때문이다. 단지 거버넌스의 언어적 의미를 넓은 의미(상위)의 매니지먼트 개념에 포함할 수는 있다. 그림에서 보이는 DQM의 대표적 8가지 활동항목은 표 6-3과 같다.

[표 6-3] DQM 활동 항목

DQM 항목	설명
전략	조직의 비즈니스 전략, 프로세스 전략, IT 전략과 데이터의 설계를 연계(aligning)하는 활동이다.
정책	DB의 구축 및 운영에 관련된 자원투자의 우선순위 선정과 제약조건을 결정하는 통제 활동이다.
조직	데이터 도메인에 관련된 업무별 의사결정의 권한과 책임을 부여하고, 성과를 평가하는 조직화 작업이다. 조직화 작업은 RACI(Responsible, Accountable, Confirmed, Informed) 테이블이 핵심이다. RACI 테이블이 빠졌다면 거버넌스 체제는 미완성된 것이다.
표준	표준화는 비용효율적인 데이터 관리와 효과적인 데이터 교환의 핵심이다. 표준포맷을 준수하는 데이터 생성 및 프로토콜 교환과 관련된 활동이 포함된다. 표준화하지 않으면 필요 없는 중간파일 포맷을 양산하게 된다.
아키텍처	다섯째는 데이터 아키텍처(data architecture)이다. 데이터의 뼈대가 되는 계층구조, 적정한 관리범위(span of control) 체계를 결정하는 활동이다. 데이터의 관리단위를 어떻게 자르고, 쌓아가는 지가 장기적 데이터관리비용을 결정한다.

DQM 항목	설명
프로세스	데이터 처리 프로세스와 절차를 설계하는 활동이다. 애플리케이션 로직과 관련되지만, 데이터가 애플리케이션 종속적이어서는 데이터의 가용성과 재활용성이 떨어진다.
품질지표	데이터 사용자 관점에서 신뢰도와 유용성을 향상시킬 수 있는 데이터 품질요인을 결정하고 관리하는 활동이다. 사용자 관점에서 지표가 설정되는 것이 중요하다.
관리 툴	데이터 품질관리의 생산성을 높일 수 있는 자동화된 소프트웨어 툴의 선정과 유지에 관련된 활동이다. 조직이 사용하는 소프트웨어 툴의 표준이 없다면 중복투자와 더불어 여러 종류의 툴 학습에 에너지가 낭비된다.

DG를 위한 RACI 테이블을 작성하려면 먼저 DG업무를 관장할 조직 구조를 설계해야 한다. 그림 6-3은 웬디Wende가 제시한 그림으로 조직을 크게 비즈니스 조직과 IT 조직으로 나누고, 두 개 조직 계층 사이에서 DG에 관련된 업무 관계를 보여주는 도식이다. 조직의 구조가 설계되면 해당 조직 별로 프로세스 활동을 매핑 하는 RACI 테이블을 작성할 수 있다.

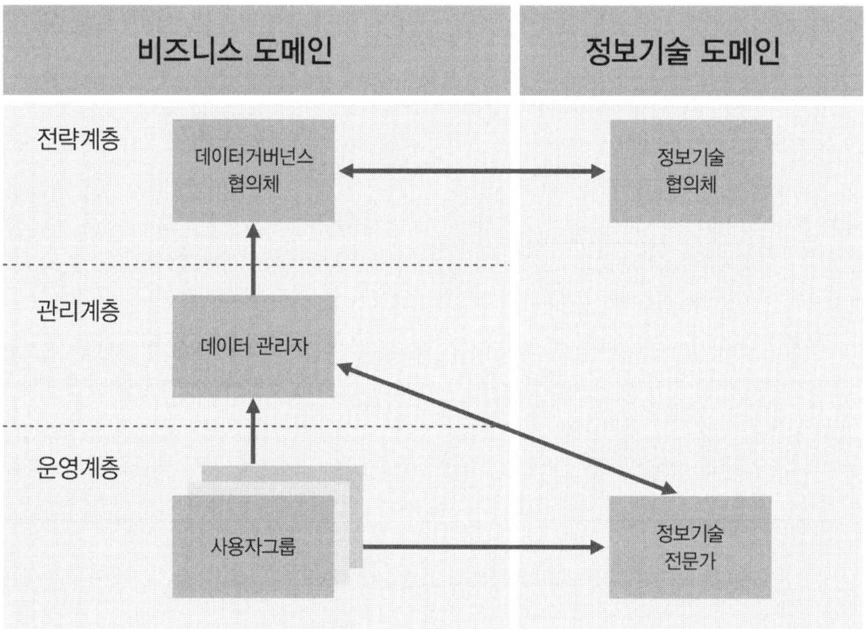

[그림 6-3] 데이터 거버넌스의 조직구조(단순 모델)

표 6-4는 이러한 RACI 테이블의 사례이다. RACI 테이블을 검증할 경우 몇가지 유의사항이 있다. 원칙적으로 R과 A는 한 사람에게 중복 할당하지 않는 것이 원칙이다. 그러나, 조직이 단순한 경우 R과 A는 한 사람에게 모두 할당 가능하다. 또한 R/A 역할 책임자에게 C와 I를 중복 할당하는 것은 이상한 일이다. 조직이 복잡하지 않다면 조직 안에 C/I 담당자는 할당되지 않을 수 있다. 그러나 대규모 조직임에도 C/I가 아무에게도 할당되어 있지 않다면 무언가 잘못된 일이다. C/I가 필요 없이 완벽하게 독립된 활동이란 비즈니스 프로세스 상 거의 존재하지 않기 때문이다.

또한 대규모 조직에서 R/A가 한 사람에게 모두 할당된 경우 거버넌스 책임자는 다음에 유의해야 한다. 실무자에게 해당 활동의 설명권한과 역량이 적정하게 부여되었는지? 지나치게 책임을 부하에게 미루는 문화인지? 적정한 권한과 역량이 없음에도 실무자가 임원의 감독 없이 자의적으로 일을 처리하는 것은 아닌지? 무엇보다도 설계된 RACI 테이블을 임원레벨이 인지하고 승인했는지를 검토하여야 한다.

또한 R(responsibility)는 협력사나 아웃소싱 업체에게 할당 가능하지만, A(Accountability)는 절대로 조직 밖의 활동주체에게 양도할 수 없음에 유의하여야 한다. 실행책임responsibility은 권한과 책임을 양도할 수 있지만, 설명책무accountability는 제3자에게 양도해서도 안되고, 외부 조직에게 할당해서도 안된다. 일반적으로 레벨 1 활동 프로세스는 임원레벨이 설명책무를 맡아야 하고, 레벨 2 활동 프로세스부터 관리자 레벨에게 설명책무를 부여 하는 것이 상식적이다. 조직이 운영 감사를 받을 경우 RACI 테이블의 검증은 핵심적인 검토대상이다. 유의하여 작성하기를 권고한다.

[표 6-4] RACI 테이블(가상)

역할 / DG 활동분야	데이터 거버넌스 협의체	데이터 관리자	사용자 그룹				정보 기술 협의체	정보 기술 전문가
			A	B	C	D		
데이터 전략수립	A	R	R	I	I	I	R	I
데이터 정책수립	A	R	R	I	I	C	R	I
데이터 조직구성	A	C	R	I	I	I	C	I
데이터 표준정의	C	A	R	I	I	I	I	C

역할 / DG 활동분야	데이터 거버넌스 협의체	데이터 관리자	사용자 그룹				정보 기술 협의체	정보 기술 전문가
			A	B	C	D		
데이터 아키텍처	C	A	R	I	I	I	R	C
데이터 프로세싱	I	A	R	R	R	R	I	R
데이터 품질지표	C	A	R	R	R	R	C	R
데이터 관리 툴	I	R	C	C	C	C	C	A

넓은 의미에서 데이터 거버넌스는 IT 거버넌스의 서브셋이고, 본 서의 핵심 주제인 프로세스 거버넌스의 이해도에 도움이 되는 한도에서만 설명했다. 이상의 조직 거버넌스, 비즈니스 거버넌스, IT 거버넌스 역시 마찬가지이다. IT 거버넌스에 관련된 국제적 표준인 COBIT과 ISO 38500과 기타 국제 표준에 대하여 부록 E에서 간략히 부연한다. 또한 소프트웨어 개발 프로젝트의 표준인 SPICE는 부록 D에서 참조할 수 있다.

참고문헌

1. Ocasio, W. & Joseph. J.(2005), "Cultural adaptation and Institutional Change: The Evolution of Vocabularies of organization governance, 1972-2003", Poetics, Vol. 33, pp. 163-178.
2. Cheffins, Brian R.(2013), "The History of organization governance", The Oxford Handbook of organization governance, pp. 49.
3. Calder, Alan(2008) ISO/IEC 38500 : The IT Governance Standard, pp. 12.
4. 이정규(2015), "선형적 기업과 전환형 기업", ZDNET 전문가 컬럼.
5. 이정규(2017), "AI시대 성공의 비결 고귀하게 생각하라", ZDNET 전문가컬럼.
6. Ash Maurya/위선주 역(2012), 린 스타트업, 한빛미디어.
7. Labovitz, George H. & Rosansky, Victor(1997), The Power of Alignment: How Great Companies Stay Centered and Accomplish Extraordinary Things, John Wiley & Sons Inc.
8. Ibid.
9. Bonel, Elena & Rocco, Elena(2009), "Coopetition and Business Model Change: A Case-based framework coopetition-driven effect", Coopetition Strategy: Theory, Experiments and Cases, Routledge, pp. 195.
10. Labovitz, George H. & Rosansky, Victor(1997), The Power of Alignment: How Great Companies Stay Centered and Accomplish Extraordinary Things, John Wiley & Sons Inc.
11. Lafferty, Barbara A. et al.(2009), "A Synthesis of Contemporary Market Orientation Perspective", (in) Market Strategy, Vol. 1, SAGE Publications Ltd., pp. 35.
12. Kohli, Ajay K. & Jaworski, Beranrd J.(1990), "The Construct, Research Propositions, and Managerial Implication", Journal of Marketing, Vol.54, pp. 1-18.
    Kohli, Ajayetal.(1993),"MARKOR: A measure of market orientation", Journal of Marketing Research, pp. 467-477.
13. Dobson, Wendy(1991), Economic Policy Coordination: Requiem or Prologue?, Institute for International Economics.
14. Braganza, Ashley & Lambert, Rob(2000), "Knowledge and Process Management", Vol. 7, No. 3, pp. 177-186.
15. 이정규 외(2018b), "프로세스 거버넌스 프레임워크에 대한 연구", 한국인터넷정보학회, 2018 추계학술대회 논문집, 제19권 제2호, pp. 149-150.
16. Cendrowski, Harry & Mair, William C.(2009), Enterprise Risk Management and COSO, John Wiley & Sons. Inc.
    COSO(2004), Enterprise Risk Management - Integrated Framework: Executive Summary.
    COSO(2013), Internal Control - Integrated Framework: Executive Summary.
17. Chapman, Robert J.(2011), Simple Tools and Techniques for Enterprise Risk Management, John Wiley

& Sons, Ltd, pp. 4.
18. Carrington, Donely & Tayles, Mike(2012), “Intellectual Capital in the Caribbean Hospitality Industry: Two Case Studies", Electronic Journal of Knowledge Management, Vol. 10, No. 3, pp. 244-257.
유석춘(2003), 사회자본: 이론과 쟁점, 도서출판 그린.
19. Garland, Ross(2009), Project Governance, Kogan Page, pp. 27.
20. Meyer, Marshall W.(2002), “Finding performance: The new discpline in management”, (in) Business performance measurement, Cambridge University Press, pp. 54.
21. Sojova, Andrea et al.(2014), “Business Process Performance Management Principles used in Slovak Enterprise”, Procedia-Social and Behavioral Science, Vol. 109. pp. 276-280.
22. Berg, Terje(2015), "A Compass for Teaching Enterprise Governance", Accounting Education, Vol. 24, No. 6, pp. 559-563.
23. 이정규 외(2018a), “프로세스 거버넌스의 메타 모델링을 위한 체계적인 문헌 연구”, 한국인터넷정보학회, 2018 춘계 학술대회 논문집, 제19권 제1호.
24. Edwards, Chris & Peppard, Joe(1997), “Operationalizing Strategy Through Process”, Long Range Planning, Vol. 30, No. 5. pp. 753-767.
25. 질 들뢰즈/권영숙 & 조형근 공역(2012), 새길.
26. 배응환(2002), “지방정부와 지방환경 NGO관계: 개발논리에 대한 환경보존논리의 대응을 중심으로”, 한국행정학보, 제36권, 제1호, pp. 253-274.
27. Dennard, Linda F.(1996), “The New Paradigm in Science and Public Adminstration”, Public Administration Review, Vol. 56, No.5. pp. 495-499.
28. 해리슨 오웬(2010)/Harrison Owen(한국오픈스페이스연구소 옮김), 셀프 오거나이징, 2010, pp. 112-130.
29. Jantsch, Erich(1979), The Self-organizing Universe: Scientific and Human Implications of the Emerging Paradigm of Evolution, Oxford.
이용필(1996), 자기조직하는 우주, 과학사상.
스튜어트 카우프만-Stuart A. Kaufmann/김명남 옮김(2012), 다시 만들어진 신, 사이언스북
30. Lee, M. S.(2003), “Conceptualizing the New Governance: A New Institution of Social Coordination”, Presented at the Institutional Analysis and Development Mini-Conference, Workshop in Political Theory and Policy Analysis, Indiana Univ.
31. Kooiman, J.(1993). Societal-Political Governance: Introduction. in J. Kooiman. ed. Modern Governance: New Government-Society Interactions. London: Sage.
32. Alsufiani, Kholod and et al.(2017), “Towards an instrument for measuring sensemaking and an assessment of its theoretical features”, Proceedings of British HCI 2017.
33. 최진석(2017), 탁월한 사유의 시선, 21세기북스, pp.190~229.
34. 고쿠분 고이치로/박철은 역(2015), 고쿠분 고이치로의 들뢰즈 제대로 읽기, 도서출판 동아시아, pp. 226-229.
35. 정승렬 외(2007), IT 거버넌스의 개념적 정의 및 측정 도구 개발, 정보처리학회 논문지D, Vol. 14, No. 2. pp. 225-234.

36. Weill, Peter & Broadbent, Marianne(1998), Leveraging the New Infrastructure, Harvard Business School Press. pp. 32.
37. National Computer Centre - England(2005), IT Governance: Developing a Successful Governance Strategy: A Best Practice guide for decision makers in IT, PMI.
38. Ibid.
39. Lingle, John H. & Schiemann, William A.(1996), "From Balanced Scorecard to strategic Gauges: Is measurement worth it?", Management Review, Vol. 85, No. 3, pp. 58.
40. 정승렬 & 이정규(2018), 비즈니스 프로세스, 한빛아카데미, pp. 18.
41. Hronec, Steven M.(1993), Vital Signs: Using Quality, Time, and Cost Performance Measurements to Chart Your Company's Future, AMACOM.
42. Weill, Peter.(2004), "Don't just lead, govern: How top-performing firms govern IT", MIS Quarterly Executive, vol.3, no.1, pp.1-17.
43. Panian, Zeiljko(2010), "Some Practical Experiences in Data Govenrance,"World Academy of Science, Engineering and Technology, V62, pp. 939-946.
44. 이정규 외(2018b), "프로세스 거버넌스 프레임워크에 대한 연구", 한국인터넷정보학회, 2018 추계학술대회 논문집, 제19권 제2호, pp. 149-150.
45. Wende, Kristin(2007), "A Model for Data Governance - Organising Accountabilities for Data Quality Management," AIS Electronic Library(AISeL), ACIS 2007 proceeding, pp. 417-425.
46. Panian, Zeiljko(2010),"Some Practical Experiences in Data Govenrance,"World Academy of Science, Engineering and Technology, V62, pp. 939-946.

PART 03 프로세스 거버넌스의 이론적 고찰

PART 03

>> 프로세스 거버넌스의 이론적 고찰

Part 3에서는 프로세스 거버넌스를 실행함에 있어서 고려할 참조 모델을 다룬다. 이를 위하여 Chapter 5에서 설명한 프로세스 거버넌스 큐브모델의 3가지 도메인에 해당하는 프로세스 거버넌스 역량, 프로세스 거버넌스 목적, 그리고 프로세스 거버넌스 범주에 대하여 Chapter 7부터 9까지 차례대로 설명한다. 먼저 다음 장에서는 세 계층으로 구성된 프레임워크(축약하여 PG 프레임워크 혹은 PG FW)를 제시한다. PG 프레임워크는 조직 내에서 프로세스 거버넌스를 도입할 때 고려할 포괄적 관점을 도식적이고 체계적 모델로 잘 설명해 줄 것이다. 이중에서도 프로세스 거버넌스 역량계층의 네가지 역량 차원은 본서의 핵심 개념이다. PG 프레임워크는 이러한 4개의 역량요인과 이에 영향을 주는 맥락적 요인을 같이 설명해 준다. 맥락적 요인이라 함은 조직이 가진 공유정신모델(혹은 공유멘탈모델)과 프로세스 거버넌스 통제 사이클을 일컫는다.

Chapter 7 프로세스 거버넌스 프레임워크

그림 7-1은 PG 프레임워크의 개념도로서 크게 세 계층으로 구성된다. 첫째 PG 통제 사이클 계층, 둘째 프로세스 거버넌스 역량 계층, 마지막으로 공유정신모형shared mental model 계층이 그것이다. 본 장의 핵심은 점선 내의 프로세스 거버넌스 역량 계층이다. PG 역량 계층은 전략연계, 권한강화, 직능향상, 자율조직의 네 개 차원dimension으로 이루어진다. PG역량계층의 아래는 조직원들의 행동패턴에 영향을 미치는 공유정신모형 계층이다. 이 계층은 내재화, 센스메이킹, 탈내재화의 순환 사이클이 작동되는 영역으로 PG 프레임워크의 작동을 담보하는 프로세스 거버넌스의 맥락적 환경을 설명한다. PG 프레임워크의 최상단 계층은 프로세

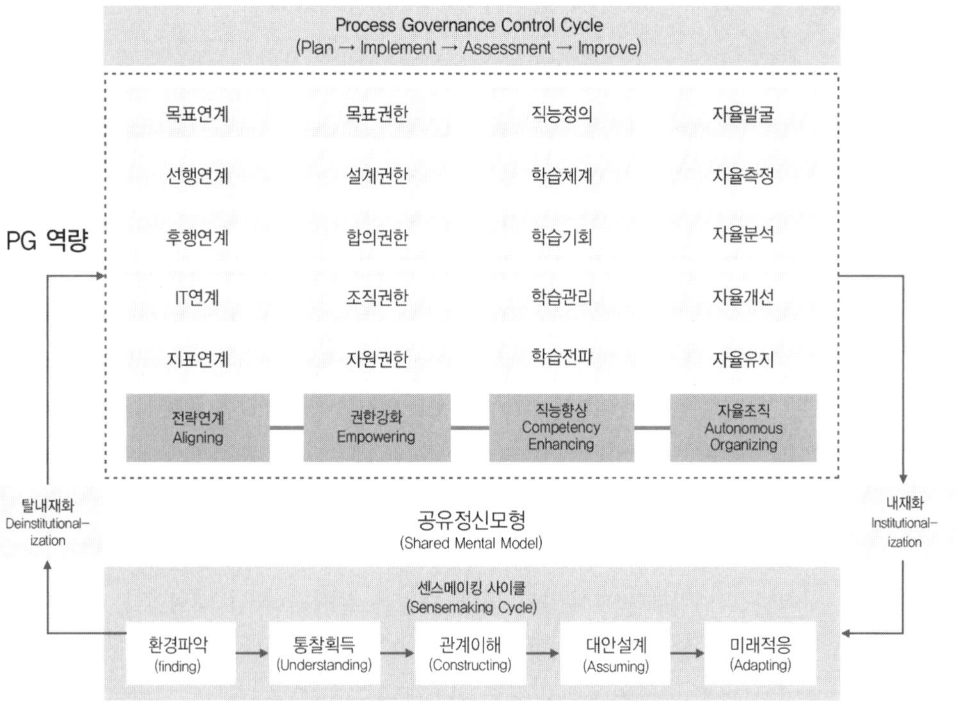

[그림 7-1] 프로세스 거버넌스 프레임워크

스 거버넌스를 아우르는 PG 통제 사이클이다. 공유정신모형 계층과 PG 통제 사이클 계층은 본 장의 2, 3절에서 설명한다.

01 프로세스 거버넌스 역량 계층

프로세스 거버넌스 역량 계층은 4개 차원dimension으로 구성된다. 그것은 전략연계, 권한강화, 직능향상, 자율조직이다. 이들 4개 역량 차원은 그림에서는 순차적으로 위치되어 있지만, 화살표를 사용하지 않았다. 왜냐하면 네개 요인이 상호간에 상관도가 높은 이유로 동시적으로 도모되어야 할 차원으로 해석함이 적정하기 때문이다. 4개 역량차원의 성숙도 수준은 각각 5개의 서브 요인factor으로 측정된다. 따라서 4차원 x 5개 요인 = 총 20개의 요인이 PG 역량의 측정도구로 제시될 것이다. 이들 요인변수의 논리적 적정성은 과학적 연구방법으로 사전에 검증되었다.[1)] 측정도구로서의 20개 역량 요인의 설문은 리커드 스케일로 측정하며 부록 A에서 확인할 수 있다. 이하 4개 차원의 PG 역량요인에 대하여 좀 더 자세히 설명한다.

1. 전략연계 역량

프로세스 거버넌스 역량의 첫 번째 차원은 전략 연계strategic aligning 역량이다. 이를 축약하여 연계aligning로도 호칭한다. 전술한 바와 같이 전략연계는 비즈니스 - 프로세스 - IT 거버넌스 전체를 관통하는 개념이다. 여기서는 프로세스 거버넌스 관점의 전략연계에 맞추어 설명하려 한다. 연계는 회사의 가치 지향(미션, 비전, 목표, 정체성)에 맞추어 프로세스 정책, 절차 그리고 조직 역량을 정렬하는 활동이다. Chapter 4에서 설명한 바와 같이 전략연계는 수직연계라 불리는 지향orientation과 수평연계라 불리는 정렬coordination로 구분할 수 있다. 지향은 직원, 고객, 전략, 프로세스 사이의 효과적 통합의 정도를 의미하고, 정렬은 회사가 보유한 유·무형자원의 효율적 전개deployment에 관련된 통합의 정도를 말한다.

프로세스의 설계와 관련하여 '지향'은 회사조직 구성원의 전략적 통일성과 관련이 있다. 이를 다른 말로 수직연계로 정의한다. 수직연계는 조직전략의 신속한 전개를 통한 효과성과 연관되며, 수직연계가 완성되면 직원들은 조직 전반의 목표와 자신의 역할을 이해하게 된다. 한편 '정렬'은 프로세스 활동과 관련된 사업자원의 최적화와 관련이 있다. 이를 다른 말로 수평연계로 정의한다. 수평연계는 조직 자원의 신속한 전개와 연관되며, 수평연계가 완성되면 조직 전반의 자원이 최적으로 효율화된 시스템이 구축된다. 그러므로 전략연계의 성숙도는 본질적으로 조직문화의 수준에 의존한다. 조직이 전략계획을 비즈니스 활동으로 실현하고, IT가 비즈니스를 지원하도록 만드는 일은 도전적인 과업이며, 전략연계를 프로세스 레벨에서 평가하는 일은 각 사업부분의 부가가치 사업활동을 회사의 목적과 통일시키는 일이 된다. 이는 전략연계의 관점에서 프로세스 거버넌스가 비즈니스, IT 거버넌스와 더불어 강조되어야 할 시사점을 던져준다.

지향은 시장지향market orientation이라는 용어로 먼저 사용되기 시작했다고 전술한 바 있다. 그러한 이유로 프로세스 거버넌스의 수평연계를 시장지향과 같은 의미로 해석하고, 이를 고객지향customer orientation과 동일시 할 수도 있다. 그러나 시장지향이 반드시 초기부터 고객지향을 의미하지 않음에 유의해야 한다. 시장을 창출하는 창업지향entrepreneurial orientation은 혁신innovativeness, 전향성proactiveness, 위험감수risk taking를 통해 세상에 없는 시장을 만드는 활동이다. 특히 세상에 없던 제품을 창조하는 경우에 고객의 반응은 후행적 검토사항이지 선행적인 결정요인이 아니기 때문이다. 한편 트레이시Michael Treacy와 위어세마Fred Wiersema는 시장지향의 수직연계에 관련하여 아래의 3가지를 핵심 전략으로 꼽았다.[2)]

첫째는 탁월한 운영operational excellence이다. 원가, 효율, 규모의 경제를 도모하는 전략으로 제품라인을 단순화하고, 기술변경을 줄이고 특정시장에 집중하여 전문성을 높이는 전략을 지향한다. 둘째는 고객 친화customer intimacy로서 강력한 고객 유대를 구현하기 위해서 관계 중심적이고, 고객 요구에 즉각 반응하는 전략을 지향한다. 셋째는 제품 리더십product leadership이다. 새로운 제품, 새로운 시장, 새로운 기술을 지향하고 시장반응을 빠르게 테스트하여 경쟁사가 먼저 움직이기 전에 변화를 시도하는 전략을 지향한다. 이상 3가지 전략 중에서 어떤 지향을 취하느냐에 따라 프로세스·IT와의 전략연계가 달라지는 것은 당연하다.

일례로 고객친화의 전략 지향을 도모할 경우에 회사는 고객 전화가 걸려오자 마자 콜센터의 시스템이 고객에 관련된 과거 거래이력을 자동적으로 표출토록 하거나, 지연된 고객 클레임을 경고하는 기능을 구현하거나, 고객별로 상품 선호도를 축적하는 개인화 서비스를 프로세스와 시스템에 구현하려 노력할 것이다. 이러한 IT자원의 최적화 활동은 자원의 정렬 즉 수평연계와 관련되며, 수직연계인 전략 지향과 불가분의 관계에 있음을 명확히 보여준다.

이상의 설명을 기반으로 프로세스 거버넌스 프레임워크의 네 개 역량요인 중에서 '전략연계' 역량에 대한 개념정의를 하나의 문장으로 정리하면 아래와 같다.

> **전략연계** 역량이란 **조직목표와 프로세스, IT와의 효과적 목표지향과 더불어 조직 자산의 정렬을 최적 효율화 하는 능력**을 말한다.

즉 전략연계는 효과적 목표지향과 효율적 자원정렬을 구현하는 일이며, 전략연계 역량은 이를 실현하는 조직의 능력과 관련된다.

2. 권한강화 역량

본서에서 권한강화를 의미하는 영어 단어로 사용한 empowering의 한글 번역은 대개 권한부여, 권한위임으로 번역된다. 그러나 본서에서는 '부여'와 '위임' 대신에 '강화'라는 용어를 선택하였다. 부여나 위임은 위로부터 내려진 의미가 강한데 반하여 '권한강화'는 보다 독립적이고 자율적이며 자주적 의미를 강조한 번역이다. 권한강화 역량은 권한부여나 권한위임과 비교할 때 권한의 자율 정도가 다르다. 권한부여 혹은 권한위임은 '대리인 이론agency theory'에 따라 주인principle이 대리인agent에게 업무수행에 관한 권한과 책임을 한정된 기간 동안 위임하는 개념이지만, 권한 강화는 쌍방 간에 오랜 동안 관계가 공고히 되는 '신뢰이론trust theory'을 전제한다.[3)]

대리인 이론에 따르면 대리인의 잘못은 결국 주인에게 귀책 되지만, 신뢰이론에서는 주인과 대리인의 관계가 아니기 때문에 권한강화는 조직원 스스로의 책임이 강조된다. 왜냐하면 권한강화는 직원 각자를 '미시권력micro-power'을 가진 주인으로 간주하기 때문이다. 그러므로 권한강화 역량을 도모하기 위하여 조직원의 미시권력은 선행적인 조건이 된다. 그러나 경영자는 미시권력을 허락하기 전에 조직원이 충분히 업무수행 역량을 가지도록 지원해 주어야 한다. 또한 조직원들의 실수를 예방하고 권한 남용을 방지하기 위하여, 조력자의 조언을 구한 후에 업무권한을 수행하는 조직문화를 조성해야 한다. 전통적으로 권력의 의미는 다른 사람을 통제하는 개념이지만, 권한 강화는 다른 사람과의 연결connection을 통해 공유되는 힘으로 설명된다. 공유되는 힘은 타인과의 상호작용과 연결을 통해서 강화된다.[4)]

연계에서 권한강화로의 이행은 '미시권력micro-power'에 의한 동인이 작용해야 한다. 미시권력의 강화는 파워 엘리트의 통제를 벗어나 조직원들에게 권력이 분산되는 현상을 말한다. 그 결과 중앙집권적 거버넌스는 갈수록 어려워진다.[5)] 미시권력은 규칙의 증가를 불러일으킨다.[6)] 규칙의 증가는 지배력을 갈수록 시스템적으로 만든다. 그러므로 파워 엘리트 주도의 임의적 통제는 더욱 어려워진다. 조직원들은 규칙을 통해 '복잡함, 모호함, 불합리를 이겨내려는 성향이 있다. 그래서 그 속에서 규칙을 찾고 알맞은 질서를 만들어내려'고 하는 것이다.[7)] 그러한 이유로 규칙의 증가는 거버넌스 성숙의 한 증표이다.

위의 설명을 기반으로 PG 역량 프레임워크의 네 개 요인 중에서 '권한강화' 역량에 대한 개념 정의를 하나의 문장으로 정리한다.

> **권한강화** 역량이란 **상부의 통제가 아니라 미시권력을 가진 조직원들이 프로세스에 관련된 의사결정을 자율적으로 수행하는 능력**을 말한다.

즉, 권한강화 역량은 '직원 혹은 팀 집단이 상사의 지시에 의하지 않고, 프로세스에 긍정적·부정적 영향을 끼치는 변수를 통제할 수 있으며, 동료(혹은 다른 팀)와 관련정보를 공유하여 이후 능동적 자율조직화를 도모할 수 있도록 권한을 강화'하는 능력이다.

3. 직능향상 역량

본서에서는 competency를 직무능력으로 번역하고, 약칭으로 '직능'으로 부른다. '직능향상 competency enhancing'은 업무를 수행하는 능력을 향상시키는 활동이다. 어떤 어문학자는 직능의 영어단어인 competence와 competency를 세밀하게 구분한다. 그러나 이러한 언어학적 접근은 본서의 범위를 넘어간다. 본서에서는 이 둘의 언표를 같은 개념으로 접근할 것이다. 그러나 직무능력competency과 역량capability은 명확히 구분한다. 이들 단어는 대개 구별 없이 사용되지만, 가능성과 달성의 측면에서 뜻에 차이가 있다. 직능competency의 개념을 깨우치기 위해서는 역량capability과 아울러 지식knowledge의 개념 비교가 필요하다.

역량capability은 '요구되는 직능을 갖추지 못했다 하더라도, 탁월한 직능수준에 도달할 잠재적 가능성'을 말한다. 마치 배터리의 용량capacity과 비슷하다. 휴대폰 배터리는 용량이 2,000mA인지 5,000mA에 따라 사용시간에 차이가 있다. 용량이 크면 축적할 수 있는 전력량(직무능력)이 달라지기 때문이다. 사람의 경우도 마찬가지이다. 그 사람이 감당할 수 있는 직능 수준은 그 사람의 역량 한계를 넘지 못한다. 물론 사람의 객관적 역량 한계가 존재하는지, 확장가능한지, 정확한 측정이 가능한지와 같은 인문학적 주제는 본서에서 논하지 않는다.

러믈러Geary Rummler와 브라키Alan Brache는 '우수한 사람을 열악한 시스템에 두면 거의 언제나 시스템이 이긴다'고 말했다. 여기서 우수한 사람이란 뛰어난 역량을 가진 사람을 뜻한다. 제 아무리 역량이 뛰어난 사람이라도 좋지 않은 조직 환경에서는 제 역량을 발휘하지 못한다는 말이다. 조직은 역량 있는 직원을 뽑는 것도 중요하지만 배터리를 채우듯이 직능수준을 꽉 채워주어야 한다. 한편 직능competency이 뛰어난 사람은 좋지 않은 시스템을 개선할 수도 있다. 채워진 에너지의 힘이 시스템의 문제를 해결할 정도로 강하다면 가능한 일이다.

한편 직능에는 행동의 의미가 부여 되지만 지식knowledge에는 행동의 의미가 포함되지 않는다. 지식은 머릿속에 넣을 수도 있고, 문서로 기록을 하여 공유할 수도 있다. 학원이나 대학에서 공부하고, 책과 인터넷을 통해서 검색하고 획득할 수 있다. 그러나 지식에는 행동의 개념이 존재하지 않는다. 비행기 조정법 매뉴얼을 수천 번 읽어서 머릿속에 꽉 채웠다고 하더라도, 추락하는 비행기를 조종할 수 있는 직무능력을 보유했다고 말할 수 없는 것과 같다. 피셔K. W. Fischer는 사람들이 '업무의 맥락과 독립된 직능을 가질 수 없다'고 주장했다.[8] 이러한 주장은 사람의 직능이 그가 소속한 조직의 업무적 맥락과 분리할 수 없다는 것이고, 직능은 반드시 체화되어 행동으로 발현될 수 있어야 한다는 의미를 포함한다.

핵심직능core competence은 '여러 가지 생산기술을 조화시키고, 다양한 기술 사조를 통합하는 일과 관련된 조직의 총체적 학습하기collective learning'로 정의된다.[9] 직능은 '환경과 개인의 효과적인 상호작용'이며, 달성된 재능capacity으로서의 직능과 더불어 직능 모티베이션이 존재한다.[10] 이처럼 직능이란 통합과 학습, 환경과의 상호작용, 학습 모티베이션과 관련되며, 개인이 일을 적정하게 수행할 수 있는 능력과 관계된다. 여기서 능력이라 함은 담당 과업에 대한 지식, 스킬과 실력이다.

직능에 대하여도 참조할 프레임워크가 존재한다. 그림 7-2는 디이스트F. D. Deist와 윈터튼 Jonathan Winterton이 제시한 직능 프레임워크competence framework와 스터디가이드가 제시한 직능 프레임워크를 같이 보여준다. 디이스트와 윈터튼은 그림(좌)와 같이 직무능력의 종류를 4개로 분류했다. 그것은 (1) 인지직능cognitive competence, (2) 기능직능functional competence, (3) 사회직능social competence 그리고 이러한 세 가지 능력을 포괄하는 상위개념인 (4) 메타직능 meta competence이다. 그림(우)도 유사한 직무능력의 도식 모델이다. 좌측의 인지직능은 우측의 개인직능과 비슷하고, 좌측의 기능직능은 우측의 전문직능과 유사하며, 좌측의 사회직능은 우측의 일반직능과 통한다. 좌측의 모델은 다분히 사회과학적 용어에 해당하고, 우측의 모델

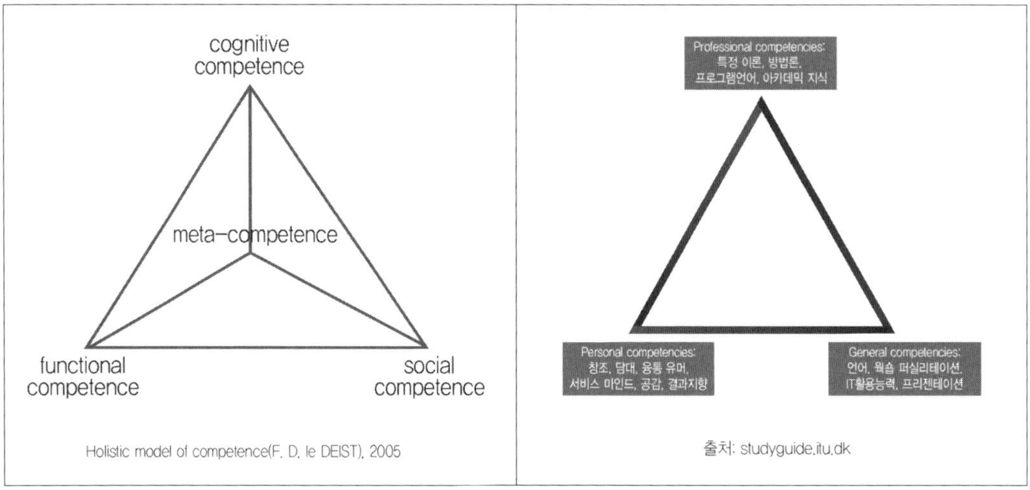

[그림 7-2] 직능 프레임워크 사례: Deist & Winterton(좌)와 Studyguide(우)

은 경영학적 용어에 가깝다. 경영환경에 적용하는 측면에서는 우측의 모델에 메타직능을 추가한 합성모델을 추천한다.

직능 프레임워크는 전형적으로 인적자원개발을 조직의 전략과 연결하는 기제mechanism로 간주되었다. 즉, 조직에서 역할을 효과적으로 수행하고 비즈니스가 전략목표를 충족하도록 돕기 위하여 필요로 하는 기술, 지식, 개인 특성과 행동을 확인하는 묘사적 툴이다.[11] 전술한 설명을 기반으로 직능향상 역량의 개념적 정의를 본서는 다음과 같이 내린다.

> **직능향상** 역량이란 **업무 맥락에 맞는 프로세스 관련 직능·기술을 성취하고 탁월하게 실행하는 능력**을 말한다.

직능향상은 미시권력을 보유한 조직원의 활력vitalizing power으로 촉진된다. 조직의 활력은 개방된 조직문화에서 꽃피우며, 결국은 최고경영자의 철학적 지배를 받는다. 프로세스 거버넌스의 성숙 역시 결국 최고경영자의 의지에 종속된다는 말이 된다. 최고경영자의 철학적 의지라 함은 조직을 위계적으로 경영하는 구 거버넌스 모델을 벗어나, 신 거버넌스 모델로의 변혁을 약속하고 지원하는 일이다.

4. 자율조직 역량

학계에서 자율적인 팀autonomous team은 자기관리팀, 권한강화 작업그룹empowered work group, 자기조정팀Self-Directed Work Team(SDWT) 등의 여러 이름으로 호칭된다.[12] 본서에서는 '자율조직'으로 통칭하겠지만, 이를 조직과 조직화 활동의 두 가지 의미를 포괄적으로 포함하는 언표로 사용하려 한다. '자율조직(화)'역량은 상위조직이나 외부로부터의 통제에 의하여 기동되는 것이 아니라, 조직원들이 스스로 강화된 권한과 통찰에 의하여 내외부적 환경변화에 부응하여 프로세스를 자율적으로 개선해나가는 능력이다. 이는 전술한 전략연계, 권한강화, 직능향상 그리고 많지도 적지도 않은 자원이 전제된다.

거시적으로 자율조직화는 '자율지향autonomous orientation'과 '자율정렬autonomous coordination'로 나눈다. 자율지향은 '상위 관리자의 방향지시가 아닌, 미시권력에 의한 자율적 가치 지향 활동'을 말한다. 자율지향은 주로 내부 기능조직 사이, 재무적 가치와 사회적 가치 사이, 개인과 공동체의 목적 사이에서 갈등하며 작동된다. 한편 자율정렬은 프로세스의 최적화를 위하여 '상위 관리자의 통제로 기동되는 것이 아닌, 미시권력에 의한 자율적 자원 조정활동'을 말한다. 자율정렬의 대상 자원은 인적자원, 설비자원, IT 자원, 관계자원은 물론 재무적 자원도 포괄한다.

자율조직화는 타율heteronomy과 상반된다. 자율조직화는 직능향상이 달성된 조직원들의 자기조직력self-organizing power으로 촉진된다. 자기조직력은 자기조직화self-organization를 만드는 힘이다. 자기조직화는 일종의 적응시스템adaptive system이다.[13] 적응 시스템은 외부에서 일부분의 통제신호를 수신하는 자기처리self-manageable 시스템에서부터, 독립적인 통제체제인 자율관리self-managing 시스템[14], 그리고 다자 간 협업에 의한 통제체제인 자기조직화self organizing 시스템으로 진화한다.[15] 사회적 자기조직화는 어느 정도 의식적이고 계획적인 개입에 의하여 사회시스템이 조직화되고 유도되는 개념이다.[16] 길버트 프로브스트Gilbert Probst는 사회적 자기조직화를 창발적emergent 현상의 하나로서 사회 시스템 안에서 질서의 자기창조self-generation of order를 의미한다고 말하기도 했다.[17]

혹자는 자기조직화 시스템이 미래를 예측할 수 없기 때문에 위협적으로 생각할 수도 있다.

그러나 대자연의 법칙은 물론 성공한 조직들의 사례들은 자기조직화가 강건하고 뛰어나다는 사실을 가르쳐준다.[18] 위대한 조직들은 규율이나 체제가 아니라, 사람을 신뢰하고 관계에 의존하며, 자기조직화로 활동을 정렬하고 통합하여 새로운 아이디어를 창출하는 자기 주도적인 전문가로 조직원들을 대우한다.[19] 본질적으로 자연계의 모든 생태 시스템은 자기 적응적이다. 이제부터는 자기 적응형 시스템을 조직에 도입하느냐 아니냐가 문제가 아니라, 어느 정도까지 도입하느냐가 문제이며, 조직에서의 자기조직화의 도입 이슈도 같은 선상에 존재한다.

한편 자기조직화 시스템은 자기구조화self-structuring나 자기보존self-maintaining에 더하여, 자기창조적self-creative이어야 한다. 개인은 자기가 살고 싶은 시스템을 선택하거나, 시스템이 어떻게 설계되어야 하는지 어느 정도 선택할 수 있는 활동적이고 자기 의식적인 주체이다. 또한 사람은 새로운 시스템과 체제를 창조할 능력도 가지고 있다. 이러한 의식 창조의 자유는 생물학적 혹은 물리학적 세계에서는 발견할 수 없다. 구조적 의미에서 사회적 자기조직화social self-organizing는 개인의 사고와 활동에 영향을 미치는 새로운 체제의 무궁한 재창조re-creation를 포함한다.[20] 그러므로 자율적 사회 시스템은 '자기조정'[21], 자기조직화를 넘어선 재창조 시스템으로 발전할 수 있다. 본서는 프로세스 거버넌스 역량요인 중의 하나인 자율조직화가 '자율창조self-creation'의 개념을 포함하는 것으로 간주한다. 그러므로 위의 설명을 근거로 내린 프로세스 거버넌스의 '자율조직(화)'의 개념적 정의는 아래와 같다.

> **자율조직(화)** 역량이란 **직능향상을 통해 고도화된 자기조정·자기창조 능력을 통해서 프로세스의 적응적 항상성을 유지하는 능력**을 말한다.

한편 Chapter 1에서 언급한 바와 같이 거버넌스와 어원이 같은 사이버네틱스cybernetics는 자율과 밀접한 관련이 있다. 사이버네틱스cybernetics라는 용어는 1948년 위이너Novert Wiener의 저작 '사이버네틱스-동물과 기계에 있어서의 통신과 통제'라는 저작에서 유래한 이유로, 체제이론과 관련하여 사이버네틱스의 공헌은 통제이론을 들 수 있다.[22] 사이버네틱스는 기술과 자연에 있어서의 통제 메커니즘에 관한 이론이며, 정보와 환류(피드백)라는 개념에 그 기초를 두고 있다. 사이버네틱스는 자기규제self-regulation를 나타내는 체제의 특례이다.[23] 통제에서 가장 중요한 요인은 피드백 사이클이다. 피드백 사이클은 프로세스의 출력 신호를 분석하여 앞단의 입력 통제점으로 전달함으로써 외부상황의 변화 속에서 안정을 유지하는 기능을 말한다. 즉 넘치면 줄이고, 모자라면 늘리는 통제행위가 된다. 이러한 시스템을 사회에 적용시킨 경우를 '사회적 사이버네틱스 체제'라 부른다. 이처럼 사이버네틱스의 개념이 자기조직화와 통한다.

02 공유정신모형 계층

PG 프레임워크에는 전술한 네가지 역량요인 계층과 더불어 환경변화에 따른 선순환이 존재한다. 이는 기저에 위치한 공유정신모형 계층에 속하는 사이클로서 맥락적으로 세 개의 조직활동이 있다. 즉 자율조직화 역량으로 고양되는 (1) PG의 내재화, (2) 시장이나 환경 변화를 인지하는 센스메이킹, (3) 센스메이킹의 결과로서 변화에 적응하는 탈내재화 환원 사이클이다. 내재화와 탈내재화는 얼음이 얼고 녹듯이 에너지의 흐름 방향만 다를 뿐 동적 기제는 유사하다. 내재화를 알게 되면 탈내재화를 쉽게 이해할 수 있다는 의미이다.

프로세스 거버넌스의 네 가지 역량요인이 적정하게 작동하면 조직의 경쟁력은 탁월하게 향상된다. 그러나 한편으로는 전략연계가 조직을 특정 사업 수행에만 효과적으로 고착시킨다는 문제점을 지적하는 학자들도 있다.[24] 사업 맥락과 떼어낼 수 없는 직능향상도 사업역량을 고착시키는 문제는 동일하다. 들뢰즈가 이야기한 층화된 고착문제를 해결하기 위한 탈층화의 선순환 사이클로서 공유정신모형(혹은 공유멘탈모델) 계층이 중요한 이유가 여기에 있다.

그림 7-3의 빙산 모델iceberg model은 사회과학에서 자주 활용되는 사례 중 하나이다. 바다에 떠 있는 유빙은 물 위에 드러난 10% 부분만 보이고 나머지 90퍼센트는 물속에 잠겨서 보이지 않는다. 그림처럼 외부인에게 노출되어 보이는 조직 활동은 이벤트와 패턴뿐이다. 여기서 패턴은 이벤트가 서로 연결된 맥락적 모양을 의미하며 프로세스와 관계된다. 외부로 보이는 이벤트와 프로세스 패턴만으로 조직 내부의 사정을 제대로 알기는 어렵다.[25] 이 빙산 모델은 눈에 잘 보이지 않는 조직 문화와 정신 모델(멘탈모델; mental model)이 조직활동에 영향을 끼치는 근원이라는 메시지를 담고 있다. 빙산 이론을 고려할 때 프로세스 거버넌스의 주제 역시 잘 보이지 않는 정신 모델과 시스템 구조로부터 자유롭지 못하다. 정신모델이란 사람들이 세상을 이해하고 행동하는 방식에 영향을 미치는 우리 안에 깊이 각인된 가정, 일반화, 심상이나 이미지를 말한다.[26]

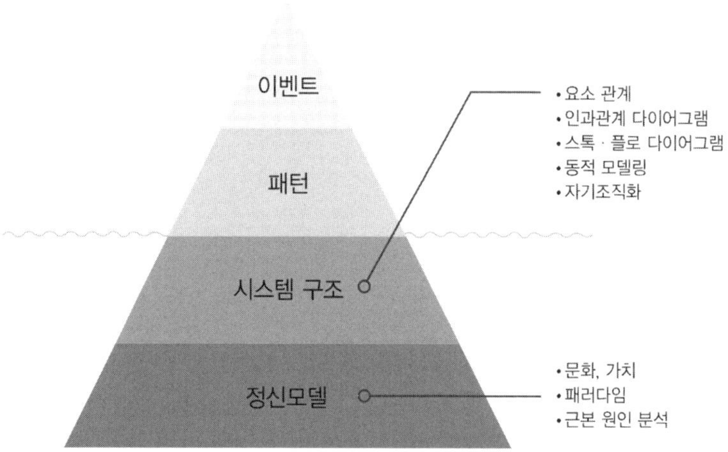

[그림 7-3] 빙산모델과 공유정신모델

우리가 인지하는 이벤트와 프로세스 패턴은 물속의 보이지 않는 시스템 구조가 유발한 표징이다.[27] 시스템 구조는 결국 그 시스템을 만든 정신 모델에 종속되는데, 어떤 이는 이 정신 모델을 패러다임paradigm이라고 부른다. 미국의 과학사학자이자 철학자인 토머스 쿤Thomas Kuhn이 '과학혁명의 구조The Structure of Scientific Revolutions'에서 제시한 패러다임은 정신과 삶을 구속하는 가치 체계로서 인간의 의사결정과 활동을 구속한다.[28] 토마스 쿤은 과학적 발견이 변칙현상anomaly의 지각, 즉 패러다임이 낳은 예상들을 자연이 어떤 식으로든 위배했다는 점을 인식하는 것으로부터 비롯된다고 이야기했다. 결국 패러다임은 공유멘탈모형shared mental model의 다른 이름이다. 센스메이킹은 패러다임을 깨는 활동이다. 패러다임을 깨뜨리는 파괴적 기술과 혁신자들이 기존의 정신 모델을 깨뜨리고 시스템 구조를 바꾸면 새로운 행동 패턴과 이벤트가 나타난다. 그러나 이러한 혁신이 가능 하려면 공유정신모형이 탄력적이고 융통성이 있어야 한다. 조직의 혁신을 유지하는 프로세스 거버넌스를 설명하기에 앞서서 공유정신모델의 이해가 필요한 이유가 이 때문이다.

공유정신모형은 1990년에 최초로 소개된 개념으로[29] 팀 구성원들이 어떤 일을 할지, 무엇이 필요할지 예견하여 팀 구성원 사이의 활동을 조정coordinating하는 것을 돕는다.[30] 공유정신모형은 효과적인 팀에서 흔히 관찰되고 있으며, 팀제에 대한 유연하고도 암묵적인 조정을 설명하고, 모호한 상황에서 팀이 어떻게 기능하는지에 대한 이해를 발전시킨다.[31] 그러므로 공유정신모형은 내재화의 결과로서 '팀 구성원들에 의해 공유되는 구조화된 지식체계'라 할 수 있다. 멘탈모델은 표 7-1과 같이 두 가지 종류로 나누어진다.

[표 7-1] 멘탈모델의 유형

멘탈모델의 유형	설명
적응형 정신모형 (adaptive mental model)	수동적 적응이론(예, 자연선택과 적응)에 기반하며, 기존의 지식을 활용하여 단계적으로 학습한다.
창발형 정신모형 (generative mental model)	능동적 적응이론(예, 돌연변이)에 기반하며, 새로운 학습을 개척하는 창조적 학습을 한다.

본서에서는 PG 환원 프로세스 상에서 탈내재화deinstitutionalization의 토대로서 창발형 정신모형을 보다 강조한다. 그리고 탈내재화로 이어지는 공유정신모형으로서 '센스메이킹' 사이클을 제안한다.

본서에서는 프로세스 거버넌스의 탈내재화의 추론 방식으로 연역법과 귀납법 대신에 센스메이킹 사이클을 권고한다. 그 이유는 프로세스 거버넌스가 기존의 방법론과 문법에 의존하지 않기 때문이다. 환경의 변화는 조직원들이 미처 경험하지 못한 일일 수 있다. 경험하지 못한 문제를 기존의 법칙만으로 해결하는 일은 불가능하다. 과거의 법칙으로 익숙하지 않은 미래 과제를 해결하려는 시도는 잘못된 결론을 도출하곤 한다. 이로 인해 조직은 시대변화를 읽지 못하고 자주 주저앉아 버린다. 그러므로 거버넌스 체제에서의 멘탈모델은 통계 데이터에 의존하기 보다는 현상을 보는 예민한 통찰을 기반으로 하여야 한다. 통찰은 불확실한 환경에서 세상에 없었던 새로운 대안을 설계하고 조직이 앞으로 나가도록 한다. 프로세스 거버넌스의 공유정신모델로 귀추법에 가까운 센스메이킹 프로세스를 제안한 이유가 여기에 있다. 이하 PG 역량계층에 의하여 형성되는 내재화에 대하여 먼저 설명하고, 다음으로 탈내재화에 선행하는 센스메이킹을 다루도록 하겠다.

1. 내재화

영화 '쇼생크 탈출'에는 'institutionalized'이라는 단어가 다섯 번 나온다. 도서관 지기 노인 '브룩스'가 가석방을 통보 받고, 기뻐하지는 않고 오히려 재수감을 목적으로 폭력을 저지른 사태를 다른 죄수들이 이해하지 못하자, 고참 죄수인 '레드(모건 스탠리)'가 이유를 설명한 말이다.[32] 대중문화인 영화에서 'institutionalize'라는 어려운 사회과학 용어를 불쑥 들이대니 너무 생뚱맞다. 'institutionalized'를 일상적 말로 번역한다면 '길들여진, 몸에 배인, 익숙해진, 체질이 되어버린, 없이는 못사는' 정도로 해석하면 될 듯 하다.

일찍이 아담 스미스는 규범의 표준화를 의미하는 동질문화, 사명감, 연대의식이 특정 상황에서 어떤 과업을 수행해야 할 것인가를 큰 비용 없이 알려 준다고 이야기 하여 내재화institution의 장점을 선언적으로 설명한 바 있다.[33] 내재화는 구성원들이 모두 당연시하는 상태, 정신적으로 동화된 규범화normalized된 상태를 말한다. 학제에 따라 내재화의 증표가 되는 관련 용어들은 다양하다. 행동강령code of conduct, 정책, 가이드라인, 문화, 체제, 프로세스, 규칙norms, 정당성legitimacy, 습관화habitualization, 객관화objectification, 적층sedimentation, 법률, 도덕, 규범, 관습, 풍속 등 너무나 많은 언표들이 다양한 지식 도메인에서 사용되고 있다. 본서에서는 프로세스 거버넌스에 적합한 언표에 집중하겠지만, 사업 도메인의 이해에 도움이 되는 다른 몇몇 용어도 설명할 것이다.

먼저 영어 단어 'institution'은 모국어가 영어가 아닌 사람들에게 이해하기 힘든 단어 중의 하나이다. 조직의 호칭이도 하고, 법규를 통칭하기도 하는 언뜻 보면 관계없는 두 가지 뜻이 낱말에 섞여있기 때문이다.[34] 첫째 개념은 18세기 중반 산업혁명 당시 열악해진 사회 안전망 문제를 해결하기 위해 일부 자본가들이 설립한 고아원·양로원·교육기관들을 통칭하는 '조직'을 의미한다. 이러한 사적 공익조직은 고용 노동자의 업무 몰입을 유도하는 목적도 있었지만, 정부가 하지 않는 공익서비스를 내부in에서 설립statuere; set up했다는 의미로 institute가 사용되었다. 두 번째는 조직 내부in에서 형성된 관습set-up, 제도, 법규를 이르는 말이다. 이처럼 라틴어 어원을 탐구하면 두 개념 사이의 유사성이 드러나 보인다. 본서에서는 두 번째 의미에 관련된 제도institution와 제도를 체화시키는 내재화institutionalization로 이 낱말을 사용한다.

제도institution가 형성되기 전에 사람들은 경험적 규칙성empirical regularity에 의존하여 의사결정을 한다. 경험적 규칙성이라 함은 '관례'와 같은 말이다. 대부분의 경우 사람들은 관례를 먼저 고려한다. 관례를 발견할 수 없을 때에 명문화된 규범에 의존한다고 한다.[35] 관례를 영문으로 rule-in-use, 명문화된 규범을 rule-in-form이라고도 말하기도 한다.[36]관례는 명문화된 규범보다 훨씬 강력하다. 정치인들이 부정직한 자금 사용을 궁색하게 변명할 때 항상 등장하는 단어가 "관례에 따라"인 이유가 이 때문이다.

관례는 조직 구조 및 절차의 동형화isomorphism와 관계된다. 동형화라는 의미는 모양이 비슷해진다는 학술적 용어이다. 같은 울타리에 있는 조직 공간에서는 구성원들이 규범 및 관점을 더불어 공유하려는 사회적 성향과 태도가 존재하기 때문에 가치나 신념의 동형화가 일어나기도 한다.[37] 한편 동형화는 자신의 이해와 대립되어도 조직원으로부터 칭찬을 받으려고 하는 동기와 책임감이 공동체에 헌신하게 만드는 긍정적 작용도 한다. 학계에서는 동형화를 움직이는 기제mechanism로 표 7-2와 같은 3가지 힘. 즉, 흉내 내려는 의태적 힘, 강압적 힘, 규범적 힘을 제시하고 있다.[38] 각 힘은 발현되는 사회적 근거가 다르다. 합법성보다 도덕성이 포괄적이고, 문화적 호응이 더욱 넓은 의미다. 자율조직화의 결과 형성되는 프로세스의 내재화는 세 가지 힘 모두에 관계한다.

[표 7-2] 동형화 3가지 기제

	의태적(Mimetic)힘	강압적(Coercive)힘	규범적(Normative)힘
동인	• 상품, 서비스, 기술의 불확실성 • 경쟁사의 성공 • 혁신의 필요 인식	• 상호 의존도 • 정치적 법제(규칙, 제제)	• 의무, 책무 • 전문성(자격, 인증제)
사회적 근거	• 사회/문화적 호응	• 합법성	• 도덕성
사례	• 리엔지니어링, • 벤치마킹 • 다운사이징 • M&A	• 공해(오염) 기준 • 투자 공시 • 발암물질 공지 • 학교 규제	• 회계 표준 • ODA프로그램 • 지속가능보고서 • 컨설턴트 트레이닝

(주) Daft(2004), Boselie et al.(2003), Yilmaz(2017)에서 발췌하여 수정함

내재화란 규율, 제도, 관례와 같은 규범norms에 관계된다. 자율조직화로 검증된 프로세스는 규범력normalizing power으로 내재화가 촉진된다. 모리스Richard Morris는 규범을 다른 사람이 행

하거나, 믿거나 느껴야 하는 동의되고 허용된 오랜 관행 혹은 다른 사람의 행동, 신조, 느낌에 관하여 금지된 것이라 말했다.[39] 또한 그는 가치관은 홀로 지지될 수도 있지만, 규범은 개인적인 지지가 아니라 공유된 규칙이며 다른 이에게 반드시 적용되어야 하는 것이라고 정의했다. 즉, 가치관은 단일 주체만 있어도 성립된다. 그러나 규범은 여러 주체와 이를 지지하는 여러 객체가 함께 병립해야 한다. 결론적으로 규범을 내포하는 내재화는 관계적인 개념이다. 권한강화 역량에서 전술한 바와 같이 미시권력은 파워엘리트 주도의 임의적 통제를 견제하기 위하여 규칙을 찾고 알맞은 질서를 만들어 낸다. 경영자가 조직원에게 미시권력을 허용하였다면, 규범력의 작동을 걱정할 필요가 없다는 뜻이다. 영미사회에서는 규범의 강도를 표 7-3과 같이 거시적으로 구별한다. 위로부터 구속력이 약한 규범부터 기재하였다. 이중 습속(習俗)과 관습은 썸머William Graham Summer교수가 1906년경에 처음으로 분류하였다고 한다.[40]

[표 7-3] 규범의 유형

규범의 유형	설명
습속 (folkways)	줄서기, 손들어 발언권 구하기, 복장, 대중 속에서 얌전하게 있기. 에티켓.
관습 (mores)	도덕, 윤리적 행동, 옳고 그름, 억압에 관계됨(인종, 성)
금기 (taboo)	매우 강하고 부정적인 금지 활동. 특정한 행동의 금기(예, 무스림과 돼지고기)
법규 (law)	법적 구속, 격리, 징벌

이보다 좀 더 자세한 규범 분류 방법은 표 7-4와 같다. 깁스Jack Gibbs는 규칙의 집단적 가치평가 여부와 행위비준의 시도가능성에 따라 총 19종류(유형 A ~ 유형 S까지)의 규범 분류 매트릭스를 제시하였다.[41] 표에서 '가치평가'라 함은 규범이 좋고·나쁨을 평가하는 것을 말하고, '집단적 기대'라 함은 다른 사람도 함께 지키기를 요구하는 여부를 말한다. 표에서 사용된 영어 용어의 한글번역이 쉽지 않다. 영문 단어 관습conventions과 풍속customs의 경우는 미국학자들 사이에서도 정의가 통일되어 있지 않은 듯하다. 표를 이용하여 프로세스 거버넌스 공유정신모형 계층의 내재화 수준을 분류한다면 집단적 규범mores에 비견할 수 있다.

[표 7-4] Gibbs(1965)의 규범(NORM) 분류표

		행위에 대하여 비준을 받으려는 시도 가능성: 낮음	행위에 대하여 비준을 받으려는 시도 가능성: 높음			
			신분에 상관없이 누구나		특정한 신분의 사람에 의하여	
			강제력을 배제함	강제력을 이용함	강제력을 배제함	강제력을 이용함
행위의 집단적 가치평가 있음	행위에 관한 집단적 기대있음 (남에게 요구함)	**유형 A** 집단적 관습 (conventions)	**유형 D** 집단적 도덕 (morals)	**유형 H** 집단적 규범 (mores)	**유형 L** 집단적 규칙 (rules)	**유형 P** 집단적 법령 (laws)
	행위에 관한 집단적 기대 없음 (남에게 요구안함)	**유형 B** 문제적 관습 (conventions)	**유형 E** 문제적 도덕 (morals)	**유형 I** 문제적 규범 (mores)	**유형 M** 문제적 규칙 (rules)	**유형 Q** 문제적 법령 (laws)
행위의 집단적 가치평가 없음	행위에 관한 집단적 기대 있음 (남에게 요구함)	**유형 C** 풍속 (customs)	**유형 F** 가능하나 경험상 구속력 없음	**유형 J** 가능하나 경험상 구속력 없음	**유형 N** 외생적 규칙 (rules)	**유형 R** 외생적 법령 (laws)
	행위에 관한 집단적 기대 없음 (남에게 요구안함)	논리적 구속력 없음 (규범 아님)	**유형 G** 가능하나 경험상 구속력 없음	**유형 K** 가능하나 경험상 구속력 없음	**유형 O** 강압적 규칙 (rules)	**유형 S** 강압적 법령 (laws)

출처: Gibbs(1965)의 자료를 번역함

내재화는 활동 사이클로 정의하는 방법과 속성요소로 정의하는 접근 방법이 있다. 먼저 활동사이클의 관점에서 르윈Kurt Lewin, 데밍Edward E. Deming 그리고 칼로스 프레이타스Carlos Alberto Sampaido de Freitas의 세 가지 모델을 설명한다. 1951년 르윈Kurt Lewin은 거시적 내재화 사이클을 해빙unfreezing, 이동moving, 일상화refreezing의 3단계로 설명한 것으로 알려져 있다.[42] 르윈은 얼음의 온도변화에 따른 자연현상으로 조직의 내재화를 이해하기 좋게 시각적으로 설명했지만, 그의 변화이론은 내재화를 설명해 준다기보다는 단순한 은유적 언표에 불과하다. 왜냐하면 내재화를 불러일으키는 - 얼리거나 녹이는 - 동인(기제)을 분명하게 설명해주지 않았기 때문이다.

그림 7-4는 품질경영의 관점에서 르윈의 내재화 사이클을 좀 더 시각적으로 표현한 사례이다. 이는 데밍Edward. E. Deming의 PDCA 사이클에 기초하여 설명한 도식으로, 품질향상을 이룬 조직들이 내재화된 표준standard을 통해서 어떻게 다음 단계로 이동을 도모하는지 아주 잘

설명해 준다. PDCA 사이클 대신에 그림 7-5처럼 다른 내재화 사이클을 제안한 학자도 있다.[43] 전술한 PDCA 용어는 품질경영에서 사용되는 일반적이고 포괄적인 용어인데 반하여, 아래의 용어는 학술적인 용어에 가깝다.

- ◆ 첫째는 혁신innovation 단계이다. 혁신의 필요성이 공감을 얻기 시작하고 동형화isomorphism가 시작된다.
- ◆ 둘째는 확산diffusion 단계로서 동형화가 넓게 전파된다.
- ◆ 셋째 단계는 부분포화partial saturation 단계로서 조직 대부분에 내재화가 정착된다. 부분partial이란 접두어를 붙인 이유는 100% 동형화는 현실적으로 달성될 수 없는 것으로 상정하기 때문이다.
- ◆ 넷째는 부분 탈내재화partial de-institutionalization단계로서 기존의 내재화가 효과적이고 효율적이지 않은 상황 하에서 탈내재화가 시작된다. 역시 100% 탈내재화는 현실적이지 않아 '부분'이라는 접두어를 붙였다. 탈내재화는 재조직reorganization 과정으로서, 고착된 전략과 프로세스 연계를 해체한다.[44]

그림 7-5에서 주목할 점은 내재화 사이클의 중심에 기재된 '정당성legitimacy'라는 단어이다.

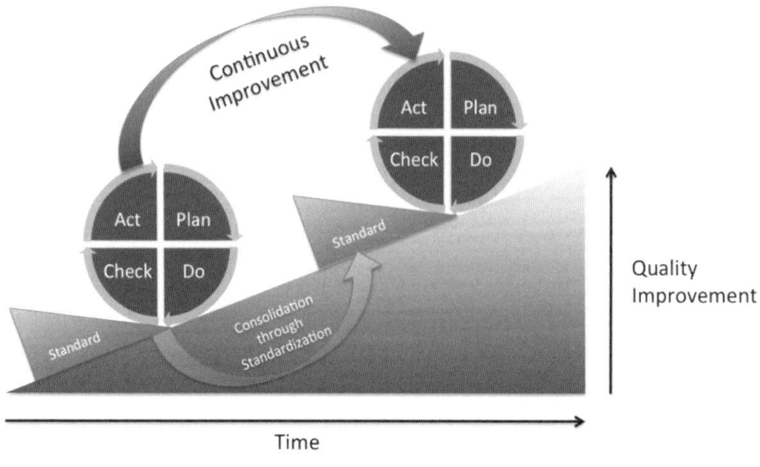

[그림 7-4] 내재화의 개념 - sixsigma.com

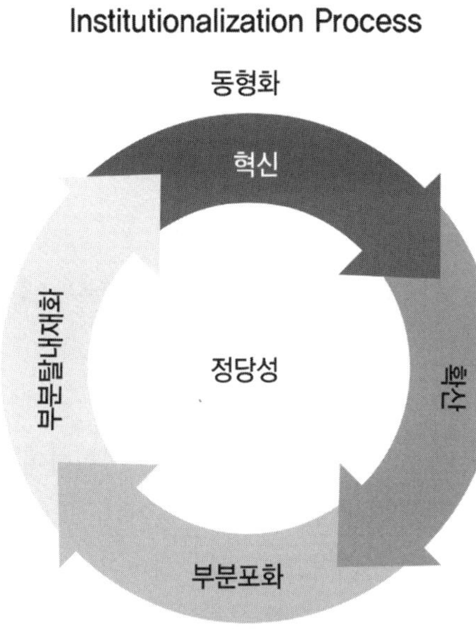

[그림 7-5] 내재화 사이클 - Freitas(2007)

정당성이라 함은 '어떤 실체의 활동이 바람직하며 규범·가치·신조 그리고 사회적으로 형성된 시스템 한계에서 적정한 상태를 말한다.[45] 서치맨Mark C. Suchman은 정당성이 3단계로 진척된다고 주장했다. 즉, 실용적 정당성pragmatic legitimacy, 도덕적 정당성moral legitimacy, 인지적 정당성cognitive legitimacy의 단계이다. 그는 조직 안에서 3가지 정당성은 같이 존재하고 상호 영향을 주고받는다고 주장했다. 보통 실용적 정당성이 먼저 발현되지만 실용적 정당성이 도덕적 정당성과 인지적 정당성을 획득하기는 쉽지 않다. 왜냐하면 도덕적, 인지적 정당성은 조직의 오래된 문화 프레임워크에 의존하기 때문이다. 그러므로 이들 세 개의 정당성 개념은 상호적으로 강화되기도 하고 서로 갈등을 유발하기도 한다. 프로세스 거버넌스 측면에서 실용적 정당성이라 함은 조직활동의 효과성과 효율성을 일컫는다.

정당성이 없다면 내재화의 진척은 불가능하다. 그런 이유로 본서는 정당성을 내재화와 동의어로 간주한다. 내재화 이론은 조직의 장기적 생존에 있어서, 효율이나 재무적 성과보다도 정당성이 더욱 중요하다고 말한다.[46] 한편 구성하는 속성으로 내재화를 설명하기도 하는데, (1) 리더십, (2) 핵심 가치, (3) 자원, (4) 구조, (5) 역량, (6) 의사소통 그리고 (7) 그로부터

기대되는 품질rewarding quality의 일곱 가지를 꼽는 학자도 있다.[47)]

이상의 설명에 기반하여 본서는 프로세스 거버넌스의 지식 체계하에서 '내재화'를 아래와 같이 정의 한다.

> **내재화**란 **효과적이고 효율적인 맥락을 보이는 비즈니스 방법과 프로세스를 조직 전반에 정착시켜 규범화하는 활동**으로 정의한다.

본서에서는 내재화를 프로세스 거버넌스 도메인으로 한정하여 설명하였지만 내재화 단계는 PG 도메인뿐 아니라 조직 활동 전체에 해당되는 일이다. 또한 내재화가 PG의 완성 단계도 아니다. 내재화된 상태는 층화된 상태이고 고착된 상태이다. 그러므로 들뢰즈의 표현처럼 환경의 변화에 따라 조직은 탈영토화, 탈규범화로 끝임 없이 변화해야 한다. 내재화의 완성단계는 의미 없는 일이고, PG의 성숙도가 높아지면 내재화, 센스메이킹, 탈내재화 환원 사이클이 빠르게 진행되는 것을 기대할 수 있다. 한편 업계에서는 조직의 내재화 활동을 돕는 플랫폼이나 프레임워크, 여러 가지 산업표준이 존재한다. 프로세스 관련 대표적인 방법론의 몇 가지 사례는 표 7-5와 같다. 표의 ISO표준에 대하여는 부록 C, E에서 설명한다.

[표 7-5] 내재화 관련 국제 표준

내재화 관련 국제 표준	설 명
ISO (International Standard Organization)	품질경영(9000), 품질환경경영(14000), 지속가능성 및 사회적 책임(26000), 정보통신기술 거버넌스(38500) 등이 대표적인 표준이다.
CMM/CMMI (Capability Maturity Model / Integration)	험프리(Watts Humphrey)가 주도한 미 국방부 연구 결과인 소프트웨어 개발 프로세스의 성숙도 측정 모델이다. 다양한 분야에 개념이 확산 응용되고 있다.
SPICE (Software Process Improvement and Capability dEtermination)	ISO 12207의 별칭으로 소프트웨어 프로세스 개선에 관련된 표준이다. 많은 부분을 CMMI와 공유하고 있다. 부록 D 참조.

2. 센스메이킹

센스메이킹은 C4I(command, control, communication, computers & intelligence) 군사학, 인지과학 분야의 용어인 상황인식situation awareness과 유사한 개념이다.[48] 적기의 미사일에 격추될 긴박한 위기에 직면한 조종사에게 효과적인 초단위 상황인식 훈련은 매우 중요한 전술 교육의 하나이다. 이러한 상황인식의 개념설명이 센스메이킹과 매우 흡사하다.[49] 그러나 센스메이킹이라는 용어는 1970년대 사회조직 심리학자인 윅Karl E. Weick이 처음 개념을 정립했다고 알려져 있다. 그 이후 1990년 중반 더빈Brenda Dervin과 같은 학자들의 연구로 학문적 지평이 폭넓게 넓어졌다.

센스메이킹은 1972년부터 개념 형성이 시작되어, 1983년부터 학계에서 명확하게 언급되기 시작하였다.[50] 센스메이킹은 사람·사물·사건 사이의 연관을 이해하여 미래의 추이를 예측하고 효과적으로 행동하기 위하여 고무된 지속적인 노력이다.[51] 이러한 정의는 센스메이킹 연구의 선구자인 더빈Brenda Devin의 다소 추상적인 정의를 사회과학적 용어로 구체화한 것이다. 센스메이킹은 기존의 프레임이 던지는 설명에 의심을 품고, 프레임에 질문하며, 상세함을 더하여 프레임을 더욱 공들여 만드는 일이다.[52] 즉 표층적 데이터 이면의 심층적 진실을 파고드는 발견적이고 발명적인 활동이다. 노골적인 센스메이킹은 현재의 상태가 기대했던 상태와 다르다고 느낄 때 발생한다.[53] 센스메이킹은 알고리즘식 사고와 정반대이다. 알고리즘은 많은 일을 할 수 있지만, 결코 관심을 기울일 줄 모른다.[54] 그렇지만 조직의 구성원인 '사람은 관심을 위해 존재한다'는 것을 명심해야 한다.

자연과학은 우리가 속한 물질적 자연환경에 관하여 많은 것을 설명하는 좋은 수단이다. 그러나 과학은 인간을 충분히 설명하지 못한다. 유명 물리학자인 타이슨Neil deGresse Tyson이 말한 대로 과학에서 인간의 행동이 방정식에 포함되면 상황이 비선형으로 변한다.[55] 물리학은 논리적 설명이 쉽지만, 사회학이 현상을 설명하기 어려운 이유가 여기에 있다. 센스메이킹은 집단적 경험에 의미를 부여하는 조직의 총체적 활동 프로세스이다. 센스메이킹은 조직원들이 사안의 특성이 무엇이고, 무엇을 잘했고 잘못했는지 따지고, 맞닥뜨린 문제가 무엇이고, 어떻게 해결할지에 대한 해석을 하며, 이해를 공유하는데 필요한 반복적 프로세스이다.[56]

이상의 문헌연구에 기초하여 본서는 프로세스 거버넌스의 관점에서 센스메이킹을 아래와 같이 정의한다.

센스메이킹이란 **표리적인 통계 데이터에 의하지 않고, 이벤트에 내재된 프로세스의 거시적 현상과 문제원인을 인지하고 해결하는 활동**으로 정의한다.

학계에서 제안되는 센스메이킹은 여러 모델이 있다. 예를 들어 인식noticing, 해석interpretation, 실행engaging in action의 3단계 순차 모델을 설명하기도 했고,[57] 혹자는 사고 틀 형성frame, 신호이해cue, 상호연결connection의 3단계를 꼽기도 했다.[58] 또한, 탐사scanning, 이해interpreting, 대응responding의 모델도 있다.[59] 이중 그림 7-1에서 참조한 내용은 그림 7-6 모델이다.[60] 이 모델은 센스메이킹을 상향 5단계, 하향 5단계의 순환 흐름으로 구별하였다. 상향의 방향은 센스메이킹을 통해 사안을 확인해 나가는 단계이고, 하향 단계는 발견한 사항의 타당성을 검증하는 사이클이다. 연구논문의 내용이 HMI(Human Machine Interface)에 관련된 연구로 각 단계의 내용이 상대적으로 복잡하게 표현되어 있다. 센스메이킹의 과정이 일방향으로 흐르는

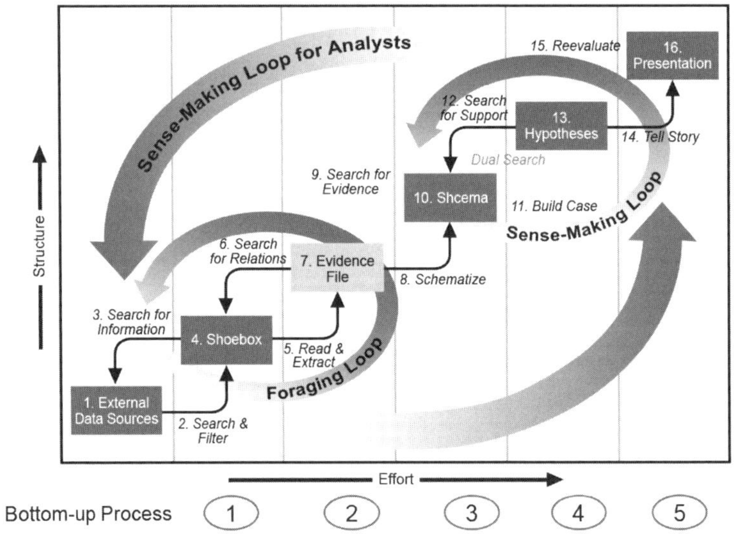

[그림 7-6] Pirolli & Card의 센스메이킹 프로세스[61]

것이 아니라, 인식의 단계마다 현상에 대한 타당성을 매번 검증을 수행해야 하는 점에 동의한다. 그러한 이유로 여러 센스메이킹 모델 중에서 그림 7-6 모델이 프로세스 거버넌스 프레임워크에서 활용된 센스메이킹 개념에 가장 잘 부합하는 모델로 채용되었다.

상향bottom-up 흐름은 모호한 것으로부터 확실한 것으로 이동하는 사이클로 그림 7-6의 2, 5, 8, 11, 14번이 해당된다. 상향흐름의 단계는 탐색 & 여과search & filter, 독해 & 추출read & extract, 도식화schematize, 사례 작성build case, 스토리텔링tell story으로 구분한다. 그림의 15, 12, 9, 6, 3번의 하향 흐름은 각 단계의 검증을 위한 사이클로 센스메이킹을 위해 필요한 사이클임에는 분명하지만, 모델의 이해를 위해서 반드시 설명해야 하는 필수적인 흐름은 아니다. 그림 안에는 비즈니스 용어가 아닌 '신발상자, 스토리' 등의 은유적 언표가 일부 섞여 있어 독자들은 이해가 쉽지 않을 것이다. 그림 하단의 상향bottom-up 5단계 사이클을 비즈니스 용어로 풀어 설명 한 것이 표 7-6이고, PG 거버넌스 프레임워크에 채용한 용어도 이를 준용하였다. 탐색/여과를 환경파악으로, 독해/추출을 통찰획득으로, 도식화를 관계이해로, 사례작성을 대안설계로, 스토리텔링을 미래적응으로 매핑하여 센스메이킹 사이클을 설계하였다.

[표 7-6] 센스메이킹 프로세스(상향)

단계	단계명	설명
1	환경파악(finding)	이슈를 발견하고 유의미한 데이터를 필터링 한다.
2	통찰획득(understanding)	모인 데이터를 해석하고 분류 한다.
3	관계이해(constructing)	분류된 메타 데이터의 패턴을 구조화 한다.
4	대안설계(assuming)	패턴 별 미래 시나리오를 예측하고 대안을 설계한다.
5	미래적응(adaptation)	시나리오 별로 닥쳐올 미래 상황을 미리 학습하고 적응한다.

센스메이킹은 전통적인 추론 방식인 연역법이나 귀납법을 사용하지 않는다. 연역deduction은 일반적인 것에서 구체적인 것으로 나아가는 이유로 하향식 접근법이라 하고, 귀납induction은 구체적인 것에서 일빈화의 이론으로 접근하기 때문에 상향식 접근법이라고 한다. 반면에 센스메이킹은 귀추법abduction을 사용한다. 귀추는 알려진 것이나 알려지지 않은 것에 관한 어떤 가설이나 선입견에서 출발하지 않는다. 마치 그물을 던지듯이 데이터를 채집foraging하여 패턴을 파악한다. 모은 패턴들을 합성해 나가면 하나 둘씩 여러 가설이 구체적으로 드러나기 시

작한다.[62] 마치 무엇인지 모르는 퍼즐을 맞추는 게임 방식과 같다. 직능이 뛰어난 조직원은 몇 개의 퍼즐 조각으로도 현상을 재빨리 이해하기 때문이다.

그림 7-7은 조직의 센스메이킹 유형에 관한 개념도의 사례이다.[63] 이해당사자와 조직의 리더들이 상호 능동적으로 센스메이킹을 한다면 유도형이라고 호칭한다. 이해관계자 그룹, 주주나 BoD 멤버는 적극적인데, 리더 그룹이 호응이 없는 센스메이킹 유형은 분열형이다. 리더그룹만 적극적인 지향을 가진 경우는 제한형이다. 바람직한 유형은 당연히 유도형이 되겠지만, 다소 자원투입의 제한이 예상되는 제한형이 대부분의 조직에서 벌어지는 센스메이킹의 양태일 것이다.

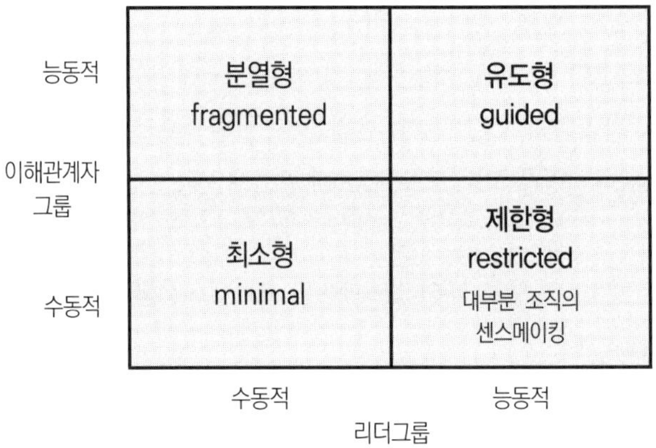

[그림 7-7] 조직 센스메이킹 4가지 유형 - Maitlis(2005)

한편 센스메이킹을 지적 자산의 통합활동으로 보는 관점도 있다. 이 관점은 조직이 보유한 지적 자산을 인적자산human capital, 관계자산relational capital, 구조자산structural capital의 세 가지로 꼽으면서 센스메이킹은 이들 세 개의 지적자산의 일상적인 통합을 유지하는 프로세스로 정의한다.[64] 센스메이킹과 조직 자산관리의 연관에 대한 의미 있는 언급이다.

표 7-7은 센스메이킹을 조직 안에서 의식적 활동으로 수행하는지 무의식적으로 수행하는지 여부로 판단하여 두 종류로 구분한 분석표이다.[65] 센스메이킹의 '센스'라는 용어가 무의식적이라는 느낌을 포함할 수 있다는 생각에서, 연구자는 센스메이킹을 의식적으로 수행할 수도 있

고, 무의식적으로 수행할 수도 있다고 가정한 듯하다. 이러한 의미는 센스메이킹을 집단학습에 기반한 체계적 방법론으로 접근한 관점이다. 센스메이킹이 무의식적 수준으로 발현된다는 의미는 완벽히 체화된 상태를 상정한다. 본서에서는 센스메이킹을 귀추법과 같은 추론방식으로 설명하지만, '센스메이킹'은 의식 무의식을 떠나서 집단에 의한 '공유정신모형'의 유형임을 기억해야 한다.

[표 7-7] 센스메이킹의 구분

구분	설명
의식적 센스메이킹	익숙하지 않은 자극이 발생하면 새로운 스키마를 만드는 의식적 센스메이킹
무의식적 센스메이킹	익숙한 자극은 기존의 스키마를 무의식으로 활용하여 신속한 센스메이킹을 수행함.

3. 탈내재화

시장이나 주변환경의 변화상황을 인식할 때, 조직이 선택할 전략적 선택지는 여럿이 있을 것이다. 그러나 PG 프레임워크 상에서 깨어있는 센스메이킹은 탈규범화de-normalizing 혹은 탈내재화de-institutionalizing가 우선적 선택지로 작동된다. 탈규범화에 대하여는 Chapter 1에서 이미 설명한 바 있다. 탈규범화는 들뢰즈가 철학의 학문범주를 초월하여 설파한 언표인 탈층화, 탈영토화, 탈기관체(탈유기화, 탈기표화, 탈주체화)와 맥락이 통하는 비즈니스 도메인의 용어이다.

탈규범화는 익숙한 범주의 경계를 자발적으로 벗어나 낯선 영토로 거처를 옮겨가는 엄청난 일이다. 그것도 혼자가 아니라 조직원들과 함께 움직이는 일은 많은 변화에너지를 요구한다. 이는 삼국지에서 형주 백성이 자발적으로 유비를 따라 '강릉'으로 피난을 가는 형국과 비슷한 에너지를 필요로 한다. 형주 백성의 피난 사건에 대하여 중국사학자들은 유비가 끌고 간 것인지, 백성이 따라 간 것인지 이론이 분분하다. 해석을 어떻게 하느냐에 따라서, 유비의 리더십 유형이 달리 해석되기도 한다. 변화에 개방적이고, 쉼 없는 유동성을 유지하는 조직문화는 프로세스 거버넌스의 핵심 요건이다. 이는 전통적인 중앙집권적 조직문화에서는 불가능한 일이다. 수평적이고 네트워크적인 미시권력에 의한 조직구조가 필요한 이유가 이 때문이다. 아마도 조조 군에 대한 백성의 심리적 판단과 더불어 유비의 리더십 스타일이 상호 작용했을 것이다.

한편 탈내재화의 결과로서 프로세스 거버넌스는 예전과 다른 목적지향과 자원정렬의 전략연계를 추구한다. 전형적인 전략연계의 접근법으로는 경영학에서 몇가지 선택지가 제안되고 있다. 먼저 파괴적 혁신 방법인 BPR(비즈니스 프로세스 리엔지니어링)이 있고, 운영적 혁신 방법인 PI(프로세스 혁신)가 있다. 전자는 기존시스템을 처음부터 다시 만드는 접근방법이고, 후자는 기존 시스템의 기반에서 개선해 나가는 접근방법이라 말할 수 있다.

전형적으로 BPR은 프로세스의 근본적인 재검토와 파괴적인 재설계를 도모한다. 이러한 일은 말단 또는 중간 관리자의 리더십 만으로는 불가능한 일이다. 왜냐하면 BRP은 실무자들에게 익숙한 일을 모두 바꿔버려 불편하게 만들기 때문이다. 때에 따라서는 자신이 맡고 있는 일이나 동료의 일자리가 없어질 수도 있다. 누가 이러한 리스크를 책임지려 할까? 최고 경영자가 추진해도 어려운 일이다. 그래서 BPR프로젝트는 상향식 접근을 거의 찾아볼 수 없으며, 최고경영자의 리더십으로 시작하는 하향식 접근이 대부분이다.

그러나 프로세스 거버넌스가 주창하는 탈내재화는 파괴적 방법이기는 하지만 BPR과는 다른 자세를 견지한다. 프로세스 거버넌스는 미시권력을 가진 조직원들이 주도적으로 함양한 공유정신모형에 기반한다. 공유정신모형을 설명하는 센스메이킹은 리더에 제한된 개념이 아니다. 센스메이킹은 조직 전반에 포진한 자율적 구성원들이 공동으로 발현하는 멘탈모델이 될 때 구동되는 시스템이기 때문이다.

탈내재화는 내재화 활동의 역공학적 접근이므로, 탈내재화의 정의는 내재화의 정의를 재활용할 수 있다. 이상의 설명에 기반하여 본서는 프로세스 거버넌스의 지식 체계하에서 '탈내재화'를 아래와 같이 정의 한다.

> **탈내재화**란 **환경 변화에 의하여 정당성이 없어진 비즈니스 방법과 프로세스를 재배치하기 위하여 조직 전반에 고착된 규범에서 이탈하는 혁신 활동**으로 정의한다.

'내재화'에서 설명한 바와 같이 정당성은 실용적 내재화를 기본으로 하지만, 도덕적 정당성과 인지적 정당성을 아우른다. 현대 사회에서는 조직의 정체성에 관련된 도덕적 정당성과 커뮤니티에 인식되는 인지적 정당성 역시 조직의 발전에 필수적인 요인이 되기 때문이다. 재배치는 탈내재화의 다음단계인 전략연계와 관련되고, 이는 목적지향과 자원정렬 개념을 포함한다. 다음 절에서 PG 프레임워크의 상위계층인 통제사이클 계층을 설명한다.

03 PG 통제사이클 계층

비즈니스 프로세스에 관리 사이클이 필요하듯, 프로세스 거버넌스에도 통제 사이클이 요구된다. 프로세스 거버넌스의 작동이 조직원의 미시권력에 의한다 하더라도, 항상 이견은 존재하며 통제와 조정기능은 필요하기 때문이다. 그러나 프로세스 거버넌스 통제와 조정 방식은 위계적이거나 파워 엘리트에 의한 중앙통제가 되어서는 안 된다. 그 대신 구성원의 자기조직화 능력을 신뢰하고, 자율적으로 거버넌스 사이클이 작동되어야 한다. 통제사이클이 중요한 시기는 내재화가 확산 고착되고, 센스메이킹에 의한 공유정신모형의 작동이 무뎌질 때이다.

대자연이 끊임없이 변화하듯이 조직의 변화도 끝임 없는 것이 당연하다. 그러함에도 조직 내에 변화의 기류가 없거나, 조직원이 익숙한 상황에 너무나 오래 노출되어 있다면 무언가 잘못된 일이다. 그러므로 프로세스 거버넌스의 항상성을 유지하기 위하여 내・외부의 휘슬 블로어 Whistle Blower 공익 고발자의 보호는 물론 거버넌스 사이클의 항상성을 위한 관리체계가 필요하다. 조직 내에 이러한 체제가 없다면 내부 고발자는 외부로 나갈 것이고, 이 경우 조직은 엄청난 비용을 지불해야 한다.[66] 휘슬 블로어는 우리말로는 내부 고발자로 해석되는데, 조직 거버넌스 체제에서는 '공익 고발자'로 호칭함이 적정하다. 공익 고발자의 정의에 대한 설명은 표 7-8와 같다.

[표 7-8] 휘슬 블로어 – 공익고발자의 정의

정의	출처
특히 정부 부처 또는 회사에서 불법적인 일에 대해 권한 있는 사람에게 알리는 사람	Cambridge Dictionary
민간 또는 공공 기관에서 불법, 비윤리적 또는 올바르지 않은 것으로 간주되는 모든 종류의 정보 또는 활동을 공개하는 사람	Wikipedia
회사나 정부기관의 직원으로, 사기·부패 등의 형태로 발생할 수 있는 잘못된 행위에 대해 대중이나 일부 고위 당국자에 정보를 알리는 사람	The Economic Times

프로세스 거버넌스 조직이 수행할 거버넌스 통제 사이클이 다른 통제 사이클과 특별히 다를 이유는 없다. 그러므로 프로세스 역량요인의 흐름은 아래와 같은 4단계 프로세스 거버넌스 통제 사이클로 관리되어야 한다. 표 7-9의 4단계는 데밍Edward W. Demining 사이클로 알려진 PDCA(plan, do, check, action)의 용어를 좀 더 이해가 용이한 비즈니스 언표로 변경하였다.

[표 7-9] 거버넌스 통제 사이클

단계	단계명	설명
1	계획(plan)	프로세스 거버넌스의 목표와 성과지표, 책임자의 배정 등의 통제 계획을 수립한다.
2	구현(implement)	프로세스 거버넌스 역량의 성숙을 도모한다.
3	평가(assess)	본서 부록 A에서 제시하는 유형과 같은 측정도구를 이용하여 주기적으로 프로세스 거버넌스 성과지표를 검토하고, PG의 유효성에 대한 적정성을 검토한다.
4	개선(improve)	평가 단계에서 도출된 개선사항에 대하여 검토하고, 프로세스 거버넌스의 항상성을 유지하도록 역량강화 프로그램의 적정성과 신선도를 개선한다.

표의 네 단계 거버넌스 통제사이클의 적정성을 검증하기 위하여, 성과지표의 설정은 필수적이다. 본서는 여러 성과지표 중에서 프로세스 거버넌스 역량의 관점에 주목하며, 이에 대한 측정도구를 Chapter 13에서 자세히 설명한다.

Chapter 8

프로세스 거버넌스의 목적

프로세스 거버넌스 큐브의 두번째 도메인은 프로세스 거버넌스 목적이다. 이는 PG 프레임워크를 통하여 달성하고자 하는 프로세스 거버넌스의 다섯 가지 목적인 지속가능성, 책무성, 투명성, 효과성, 효율성을 설명한다. 특히 지속가능성, 책무성, 투명성 세가지는 국제적으로 거버넌스 분야에서 공히 다루어지는 성과지표 항목들이다. 영리조직의 경우 효과성과 효율성을 더불어 포함하는 것이 적정하여 다섯가지를 PG 거버넌스의 목적으로 정하였다. 첫번째 목적은 지속가능성으로 거버넌스의 주체는 지속가능성을 보증해야 하는 양도할 수 없는 책무를 가진다. 아울러 조직이라는 배가 향하는 지속가능성의 방향은 조직 공동체의 투명한 합의로 결정되어야 한다. 그러므로 대부분의 학자가 말하는 거버넌스의 핵심 목표에 투명성, 책무성과 함께 지속가능성이 빠지지 않는다.

01 지속가능성

조직의 목적은 생존, 지속 그리고 좋은 평판이고, 이를 잘 유지하는 것이 곧 프로세스 거버넌스이다.[67] 그러나 조직의 궁극적인 목적은 '영속'하는 조직을 만드는 일이다. 영원히 지속되는 조직은 불가능하겠지만, 수백 년 간 지속하는 것은 충분히 가능한 일이다. 그러므로 생존하고 성장을 지속하는 시간의 정도를 지속가능성sustainability이라 할 수 있다. 지속가능성의 본질에 대하여는 학제 별로 여러 관점이 있지만, 사회과학 측면에서 UN이 모범답안을 내놓았다. 이에 대하여는 박스의 TIP을 참고 하라.

TIP: 지속가능성(sustainability)에 대한 UN의 정의

지속 가능한 발전이란 '미래 세대의 욕구를 충족시킬 수 있는 능력을 위태롭게 하지 않고 현 세대의 욕구를 충족시키는 발전'이다.[68] 이 정의는 전 노르웨이 총리 '할렘 브룬틀란(Gro Harlem Brundtland)'이 주도한 세계환경위원회(World Commission on Environment and Development) - 별칭 브룬틀란 위원회(Brundtland Commission) - 에서 발간한 UN 보고서 '우리들 공동의 미래(Our Common Future)'에서 발췌함. 원문은 'Humanity has the ability to make development sustainable to ensure that it meets the needs of the present without compromising the ability of future generations to meet their own needs.' 최근 사회과학자들은 영어 development를 '개발' 대신에 '발전'으로 번역함. 그 이유는 그동안 '개발'이란 말이 물질적 풍요를 위해 자연을 파괴하는 어감을 주었기 때문임. 그러나 본서는 조직 도메인을 대상으로 하므로 지속 가능한 '개발'과 '발전'이라는 용어를 같은 의미로 사용할 것임.

문순홍과 정규호(2000)는 브룬틀란 보고서에 언급된 '지속 가능한 발전'의 개념을 아래와 같이 3가지 원칙으로 구조화 했다. 그리고 이들 3가지 원칙을 '생태근대화론ecological modernization'의 관점에서 (1) 기술·경제, (2) 정치·행정, (3) 사회·문화의 3가지 카테고리로 분류하고 총 3×3 = 9가지 기본 평가모형의 구성을 제시하였다. 3가지 원칙은 표 8-1과 같다.

[표 8-1] 지속가능성의 3가지 원칙

원칙의 차원	설명
세대 내 형평성 (형평성)	현재 시점을 살아가는 세계인들 모두가 생존과 삶의 질을 충족시킬 권리를 공평히 가지고 있음.
세대 간 형평성 (미래성)	생존·삶의 질에 대한 권리는 현 세대 내에서 머물지 않고 미래세대로까지 확장되어야 함.
생태적 형평성 (생태성)	형평성이 확장되는 과정에 인간과 자연의 적절한 균형과 조화가 이루어져야 함.

생태근대화론은 1980년대 초엽 독일에서 시작된 사회과학이론으로서, 환경 친화적 노력이 경제적 이득과 배치되지 않는다는 이념을 신봉한다. 아래의 그림 8-1은 생태근대화론의 맥락적 개념도이다.[69] 그림에서 지속가능발전 삼각형의 변 AB는 경제활동으로 인해 생산되는 환경적 위해(危害)를 인정하고 정치·사회적인 예방적 제도(정책)로의 전환을 제시하는 '생태근대화ecological modernization'의 특성을 보여준다. 이처럼 생태근대화는 서로 대치되는 개념으로 이해된 경제성장과 환경보호의 두 개의 목적을 균형 있게 달성하는 지향을 가지고 있다.[70]

기업이 재무제표를 공시하는 배경에는 기업이 단기간에 망하지 않고 사업을 영위할 것이라는 계속기업going concern의 가정이 깔려있다. 이는 회계학적 용어이다. 조직의 재무적 상황이 불안하여 계속기업의 가정이 유효하지 않을 경우, 재무제표 역시 회사의 청산가치로 평가해야 한다. 법정관리 대상 업체의 존속여부를 결정할 때 법원은 청산가치 보다 계속기업으로서의 가치가 높을 때 존속을 결정한다. 조직의 지속가능성은 현재와 미래의 균형을 유지하는 기업의 비즈니스 프로세스 활동에 의존한다고 할 수 있다. 당장 활용할 자산이 부족하여, 미래에 활용해야 할 신용자산을 앞당겨 사용한다면 회사의 미래는 없다. 국내에서도 대우그룹과 같은 굴지의 기업들이 지속가능성에 실패한 이유는 현재와 미래의 균형을 못 맞추었기 때문이다. 이러한 균형을 유지하기 위하여, 적정한 프로세스 거버넌스가 유지되어야 함은 물론이다.

이상의 UN지속가능성 정의와 회계학의 '계속 사업'의 개념을 참조하여 프로세스 거버넌스의 목적인 지속가능성을 본서는 아래와 같이 정의한다.

> **지속가능성**이란 조직이 **미래 니즈를 충족시킬 역량을 약화시키지 않으면서 현재 니즈를 충족하여 계속사업을 유지하는 정도**로 정의한다.

거버넌스의 목적으로 지속가능성을 이와 같이 정의 내렸다고 하더라도, 이를 구현하고 성

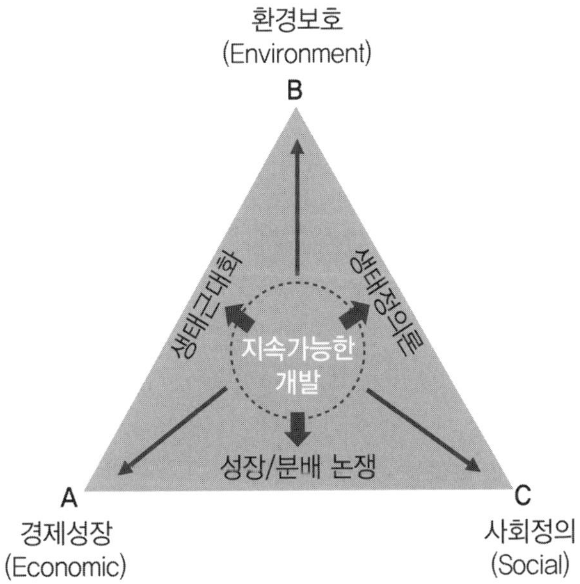

[그림 8-1] 지속가능발전 맵(Connelly, 2007)

과지표를 측정하기는 만만치 않다. 특히 지속가능성이라는 것이 미래의 예측이므로 검증하기가 더욱 쉽지 않은 주제가 된다. 한편 조직들의 지속가능성 시스템을 구현하고 성과지표의 측정을 돕는 산업표준이 제시되고 있는데, ISO 14000과 EMAS(Eco-Management and Audit Scheme)가 대표적이다. 한편, 기업의 경우 국제적으로 '지속가능성에 대한 보고서'의 공표가 권고되고 있는데, 이에 대하여는 '투명성'부분에서 간략히 설명한다.

02 책무성

'책무성accountability'라 함은 '조직 활동의 부정적 결과가 발생할 경우, 그에 대한 근본적 이유를 설명해야 하는 역할'과 관련된다. 혹자는 이를 설명책임answerable responsibility이라고도 한다.[71] 이에 비하여 책임responsibility은 관리 책임managerial responsibility이라고 할 수 있다. 관리 책임은 대리인에게 양도할 수 있지만, 잘잘못을 답하는 설명책임은 어떠한 경우에도 양도할 수 없는 것이 특징이다[72] 책무accountability는 자발적으로 또는 강제적으로 타인에게 보고할 대상이 되는 일로서, 행위에 대한 양심과 도덕적인 책임을 수반 한다.[73] 또한 책무는 '자신은 물론 각계각층의 사람 모두에게 답해야 하는 책임으로, 아이디어와 모든 것에 관계되며 이것은 민주 사회의 필수적이고 관리적인 결합제essential administrative cement이다.[74] 이는 1974년 책무accountability에 관한 에세이 모음집의 머리말에 렐로John Lello가 처음 소개한 정의로서 여전히 책무에 대한 좋은 설명이 된다.

혹자는 책임은 사전(事前)적이며 직원이 자발적으로 수용하는 긍정적 개념으로 설명하고, 책무는 사후(事後)적으로 문제가 생기면 책임을 따지는 부정적 개념으로 이해하기도 한다. 이러한 설명은 경영자가 책임과 책무방식을 임의적으로 선택할 수 있는 듯이 말한다. 그러나 책임과 책무는 둘 중 하나를 선택적으로 취하는 개념이 아니다. 어떠한 과업이든 책임과 책무는 항상 회사 내에 병립하는 개념이다. 책무는 책임을 포함하는 상위개념이기 때문이다. 책무자를 책임자와 구별하는 가장 중요한 특징은 책임은 공유하거나 양도할 수 있지만, '책무는 절대로 공유하거나 양도할 수 없다는 것이다. 책임에 관련된 키워드가 '의무, 매니지먼트, 절차, 방법, 수행, 보고'인 반면 책무를 설명하는 키워드는 '오너십, 거버넌스, 규율, 정책, 검증, 승인'과 같은 단어들이다. 또한 자원 투입의 권한이 없는 사람에게 책무성을 물을 수는 없다. 누구든 자원의 의사결정이 가능하다면 그 레벨부터 책무성은 시작한다. 표 8-2은 책무와 책임을 비교한 테이블이다. 두 개념의 명확성을 높이기 위해 차이가 분명한 항목을 간결하게 정리하였다.

[표 8-2] 책무와 책임의 비교

구분	책무(accountability)	책임(responsibility)
의미관계	오너십과 관계됨	의무(duty)와 관계됨
위임여부	위임할 수 없음	위임 가능함
담당자 수	한 사람만이 책무를 가짐	복수로 책임을 가질 수도 있음
설명책임	결과에 대한 최종적인 설명 책임을 가짐	주로 과정에 대한 설명 책임을 가짐
관리개념	거버넌스에 관련됨	매니지먼트에 관련됨
투자결정	자원투입의 결정권을 가짐	자원 투입의 결정을 요구함.
업무내용	규율과 정책을 설정함	절차와 방법을 수행함
업무요소	지휘하고, 검증하고, 승인함	수행하고, 관리하고, 보고함
업무범위	업무, 과업, 프로세스가 표준에 맞도록 확인할 책임이 있음.	표준에 맞춘 프로세스와 자원관리를 수행할 책임이 있음.

위의 내용을 참조하여 조직 도메인에서 프로세스 거버넌스의 목적으로서의 책무성을 정의한다면 아래와 같다.

책무성이란 **프로세스 문제의 원인과 결과, 그리고 해결방안을 설명할 수 있는 책임역량의 정도**로 정의한다.

책무성accountability이 현대적 의미의 설명책무로 사용되기 시작한 시점은 분명하지 않다. 그러나 책무가 회계와 밀접히 관련된 것은 단어를 보아 추정 가능하다.[75] 회계는 부기bookkeeping에서 시작되었다. 현대적 책무성의 유래로서 1066년 노르만의 영국정복 역사에 기원을 두고 있다.[76] 영국왕인 에드워드Edward, the Confessor가 후손을 남기지 않고 죽자, 친척인 노르망디 공작 윌리윔이 왕위를 주장하고 영국을 정복한다. 20년이 지나 윌리엄 I 세왕William, the Conqueror(동일인물)은 왕권을 강화하기 위해 왕국의 모든 재산을 등록하는 호구조사를 실시했다. 이렇게 완성된 재산 대장을 'Domesday Book'이라 불렀다. 'domesday'는 'doomsday(심판의 날)'의 고어이다. 1086년 1년 만에 완료된 영국민의 재산 센서스 장부는 왕국을 경영하는 기초 데이터가 되었으며, 윌리엄왕은 비로소 영국을 완전하게 장악하게 된다. 왜냐하면 왕의 대리인이 방문하면 영주나 백성은 재산 변동에 대한 이유를 설명해야만 했기 때문이다. 이 사건은 현대적 거버넌스의 기반이 되는 책무성의 최초 실현으로 간주한다.[77)]

03 투명성

'투명성transparency'은 외부자에게 관찰되는 조직 활동의 정도를 말하며 가시성visibility과 통하는 개념이다. 캠브리지 사전에는 투명성을 '비밀이 없이 공개적으로 비즈니스와 재무적 활동을 수행하여, 그 결과 사람들이 조직이 공평하고 정직하다고 신뢰할 수 있는 상황'으로 정의한다. 투명성은 조직에서 일어나는 모든 일의 기본이고 바탕이다. 아무리 좋은 제도를 만들고 열정을 담아 실행해도, 투명성이 전제되지 않으면 누구도 회사의 방침이나 정책을 따르려 하지 않는다.[78)] 경영자에게 투명성이라 함은 회계적 투명성과 인사적 투명성으로 인지된다. 회계적 투명성은 회계와 감사절차의 개방성에 관련된다. 인사적 투명성은 직원 채용, 승진, 징계 절차의 정당성에 관계된다. 그러나 거버넌스 측면에서 투명성은 이보다 더욱 광범위한 개념을 가진다.

한편 조직의 비즈니스 활동을 경쟁사나 일반인을 포함한 외부에게 모두 투명하게 공개한다는 것은 상식이 아니다. 이 때문에 국가는 회사가 반드시 공개해야 할 정보에 대하여 법률로 정하고 있다. 특히 외부투자가들이 관심 갖는 상장기업의 경우는 공개 범위가 넓은 것은 당연한 일이다. 본서는 이러한 내용을 고려하여 프로세스 거버넌스의 목적으로서의 투명성을 다음과 같이 정의한다.

> **투명성(transparency)**이란 **조직의 프로세스 활동을 조직윤리에 부합하도록 수행하며, 조직 내외부의 이해관계자가 합법적인 절차로 검증 가능하여 신뢰를 유지하는 정도**를 말한다.

본서는 프로세스의 투명성을 설명하는 세부 변인으로 표 8-3과 같이 정보접근성, 예측가능성, 규칙명확성, 신뢰성의 네 가지를 제안한다.

[표 8-3] 투명성의 4 요소

요소	설명
정보 접근성 (accessibility)	합법적 방법으로 회사의 정보에 손쉽게 접근 가능해야 한다.
예측 가능성(predictability)	조직의 활동 결과를 예측할 수 있어야 한다.
규칙 명확성(clarity)	조직의 성장과 성숙은 규칙의 확대를 동반한다. 명확한 규칙은 갈등을 방지하고, 이견을 합리적으로 조정한다.
신뢰성(reliability)	정보의 내용은 과정과 결과 모두 왜곡됨이 없이 정확성(accuracy)를 신뢰할 수 있어야 한다.

한편 IMF(International Monetary Fund)에서는 데이터 품질 평가 프레임워크 Data Quality Assurance Framework(약칭 DQAF)를 발표하여 통계 시스템, 통계절차와 통계 산출물의 거버넌스 표준을 제시했다. DQAF의 내용은 프로세스 거버넌스의 투명성에도 시사점을 준다. DQAF의 내용은 (1) 정직성 보장, (2) 방법의 적정성, (3) 정확성과 신뢰성, (4) 서비스 가능성, (5) 접근성을 강조하고 있다.[79] DQAF는 PG의 투명성과 여러 관점에서 요인이 유사하다.

반면에 학계에서는 투명성의 역기능에 대한 의견도 만만치 않다. 한병철(2015)은 그의 저서 '투명사회The Transparency Society'라는 책에서 다음과 같이 주장했다. '사람들은 투명성으로 민주주의를 높이고, 정보를 보다 자유롭게 사용하고, 보다 높은 효율을 기대하면서, 투명성이 신뢰를 만들고 새로운 신조를 강화한다고 생각한다. 반면에 투명성에 대한 그러한 주장들이 오히려 "신뢰"의 의미를 엄청나게 손상시키는 일이 사회에서 벌어지고 있는 것을 망각하고 있다. 오늘날처럼 어떤 정보이던 쉽게 접근할 수 있다면, 사회 시스템은 신뢰사회에서 통제사회로 바뀐다. 투명성의 사회는 신뢰의 사회가 아니라 통제의 사회'이다.[80]

이러한 주장은 정부조직이나 공익조직에 제기할 때에는 근거가 미약하지만, 개인의 프라이버시가 이슈라면 이야기가 달라진다. 개인정보의 투명성은 자유 민주사회의 근저를 뒤흔드는 허락될 수 없는 일이다. 그가 주장한 바와 같이 통제사회로의 변화를 방지하여야 하며, 이를 위하여 소셜 미디어에 축적된 개인의 이동 궤적이나 선호도 정보가 불법적으로 악용되고 정치권에서 활용되는 일은 법으로 엄격히 제한되어야 할 사안이다. 투명성의 이슈는 결국은 힘을 누가 갖느냐의 문제이다. 거버넌스의 이념적 근거로 미시권력이 보편화된다면 규칙의 증가는 당연할 것이고, 규칙의 증가는 파워 엘리트의 통제를 견제하는 힘으로서 작용하여 프로세스를 통한 정보의 투명성은 보다 강화될 것이다. 그러나 이는 투명성을 보장해야 하는 정보 요인에 대하여 사회적 합의가 전제될 때 가능한 일이다. 국가정보기관의 개인정보 사찰 사례를 생각하면 쉽게 이해된다.

거버넌스 상의 투명성은 내적 투명성internal transparency과 외적 투명성external transparency 두 가지로 분류 가능하다. 내적 투명성은 조직의 내부 직원에게 보이는 투명성의 정도를 말하고, 외적 투명성은 조직 외부의 이해관계자에게 보이는 투명성의 정도를 말한다. 일례로 내적 투명성의 정보요인은 가치사슬 상의 원가의 흐름, 프로세스 과정 정보, 프로세스 결과정보 등이 되는 반면, 외적 투명성의 정보요인은 법률에 의하여 공개되어야 할 재무정보, 지속가능성 보고서sustainability report 등이다.

외적 투명성을 위한 공개 정보에 관하여는 미국의 S&P가 시범적으로 참조 지표를 발표하고 있는데 대표적인 사례는 표 8-4와 같다. 일부는 외부의 압력으로 취소된 경우도 있고, 일부는 부분 공개나 메타정보의 공개로 공개범위가 변경된 것도 있다.

[표 8-4] S&P 거버넌스 지표

지표명	설명	비고
CGS scores	스탠더드 & 푸어스(S&P)가 개발한 투명성 지표. 조직의 거버넌스 실행수준을 평가한다. 주로 상장한 미국 조직에 한정되며 회사가 이들 지표를 공개하는 것은 조직의 자유이다.	2000년부터 시작, 2005년 지표공개를 중지함.
GAMMA	S&P의 또 다른 투명성지표이다. Governance, Accountability, Management Metrics and Analysis의 약자. 신규시장 투자가를 위하여 기획된 지표로서, 특히 조직 거버넌스 위험과 같은 비재무적 리스크를 평가한다.	2011년 독립된 GAMMA 지표를 공개중지하고 글로벌 수준과 지역 수준의 신뢰도 측정에 집중.
Management and Governance Criteria	보험회사와 비금융 조직의 관리와 거버넌스 신뢰도 지표. 독립된 점수는 아니고 전체적인 신뢰가치 평가의 한 요소. S&P는 이 점수를 비금융조직이 발행하는 채권의 등급을 정하는 포괄적인 조직위험관리의 한 부분으로 사용. 점수 등급은 약함(weak), 보통(fair), 만족(satisfactory) 혹은 강함(strong)으로 평가한다. 긍·부정적인 매니지먼트 점수와 거버넌스 취약점의 유무와 심각성을 함께 고려한다.	2012년 11월부터 발표.

조직 거버넌스의 투명성에 관련하여 유의할 문서는 지속 가능성 보고서sustainability report이다. 지속 가능성 보고서는 UN의 협력 단체인 GRI(Global Reporting Initiative)가 주도한다. 이 조직은 환경 변화, 인권, 부정부패 등 주요한 지속 가능성 사안의 비즈니스 이슈에 대한 이해를 돕기 위해 정부, 기업과 기타 조직 사이의 의사소통을 목적으로 설립되었다. GRI는 1990년 말부터 지속 가능성 보고서의 표준을 제정하여 보급하고 있다. 우리나라에서도 SK, LG전자, 삼성전자 등의 대기업과 여러 비영리 단체가 이미 수년 전부터 회계 감사 보고서와 별도로 지속 가능성 보고서를 작성하여 공표하고 있다. 재무제표로 알 수 없는 조직의 환경, 사회적 성과, 조직의 통제 시스템 등이 포함된 지속 가능성 보고서는 UN SDG(Sustainable Development Goals)의 실시와 함께 조직의 사회적 책임(CSR)의 범주를 더욱 넓힐 것이다. 지속 가능성 보고서는 아직 의무 사항은 아니지만 중견 조직 이상은 피할 수 없는 사실상의 표준으로 자리 잡을 것으로 예견된다. 이 보고서는 거버넌스 체계에 대한 정보가 필수적 항목이다.[81)]

04 효과성

일반적으로 효과성effectiveness은 조직 활동의 결과가 기대에 맞추어 달성되는 정도를 말한다. 효과성은 목적물what의 달성여부를 설명한다. 영어로 말하면 'Do right thing'이라는 말과 통한다. 효과성effectiveness에 대한 업계의 정의는 표 8-5과 같다.

[표 8-5] 효과성의 정의

정의	출처
목표가 달성되는 정도, 표적이 된 문제가 해결되는 정도이다. 효과는 효율과 비교하여 비용을 고려하지 않으며, "옳은 일을 함"을 뜻한다. 반면에 효율은 비용을 고려하며 "일을 옳게 함"을 뜻한다.	businessdictionary.com
효과는 바람직한 결과를 이루는 능력 혹은 바람직한 산출물을 생산하는 능력이다. 어떤 것이 효과가 있다고 간주된다는 의미는 그것이 의도되고 기대되는 결과를 내거나 혹은 강력하고 확실한 인상을 준다는 의미가 된다.	Dictionary.com
비즈니스 세계에서 효과성은 과업 혹은 프로세스가 궁극적으로 높은 비즈니스 성과를 달성하는 품질의 수준을 말한다. 효과성에 대한 질문은 "그것이 하기로 된 것을 수행했는가?"와 같다.	myaccountingcourse.com

위의 내용을 요약하면 '효과성effectivness'이란 '투입된 시간이나 노력에 상관없이 수준 높은 기대 목표가 달성된 정도'를 말한다. 효과성은 거버넌스에 의하여 바람직한 'What'에 대한 달성 정도이며, 합목적성(목적에 부합하는 정도)과 더불어 인과관계causal relationship의 적정성과 관계한다. 앞에서 책무성이 잘잘못의 설명책임이라고 서술한 바 있다. 사안의 잘잘못을 설명하려면 요인 간의 상관관계나 인과관계를 이해해야 한다. 효과성이 바람직한 산출물을 생산하는 능력이라면, 투입과 산출 간의 인과관계가 있다는 뜻이고, 그런 의미에서 효과성은 넓은 의미에서 책무성의 하위개념이라 할 수도 이다.

조직에서는 비즈니스의 향상을 위한 브레인스토밍을 할 때 종종 직원들의 효과성과 효율성을 이야기한다. 직원의 경우 효과성과 효율성은 의미가 아주 다르다. 효과적인 직원은 탁월한 수준으로 산출물을 만들어 내지만, 효율적인 직원은 빠르고 재치 있게 산출물을 만든다. 그러므로 효율과 효과가 함께 작용해야 회사는 뛰어난 제품을 아주 빨리, 그것도 아주 적은 비용으로 만들 수 있게 된다.

효과와 더불어 기억해야 할 단어는 효능감efficacy이다. 효능감이란 일반적으로 특정 과업을 수행함에 있어 소유하고 있는 능력이나 역량이 성공적인 결과를 가져다 줄 것이라는 믿음이나 신념을 의미한다. 효과라는 단어에 신뢰감이 합쳐진 개념이다. 이러한 효능감은 믿음의 대상에 따라 자기 효능감self-efficacy과 집단 효능감group efficacy, collective efficacy 또는 팀 효능감team efficacy으로 구분되며, 프로세스 거버넌스에서는 팀 효능감이 중요하다.[82] 권한강화가 이루어진 조직원이 직능향상을 이루어, 자율개선의 사례를 만들어 감으로서 집단 효능감은 상승한다. 높아진 집단 효능감이 회사의 총체적 혁신역량의 거름이 된다.

이상의 내용을 참조하여 PG의 목적으로서 '효과성'을 정의하면 아래와 같다.

> **효과성(effectiveness)**이란 **도입된 프로세스가 투입된 자원의 량에 상관없이 수준 높은 효능을 발휘하는 정도**를 말한다.

효과는 투입자원량을 따지지 않는다. 설계되어 도입되는 프로세스가 기대하는 높은 수준의 효능을 획득하도록 보증하는 과업이 효과성의 목적이 된다. 반면에 투입자원의 량(분모)과 얻어지는 결과(분자)의 비율은 생산성과 효율성에 관계하는 개념이며 아래의 효율성에서 보증한다.

05 효율성

'효율성efficiency'은 양날의 칼처럼 항상 효과성과 같이 언급된다. 효율성은 '투입한 노력(시간과 자원)에 의하여 얻어지는 산출물의 레버리지 효과'를 의미한다. 즉, 조직 활동의 결과를 얻는데 투입된 비용에 대비하여 획득된 산출의 가치 비율을 말한다. 레버리지 효과라 함은 지렛대 효과 혹은 경제학의 탄력성, 생산성과 같은 분모(투입)와 분자(산출)의 비율과 관련된다. 효율의 향상에는 효율적인 업무 툴의 도입이 필요하며, 구성원들의 학습문화와 학습곡선이 관련된다. '포크레인과 삽질'의 은유법과 같이 사용하는 툴의 고려 없이, 투입된 인적자원에 한정하여 효율성을 비교하는 것은 합리적이지 않음에 유의해야 한다.

효율성은 주로 'How'와 같은 과정과 방법론에 대한 성과를 말한다. 영어로는 '일을 옳게 함Do things right'과 의미가 통한다. 효율성에 대한 업계의 정의는 아래와 같다. 경영학에서 레버리지 효과, 생산성을 측정하는 다양한 재무적 지표가 있다. 투자수익률return on investment(ROI), 자본수익률return on asset(ROA)과 같은 지표들은 배율 혹은 백분율로 표현된다. 효율성efficiency에 대한 업계의 정의는 표 8-6과 같다.

이상의 내용을 참조하여 프로세스 거버넌스의 목적으로서 '효율성'을 정의하면 아래와 같다.

[표 8-6] 효율성의 정의

정의	출처
사람이나 회사, 공장 등이 시간, 재료, 노동력과 같은 자원을 어떤 낭비 없이 사용하는 상황이다.	Cambridge Dictionary
사람이나 시스템 혹은 기계가 작업을 빠르게 잘 수행하는 상황을 말한다.	Cambridge Dictionary
어떤 일을 수행하거나 바람직한 결과를 생산하는데 있어서 재료, 에너지, 노력, 자금 및 시간 낭비를 회피하는 - 종종 측정 가능한 - 능력이다. 효율은 총 투입량 대비 유용한 산출의 비율로 정량적으로 측정할 수 있는 개념이다.	Wikipedia

효율성(efficiency)이란 **도입된 프로세스가 투입자원에 비하여 높은 산출 결과를 얻도록 만드는 생산성의 정도**를 말한다.

산출결과는 경제적 가치가 될 수도 있고, 정성적 가치일 수도 있다. 그러나 투입된 자원이 경제적 가치로 환산 가능하다면, 얻어진 산출 결과 역시 경제적 가치로 환산하여야 효율성을 계산할 수 있을 것이다. 정성적 가치를 정량화 시키는 방법은 다양한 방법이 있다. 새로운 생산 프로세스를 도입하여 온실가스의 배출을 감소시켰다면, 배출권거래제emissions trading system(ETS)를 통하여 저감량을 경제적 가치로 환산하는 배출권시장이 이미 형성되어 있다. 적정 시장가치를 계산하기 어렵다 하더라도, 분석적 계층화 기법analytic hierachical process과 같은 방법을 통하여 정성적 가치를 정량적 가치로 변경하는 기법도 있으니 분석을 위한 정량적 측정방법은 창의적으로 설계할 수 있고 효율성 평가 방법은 실현 가능하다.

Chapter 9 프로세스 거버넌스의 범주

프로세스 거버넌스 큐브의 세 번째 도메인은 프로세스 거버넌스의 대상이 되는 프로세스 범주scope이다. 프로세스 범주의 구분은 프로세스 라이프 사이클 모델을 참조하였다. 프로세스 라이프 사이클은 미시적으로는 컴퓨터 메모리에서 가동되는 프로그램 프로세스의 흐름이 있고, 거시적으로는 조직체의 비즈니스 프로세스가 있다. 그림 9-1은 두 개의 프로세스를 시각적 개념으로 묘사한 흐름도이다. 상단은 프로그램 프로세스, 하단은 비즈니스 프로세스이다.

컴퓨터 프로그램의 경우는 새로운 프로그램이 메모리에 로딩이 되면 구동될 '준비ready'상태가 된다. 프로그램이 구동 순서가 되면 '동작run'이 된다. 입출력 이벤트가 요구되면 '대기waiting'상태로 바뀌고 입출력 이벤트가 완료되면 다시 '준비'상태로 복귀된다. 한편 작동 중에

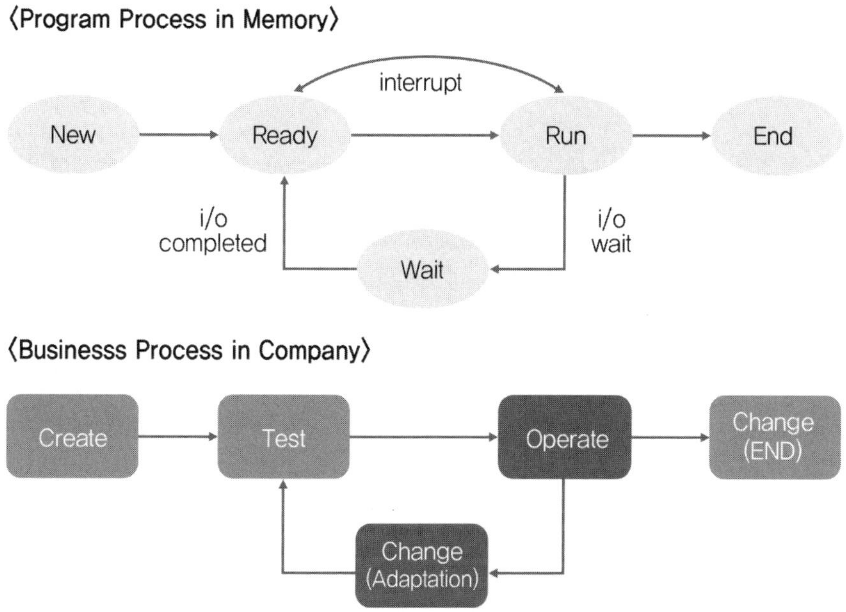

[그림 9-1] 프로세스 라이프 사이클

외부에서의 개입 중단interrupt이 발생되면 다시 '준비ready' 상태로 복귀한다. 명령을 완벽히 수행한 프로그램은 '끝end' 혹은 '종결terminate' 된다. 이것이 일반적인 프로그램의 라이프 사이클이다.

본서의 대상인 비즈니스 프로세스의 라이프 사이클 역시 메모리상의 프로그램 프로세스와 유사한 사이클을 밟는다. 조직이 처음 사업을 시작할 때에는 모든 비즈니스 프로세스를 새로이 디자인해야 한다. 이것이 '창조create'의 단계이다. 창조된 새로운 비즈니스 프로세스는 프로세스의 효과성과 효율성의 타당성을 검토하는 '시험test'을 거친다. 시험 단계 역시 넓게는 창조 활동에 속한다. 조직은 테스트를 거친 프로세스를 적정하게 '운영operate' 한다. 잘 운영되던 프로세스도 변화의 시점이 온다. 기술적 진보에 의하여, 시장 특히 고객요건의 변경에 의하여, 생산성의 향상을 위해서도 비즈니스 프로세스는 변화가 요구된다. 여러 가지 프로세스 변화 유형이 있겠지만, 있던 프로세스를 환경에 적응하도록 개선하는 '적응적 변화adaptation change'와 유효성의 상실에 의하여 프로세스를 죽이는 '파국적 변화termination change 혹은 END'가 있을 수 있다. 이상에서 언급한 프로세스 창조, 운영, 변경의 세가지 프로세스 거버넌스 범주에 대하여 차례대로 설명한다.

01 프로세스 거버넌스 창조

프로세스 창조는 새로운 비즈니스 프로세스를 생성하는 사이클이다. 프로세스 창조에 대한 여러 가지 모형이 제시되고 있지만, 본서는 그림 9-2의 9개 단계의 프로세스 창조모형을 제안한다.

이 모델은 IBM이 도입한 고객 중심의 경영 혁신Market Driven Quality(MDQ) 방법론을 수정한 모델로서, 1991년 초에 모델이 설계되어 전 세계 IBM에 보급되었다. 이 모델은 원래 10단계이지만 시범적용 단계를 '구현'에 포함하여 9개 단계로 다시 설정했다.[83] 그림은 프로세스의 창조에 국한하지 않고 프로세스의 운영단계 이관, as-is프로세스에서 to-be 로의 프로세스 변화 모델링 단계까지 포괄하는 프로세스 사이클의 맥락적 모형이다.

그림은 일반적인 유형의 프로세스 창조 사이클이지만, 조직이 스타트업 기업이거나 프로세

프로세스 창조

[그림 9-2] 프로세스 창조 사이클

스 오너가 BPR식 접근을 하는 경우에는 이러한 9단계 프로세스 창조사이클은 과대한 내용을 다룬다. 스타트업은 무(無)에서 시작하는 일이니 as-is 모델이 있을 리가 없고, 시간적 압박 때문에 여러 단계의 프로세스 창조사이클을 축약하여 수행할 것이다. 한편 BPR식 접근은 “우리의 고객은 누구인가” 하는 소크라테스 식 질문으로 시작하는 하향식 접근이므로, 경쟁사가 어떤 식으로 사업을 하는지 확인하는 벤치마킹을 처음부터 강조하지 않는다. 프로세스 거버넌스를 책임지는 주체는 거버넌스 창조에 대한 단계별 관리 포인트를 적절하게 이해하기 위하여, 자신의 조직유형에 맞는 프로세스 창조사이클에 관한 통찰력을 가져야 한다. 스타트업의 경우는 ‘린 순환 사이클’로 불리는 프로세스 창조사이클을 본서의 Chapter 11에서 참조할 수 있다. 이하 BPR의 프로세스 창조 방법에 대하여는 간략히 설명한다. 보다 자세한 내용은 ‘비즈니스 프로세스(정승렬, 이정규)’를 참조하라.

BPR을 창조하지는 않았더라도, 발견은 했다고 주장하는 햄머와 챔피Michael Hammer & James Champy는 BPR의 특징을 근본적인 재검토rethinking, 파괴적인 재설계redesign, 탁월한 향상improvement, 프로세스 중점process driven의 네 가지로 꼽는다. 핵심 단어에 붙는 수식어인 ‘근본적인, 파괴적인, 탁월한’이라는 단어의 의미는 ‘매우 본질적이고, 기성체계 부정적이고 비선형적 도약’을 나타내는 멋진 말이기는 하지만, 경영과학의 차원에서는 모호한 단어들이다. 햄머와 챔피의 BPR 이론서인 ‘Reengineering the Corporation’ 책에는 참조서적의 목록도 없고, 설명을 돕는 그림도 단 2개에 불과하니, 이 책은 경영과학 서적이라기 보다는 이전에 없던 새로운 주장을 하는 경영철학 에세이에 가깝다. 그럼에도 불구하고 프로세스 거버넌스의 오너들이 주목해야 할 BPR 프로세스 창조의 특징을 본서는 아래의 5가지로 정의한다.

- **하향식 접근(top down)**: BPR은 프로세스의 근본적인 재검토와 파괴적인 재설계를 도모한다. 이러한 일은 말단 또는 중간관리자의 리더십으로는 불가능한 일이다. BPR은 실무

자들에게 익숙한 일들을 통으로 바꿔버려 불편하게 만들기 때문이다. 그래서 BPR 프로젝트는 최고경영자의 리더십으로 시작하는 하향식 접근이 대부분이고, 직원 주도의 상향식 접근은 거의 찾아볼 수 없다.

- **정보기술 레버리지(IT leverage):** 프로세스를 파괴적으로 재설계하고 원만하게 업무에 바로 적용하는 것은 매우 어려운 일이다. 특히 새로운 프로세스를 전산화하는 작업의 경우 새롭게 개발하기보다는 이미 검증된 기술을 활용하는 것이 위험도를 낮출 수 있다. 그러므로 활용 가능한 표준적인 정보기술 아키텍처와 프레임워크의 가용성은 BPR의 추진을 원활하게 해준다. 표준화된 기술은 상대적으로 실패 위험도가 적을 것이기 때문이다. 한편 다른 회사보다 앞서가기 위해 남들이 주저하는 신기술을 과감히 테스트하고 현업에 적용하는 도전은 서비스 차별화의 방법이기도 하다. 표준적인 기술이든 차별화된 기술이든 정보 기술은 BPR의 성공에 필수적인 요건이다.

- **프로세스 중심(process driven):** BPR이 프로세스의 파괴적 개선을 도모하는 것은 기존의 프로세스가 기능 중심적 수직 조직 체계에 맞추어 있는 문제를 극복하기 위함이다. 기능 조직은 부서 간의 벽을 만들고 직원들은 고객 보다 상사를 만족시키기 위해 일하게 된다. 또한 분업은 직원들의 역량을 단순한 여러 개의 파편화된 일로 분산한다. 이러한 기능 조직은 새로운 고객 요구에 부응하기도 어렵다. 조직을 대상으로 하기보다는 프로세스를 혁신하는 접근 방법인 BPR로 조직의 평탄화를 이룰 수는 있지만, 수직 조직의 파괴적 평탄화가 BPR 추진의 선행 조건은 아니다.

- **종업원에게 권한부여(empowerment):** 고객가치창조를 위한 프로세스 재설계는 결국 한 명의 종업원이 케이스 매니저case manager 처럼 고객의 모든 이슈를 처리할 능력을 가지도록 설계한다. 부족한 정보나 기술은 데이터베이스와 정보 기술, 전문가 시스템의 도움을 받아 처리한다. 고객의 이슈 제기를 다른 부서로 떠넘기지 않고 종업원이 모두 대응할 권한과 역량을 지닌 조직으로 바꾸는 것이다. 이를 권한의 하부 이양 혹은 권한강화empowerment라고 한다. 이러한 변화는 생산 라인과 고객 접점의 자동화, 업무의 리엔지니어링 등으로 계층 조직이 붕괴되는 현상과 맞물려 있다.

◆ 동시작업(concurrent process): 제품의 품질을 높이고 개발납기를 단축하려면 전형적인 연속설계공정, 연속제조공정, 연속 사무처리 공정의 한계를 극복해야 한다. 조직의 평탄화, 정보 기술의 활용, 직원에게 권한 위임으로 회사의 업무는 순차적(연속적) 형태를 버리고 동시병행적으로 처리된다. 이러한 업무 방식 덕분에 연구 개발의 경우 최대 50% 정도의 개발 기간을 단축한 사례도 많다. 동시 작업simultaneous operation은 일에 관련된 모든 사람이 정보를 공유하고, 프로세스의 초기부터 후행 프로세스를 고려하여 기획하고 작업하게 만든다.

BPR에 관한 거버넌스 활동을 수행할 경우, 위의 다섯가지 맥락에 대한 이해를 가지고 접근해야 한다. 다섯가지 중에 하나라도 충족되지 못한다면, BPR 프로세스 창조 활동의 모든 요건을 만족했다고 할 수 없으니, 해당 활동을 BPR이라 부르는 일은 적정하지 않을 수 있다.

02 프로세스 거버넌스 운영

프로세스 창조 사이클 단계에서 개발이 완료된 비즈니스 프로세스는 프로세스 운영으로 이관된다. 프로세스 운영에서는 품질관리가 중요함으로 그림 9-3처럼 사업목표에 부합하는 프로세스 성과지표의 설계가 선행과업이 된다. 모니터링을 통해서 성과지표의 지속적인 달성여부를 확인하는 것이 다음 단계이다. 정상적인 운영 중에도 항상 예외는 발생한다. 이러한 예외가 외생변수에 의한 것인지, 내생변수에 의한 것인지, 일정한 패턴을 보이는지, 이상치outlier인지 관리하고, 그 원인을 분석하여야 한다. 원인 분석 기법은 QC7 툴을 포함하여 FMEA(Failure Mode & Effect Analysis), FTA(Fault Tree Analysis), 5 WHYs, 피쉬본 테크닉과 같은 다양한 툴을 활용할 수 있다.[84]

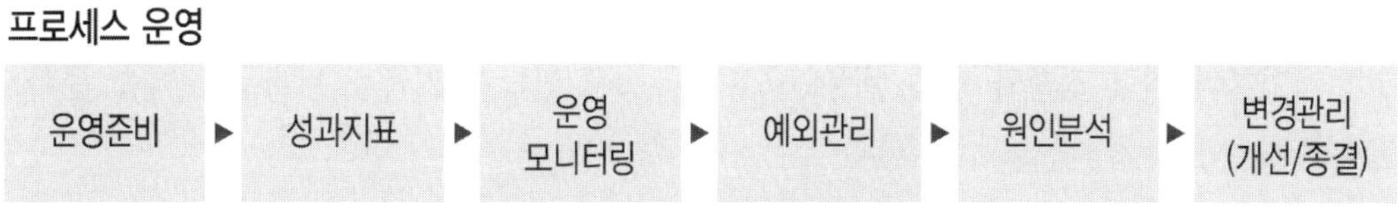

[그림 9-3] 프로세스 운영 사이클

이러한 다양한 툴에 대한 설명은 '비즈니스 프로세스(정승렬, 이정규)' 책의 Chapter 12에 적정하게 설명되어 있다. 프로세스 거버넌스 주체들이 이러한 툴을 직접 활용하는 것은 아니지만, 제시된 툴의 용도와 활용목적, 그리고 측정지표와 같은 툴이 제시하는 메시지를 충분히 이해할 수준이 되어야 한다. 이러한 툴에 대한 이해가 없다면, 거버넌스 주체가 매니지먼트 주체와 의사소통이 어려워지고, 프로세스 관리를 통제할 수 없게 될 것이다.

현업에서는 프로세스 거버넌스의 세가지 범주 중에서 PG 운영범주가 가장 많은 시간을 사용하는 사이클이지만, 일단 내재화가 된 이후에는 거버넌스를 위한 에너지 투입이 많이 필요하지는 않을 것이다. 이 사이클에서의 주안점은 '이상 징후'에 대한 예외관리기법이 중요하다. 품질경영에서는 이를 예외관리 즉 MBE(Management by Exception)이라 하는데, 거버넌스 관점에서는 GBE(Governance by Exception)라 호칭할 수 있다. 그러나, 거버넌스는 원칙에 의한 관리가 요체이니, GBP(Governance by Principle)가 더욱 적정한 주안점이 된다.

03 프로세스 거버넌스 변경

프로세스의 운영 중에 발견된 변경 요인은 두 가지 의사결정을 필요로 한다. 프로세스가 더 이상 유효하지 않을 경우는 종결 처리하여야 할 것이고, 시장 선도를 도모하거나 경쟁사와 비하여 경쟁력이 떨어질 경우는 효율성 향상을 위한 프로세스 개선에 착수해야 한다. 프로세스 개선 사이클은 프로세스 창조 사이클과 크게 다를 이유가 없다. 단지 창조 사이클과 달리 기존의 사이클을 개선하는 선택지를 도출하는 것이 다를 뿐이다. 반면에 프로세스 종결은 기존 프로세스의 종결에 따른 비상계획contingency plan을 철저하게 마련해야 한다. 예를 들어 프로세스가 고객주문 처리와 같은 이행 사이클fulfillment cycle과 관련된 경우는 클레임에 대처하기 위한 비상계획이 수립되어야 한다. 개선된 프로세스가 운영준비가 되었다고 하더라도, 일정기간 두 개의 프로세스를 병행하는 것도 좋은 위험관리 방안이다. 특히 종료된 프로세스 사이클의 이력 정보와 학습 내용lessons learned은 반드시 기록을 남겨두는 학습 문화가 필요하다.

그림 9-4는 프로세스 변경에 관한 프로세스 개선과 종결의 두 개 사이클을 보여준다. 프로세스 개선을 위하던 프로세스 종결처리를 위한 활동이건 간에 초기부터 요건정의를 명확히

하는 노력은 프로세스 라이프 사이클 전반에 걸쳐서 가장 도전적인 과업의 하나이다. 초기의 요건 정의 작업이 라이프 사이클 전체의 누적 코스트와 효과를 결정하기 때문이다. 이러한 요건이 요구공학requirement engineering이라는 새로운 학문의 지평을 열기도 했다.[85]

[그림 9-4] 프로세스 변경 사이클

한편 프로세스 개선process improvement은 포괄적 용어인 프로세스 혁신process innovation의 개념에 포함되기도 하는데, 이러한 이유로 프로세스 혁신은 아래와 같은 2가지 접근으로 설명된다.

- **운영적 혁신(sustaining innovation)**: 프로세스 개선은 운영적 혁신과 관련이 있다. 운영적 혁신은 점증적이고 단계적인 개선을 지향하는 TQM 문화의 특성과 맥이 닿아 있다. 이는 조직의 구성원인 사람은 한 순간에 바뀌지 않으며 학습 효과도 천천히 나타난다는 생각에 바탕을 두고 있다. 그러므로 혁신은 시스템을 운영하는 사람의 역량 성숙도에 맞추어 단계적으로 접근해야 한다는 것이다. 그림 9-4의 프로세스 개선은 운영적 혁신의 전형적인 사이클이다. 운영적 혁신을 혹자는 operational innovation이라고 호칭하기도 하는데, 지속sustaining과 운영적operational이라는 수식어가 혁신과 같이 어울리기 적합한지는 학자간에 이견이 있다.

- **파괴적 혁신(disruptive innovation)**: 파괴적 혁신은 IT와 같은 신기술을 통해 기존의 방식을 파괴하고 세상에 없던 새로운 것을 창조하려는 실리콘밸리의 조직 문화에 가깝다. 파괴적 혁신의 실패 확률은 상대적으로 높을 수 있지만 기술력의 대약진으로 혁신이 가

능하다는 믿음에 바탕을 두고 있다. 쉽게 말해 꼭대기 층에 올라가는 데 계단을 이용하는 경우는 운영적 혁신, 엘리베이터를 이용하는 경우는 파괴적 혁신이라 할 수 있다. 파괴적 혁신은 창조와 통하고 1절에서 설명한 BPR식 접근이다. 그러므로 파괴적 혁신은 사전에 정의된 절차나 프레임워크나 템플릿이 존재하지 않으며, '왜'와 같은 소크라테스 식 질문으로 시작한다.

참고문헌

1. 이정규(2018), "프로세스 거버넌스 측정도구와 프레임워크에 대한 연구", 박사학위논문, 국민대BIT 대학원.
2. Treacy, Michael & Wiersema, Fred(1993), "Customer Intimacy and Other Value Disciplines," HBR, Vol. 71, No. 1, pp. 84-93.
3. Castelfranchi, Christiano & Falcone, Rino(2010), Trust Theory, pp. 42.
   Bhati, Shyam S.(2015), "Relation between thrust theory and agency theory", School of Accouting, Univ. of Wollonggong, Australia.
4. Jackson, Tamara et al.(2000), "Communal Aspects of Self-Regulation", (ed) Handbook of Self-Regulation, Elsevier Academic Press, 2000.
5. Rosenau, James. N.(2009), Introduction. In: Whitman J. (eds) Palgrave Advances in Global Governance. Palgrave Advances. Palgrave Macmillan, London, 2009. https://doi.org/10.1057/9780230245310_1
6. 유기윤 외(2017), 2050 미래사회보고서, 라온북, 2017, pp. 170-180
7. Lbid.
8. Fischer, K.W et al.(1993), "The dynamics of competence: how context contributes directly to skill", in: R. H. Wozniak and K. W. Fischer (Eds) Development in Context:Acting and Thinking in Specific Environments, pp. 93-117.
9. Hamel, Gary & Prahalad, C. K.(1994), Competing for the Future, Harvard Business School Press.
10. Deist, Francoise Delamare Le & Winterton, Jonathan (2005), "What is Competence?", Human Resource Development International, Vol.8, No.1, pp. 27-46.
11. Ibid.
12. Janz, Brian D. et al(1997), "Reengineering the systems development process: The Link between Autonomous Teams and Business Process Outcomes", Journal of Management Information System, Vol. 14, No. 1, pp. 41-68.
13. Tomforde, Sven et al.(2017), "Measuring Self-organisation at Runtime - A Quantification Method based on Divergence Measures", (in) Proceeding of the 9th International Conference on Agents and AI(ICAART 2017), pp. 96-106.
14. Kirkpatrick, Doug(2010), What is Self-management?, Morning Star: Self-management Institute.
15. Muhl, Gero et al.(2007), "On the definition of Self-managing and self-organizing system", Communication in Distributed Systems - 15. ITG/GI Symposium.
16. Malik, F. & Probst, G.(1984), Evolutionary Management. In: Ulrich/Probst, 1984, pp 105-120.
17. Fuchs, Christian(2002), "Concepts of Social Self-Organisation", "RESEARCH PAPER INTAS PROJECT HUMAN STRATEGIES IN COMPLEXITY", 2002.
18. Ticoll, David(2004), "Get Self-organized", HBR, pp. 18-19.
19. Kanter, Rosabeth Moss(2011), "How Great Companies Think Differently", HBR, pp. 66-78

20. Fuchs, Christian(2002), "Concepts of Social Self-Organisation", "RESEARCH PAPER INTAS PROJECT HUMAN STRATEGIES IN COMPLEXITY", 2002
21. Jackson, Tamara et al.(2000), "Communal Aspects of Self-Regulation", (ed) Handbook of Self-Regulation, Elsevier Academic Press, 2000.
22. 박경귀(2003), 사이버네틱스 이론의 검토와 사회과학에의 적용가능성, 한국정책평가연구원. http://www.kipe.re.kr/board/download/Cybernetics.pdf
23. Zimmermann, Barry J.(2000), "Attaining Self-regulation: A Social Cognitive Perspective", (in) Handbook of Self-regulation, Elsevier Academic Press. pp. 13.
24. Tallon, Paul P.(2007), "A Process-Oriented Perspective on the Alignment of Information Technology and Business Strategy", Journal of Management Information Systems, Vol. 24, No. 3, pp. 227-268.
25. 정승렬 & 이정규(2018), 비즈니스 프로세스, 한빛아카데미, pp. 42.
26. 피터 센게-Peter Senge(2014), 학습하는 조직(The Fifth Principle), 에이지이십일, pp. 31-32.
27. Monat, Jamie & Gannon, Thomas(2015), What is system thinking? A review of selected literature plus recommendations, ,American Journal of System Science.
28. 토마스 쿤-Thomas S. Kuhn/김명자 &홍성욱 역(1999), 과학혁명의 구조, 까치, pp. 129-147.
29. Cannon-Bowers, J. A., & Salas, E. (1990). Cognitive Psychology and Team Training: Shared Mental Models in Complex Systems. Paper Presented at Annual Meeting of the Society of Industrial and Organizational Psychology, Miami FL.
30. Cannon-Bowers, J. A. and Salas, E., & Converse, S. A. (1993). Shared Mental Models in Expert Team Decision making. In: Castellan Jr., N.J.(Ed.), Current Issues in Individual andGroup Decision Making, Erlbaum, Hillsdale, NJ, pp. 221-246.
31. 김동선 & 김문중(2014), "팀 학습행동과 공유멘탈모델이 팀 성과에 미치는 영향: 팀 효능감의 조절효과를 중심으로", 국제경상교육연구, 제11권, 제4호, pp. 347-377.
32. 이정규(2019), "IT 빅 브라더와 담론", ZDNET 전문가 컬럼.
33. Smith, Adam(1776), The Wealth of Nations.
34. Ostrom, Elinor(2010a), "Institutional Analysis and Development: Elements of the Framework in Historical Perspective", Encyclopedia of Life Support Systems.
35. Stevenson, Randolph et al.(2009), "Institutionalization: New Concepts and New Methods", Prepared for presentation at the 21st International Political Science Association World Congress (Research Committee of Legislative Specialists), Santiago, Chile, July 12-16.
36. Tarko, Vlad(2013), "The challenge of empirically assessing the effects of constitutions", Journal of Economic Methodology, Vol. 22, No. 1, pp. 46-76. http://dx.doi.org/10.1080/1350178X.2014.1003580
37. 김광수(2016), "애덤 스미스의 조직이론과 조직의 경제학", 국제경제연구, 제22권, 제2호, pp.1-34.
38. Daft, Richard L.(2004), 'Organization Theory and Design', THOMSON, 2004.
    Boselie, P. and Paauwe, J. & Richardson, R.(2003). Human Resource Management, Institutionalization and Organizational Performance: A Comparison of Hospitals, Hotels and Local Government. The

International Journal of Human Resource Management, 14(8), 1407-1429. http://doi.org/10.1080/0958519032000145828.
Yilmaz, Yavuz & Kitapci, Hakan(2017), "The Impact of Strategic Human Resource Management on Institutionalization Process", Business Management and Strategy, Vol.8, No.2, 2017, pp. 77-93.

39. Morris, Richard T.(1956), "A Typology of Norms, American Sociological Review", Vol.21, No. 5, 1956, pp. 610-613.
40. Ibid.
41. Gibbs, Jack P.(1965), "Norms: The Problem of Definition and Classification", American Journal of Sociology, Vol. 70, No. 5, pp. 586-594.
42. Kritsonis, Alicia(2005), "Comparison of Change Theories," International Journal of Management Business, and Administration, Vol. 8, No.1.
43. Freitas, Carlos Alberto Sampaido de & Tomas de Aquino Guimaraes(2007), "Isomorphism, Institutionalization and Legitimacy: Operational Auditing at the Court of Auditors", Brazilian Administration Review, Vol.4, No.1, pp. 35-50.
44. Braganza, Ashley & Lambert, Rob(2000), "Knowledge and Process Management", Vol. 7, No. 3, pp. 177-186.
45. Suchman, Mark C.(1995), "Managing legitimacy: strategic and institutional approaches, Academy Management Review", Vol. 20, No. 3, 1995, pp. 571-610.
46. Yilmaz, Yavuz(2004), "The Impact of Strategic Human Resource Management on Institutionalization Process", Business Management Dynamics, Vol. 7, No. 3, pp. 18-19.
47. Silimperi, Diana R. et al.(2002), "A Framework for Institutionalizing Quality Assurance", International Journal for Quality in Health Care 2002, Vol. 14, Supplement I, pp. 67-73.
48. Adams, Marilyn Jager et al.(1995), "Situation Awareness and the cognitive management of Complex System", Human Factors, pp. 85-104.
    Salmon, Paul et al.(2006), "Situation Awareness Measurement: A review of applicability for C4i environments", Applied Ergonomics. Vol. 37, No. 2, pp. 225-238.
49. Gordon, Jamie C. et al.(2006), "Measuring Team Situation Awareness in Decentralized Command and Control Environment", Ergonomics, Vol. 49, No. 12-13, pp. 1312-1325.
50. Dervin, Brenda. (2005). What Methodology Does to Theory: Sense-Making Methodology as Examplar (Chapter 2). In K.E. Fisher, S. Erdelez and L.McKechnie (Eds.). Theories of Information Behavior. ASIS&T MonographSeries. Medford, NJ: Information Today.
    Agarwal, Naresh Kumar(2012), "Making sense of sense-making: Tracing the History and development of Dervin's Sense-making methodology.
51. Kolko, Jon(2010), "Abductive Thinking and Sensemaking: The Drivers of Design Synthesis", Design Issues(MIT), Vol. 26, No. 1.
52. Klein, Gary(2006), "Making Sense of Sensemaking 2: A Macrocognitive Model", IEEE Intelligent

System, Vol. 21, No. 5.
53. Klein, Gary. et al.(2007), "A Data-Frame Theory of Sensemaking", Proceedings of the International Conference on NAT, pp. 113-155.
54. Madsbjerg, Christian(2017), Sensemaking: The Power of the Humanities in the Age of the Algorithm, Hachette Books.
55. Ibid.
56. Weick, Karl E.(1995), Sensemaking in Organization, SAGE Publications.
57. Maitlis, Sally & Christianson, Marlys(2014), "Sensemaking in Organization: Taking Stock and Moving Forward", Vol. 8, No. 1, pp. 57-125. http://dx.doi.org/10.1080/19416520.2014.873177
58. Weick, Karl E.(1995), Sensemaking in Organization, SAGE Publications.
59. Thomas, James B. et al.(1993), "Strategic Sensemaking and Organizational Performance: Linkages among Scanning, Interpretation, Action and Outcomes", Academy of Management Journal, Vol. 38, No. 2, pp. 239-270.
60. Pirolli, Peter & Card, Stuart(2005), "The Sensemaking Process and Leverage Points for Analyst Technology as Identified Through Cognitive Task Analysis", 2005 Florida Institute for Human and Machine Cognition.
61. Pirolli, Peter & Card, Stuart(2005), ibid.
62. Madsbjerg, Christian(2017), Sensemaking: The Power of the Humanities in the Age of the Algorithm, Hachette Books.
63. Maitlis, Sally(2005), "The Social Processes of Organizational Sensemaking", The Academy of Management Journal, Vol. 48, No. 1, pp. 21-49.
64. Carrington, Donely & Tayles, Mike(2011), "The Mediating Effects of Sensemaking and Measurement on the Intellectual Capital and Performance Linkage", Electronic Journal of Knowledge Management, Vol. 9, No. 3, pp. 284-295.
65. Steinbauer, Robert et al.(2015), From Stories to Schemas: A dual Systems Model of Leaders' Organizational Sensemaking, Journal of Leadership & Organizational Studies, Vol.22, No.4, pp. 406.
66. 돈 탭스콧 & 데이비드 티콜-Don Tapscott & David Ticoll/김병두 & 이진우 옮김(2005), 투명경영(Naked Corporation), 김영사, pp. 197-205.
67. 부록 F 참조.
68. 문순홍, 정규호(2000), "생태근대화론을 활용한 환경정책의 지속가능성 평가 기본모형 연구", 환경정책, 제8권, 제1호, pp. 113-131.
69. Connelly, Steve(2007), "Mapping Sustainable Development as a Contested Concept," Local Environment, Vol. 12, No. 3, pp. 259-278. https://www.doi.org/10.1080/13549830601183289
70. 허태욱(2013), "환경정의론과 생태근대화론을 통한 한국의 녹색 ODA 논의의 고찰", 한국정책학회보, 제22권, 제1호, pp. 301-329.
71. Smith, Angela M.(2012), "Attribuability, Answerability, and Accountability: In Defense of a Unified

Account", Vol. 122, No. 3, Ethics, The University of Chicago Journals Press, pp. 575-589. http://www.jstor.org/stable/10.1086/664752

72. Garland, Ross(2009), Project Governance, Kogan Page, pp. 27.
73. Lello, John(1993), Accountability in Practice, Cassell, pp. 1.
74. Ibid.
75. 이정규(2018), "직장인이 꼭 알아야할 책임과 책무", ZDNET 전문가 컬럼.
76. Dubnick, Melvin J.(2002), "Seeking Salvation for Accountability", 2002 Annual Meeting of the American Political Science Association.
77. Bovens, Mark(2003), "Public Accountability", EPGA annual conference.
78. Montoya, De et al.(2008), Transparency in a New Global Order: Unveiling Organizational Visions, American Psychological Association.
    전성철(2011), 가치관 경영, 쌤앤파커스, pp. 82-85.
79. IMF(2013), Data Quality Assessment Framework. https://dsbb.imf.org/content/pdfs/DQAF_ EXD_Statistics.pdf
80. Han, Byungchul(2015), The Transparency Society, Standford University.
81. 정승렬 & 이정규(2018), 비즈니스 프로세스, 한빛아카데미, pp. 96.
82. 김동선 & 김문중(2014), "팀 학습행동과 공유멘탈모델이 팀 성과에 미치는 영향: 팀 효능감의 조절효과를 중심으로", 국제경상교육연구, 제11권, 제4호, pp. 347-377.
83. 정승렬 & 이정규(2018), 비즈니스 프로세스, 한빛아카데미, pp. 227.
84. 정승렬 & 이정규(2018), ibid, pp. 304~339.
85. Arnaut, Bruno M. & et al.(2016), "A Requirements Engineering and Management Process in Concept Phase of Complex Systems", IEEE International Symposium on Systems Engineering (ISSE). https://doi.org/10.1109/SysEng.2016.7753130

PART 04 프로세스 거버넌스의 실행

PART 04

프로세스 거버넌스의 실행

Part 1~3에 걸쳐서 프로세스 거버넌스에 관련된 담론과 조직 거버넌스의 다양한 모델, 그리고 프로세스 거버넌스에 대한 이론적 고찰을 조명해 보았다. Part 4부터는 실제로 프로세스 거버넌스 체제를 도입할 경우, 실행측면에서의 고려사항을 설명한다. 먼저 영리/비영리 조직의 서로 다른 거버넌스 이슈와 허물어져가는 도메인 경계선에 대하여 설명한다. 그리고 벤처기업에서의 프로세스 거버넌스의 고려사항, 몇몇 주요 산업에서 벌어지고 있는 글로벌 거버넌스 표준을 살펴 본다. 다루어질 내용은 프로세스의 상위개념인 조직 거버넌스에 관련되어 있더라도, 가능한 한 프로세스 거버넌스의 영향도 차원에서 검토할 것이다.

Chapter 10 조직유형과 프로세스 거버넌스

경영학에서는 조직의 유형을 구분하는 다양한 분류방법이 존재한다. 일례로 조직의 통제구조에 따라 계층형, 매트릭스형, 프로젝트형으로 설명하기도 하고, 제조 금융 등의 수직 시장으로 구분하는 산업별 조직형태로 구별할 수도 있다. 그러나 본 장에서는 조직을 영리와 비영리로 나눌 것이고, 영리 도메인에서 프로세스 거버넌스의 중요성을 촉발 시킨 SOX법에 얽힌 거버넌스의 관점을 설명한다. 그 다음으로 사회적 가치를 도모하는 비영리조직의 거버넌스 이슈와 영리/비영리 도메인의 구별을 없애버리는 WEconomy에 관련된 거버넌스 이슈를 설명하고자 한다.

01 영리기업의 거버넌스 이슈

'프로세스 거버넌스'는 프로세스에 관련된 의사결정을 내리는 프레임워크라고 정의할 수도 있다. 전통적으로 조직은 수직적으로 3가지 레벨의 프로세스 의사결정 활동을 한다. 회사의 미래를 결정할 전략적strategic 의사결정, 년간 사업활동에 관련된 관리적managerial 의사결정, 일상적인 업무절차에 관련된 운영적operational 의사결정 활동이 그것이다. 그러므로 영리기업의 프로세스 거버넌스는 전략, 관리, 운영의 세가지 차원에서 조직체계와 역할, 업무 절차와 제한조건, 그리고 기대되는 목적을 통제하는 활동이 된다. 한편 의사결정 방법은 지배구조와 깊이 관련되고, 지배구조는 조직의 형태에 구속된다. 또한 의사결정은 회사가 가진 전략, 원칙, 가이드라인과 같은 룰에 종속된다. 이러한 룰은 회사의 업무 프로세스에 관련된 내부통제 구조를 적정하게 설계함으로써 실현된다. 이러한 내부통제 구조는 조직구조의 전략/관리/운영 계층의 레벨에 따라 다르게 접근될 수 밖에 없다.

전략적 의사결정은 원칙관리management by principle로 통제하며, 조직의 선험적인 강령(존재가치, 사회적 사명, 창업자의 경영철학)과 일치되어야 전략에 관한 전사적 합의를 이끌어낼 수 있다. 관리적 의사결정은 목표관리management by objectives가 핵심이고, 부서의 목표 대비 실적의 연중 틈새GAP관리를 통해 연말의 목표 달성을 도모한다. 운영적 의사결정은 예외관리management by exception에 집중하며, 흐름이 일상적이지 않은 특이한 사건을 찾아 원인을 분석하고 업무개선을 도모한다. 3가지 의사결정 활동 중에서 실무자들이 다루어야 하는 운영적 의사결정은 소위 데밍deming의 환원적 사이클로 알려진 PDCA(Plan-Do-Check-Action)이 요체이다.

계획plan단계에는 험프리의 5단계 프로세스 성숙도 모델링 기법이 효과적이다. 실행do단계는 균형성과표BSC, 확인check단계에서는 분석적계층화기법AHP, QC7 툴, 5 Why, 수정action단계에서는 브레인스토밍, 피시본, BPR, 리팩토링의 테크닉 등을 이용한다. 이러한 대표적인 의사결정 방법론은 인터넷에서 의사결정방법론으로 쉽게 검색할 수 있다. 그러나, 보통 의사결정방법론을 조직에 내재화하는 과정은 3년이상이 소요되므로, 방법론에 의한 접근은 보편적이고도 기술적인 프로세스 거버넌스의 접근방법이 된다. 그러나 영리기업에게는 외부 투자가의 경제적 이해가 걸린 이슈 때문에 방법론적 접근 말고도 국제적 프로세스 규율을 준수하는 거버넌스 체제가 부가적으로 요구된다. 그 대표적인 사례가 엔론사등의 분식회계로 촉발된 미국의 사베인스-옥슬리법Sarbanes Oxley Act이다.

사베인스-옥슬리 법은 축약해서 SOX라 불린다. 표 10-1은 SOX법 중에서 프로세스 거버넌스에 관련된 SECTION 404 내부통제보고서에 관련된 내용과 국내 외감법(주식회사 등의 외부감사에 관한 법률)을 비교한 내용이다. 표에서 프로세스 거버넌스의 개념과 비슷한 SOX 법의 용어는 '내부통제구조와 절차internal control structure and procedures'이다. 표에서처럼 SOX법은 '내부통제구조와 절차'에 대하여 관리자의 책임과 그 효과성에 대한 감사인의 평가에 대하여 분명히 언급하고 있다. 반면에 우리 법에는 내부통제 구조 대신에 '운영실태'라는 다소 추상적인 단어를 사용하고 있으며, 또한 조직의 매니지먼트 책임도 언급되어 있지 않다. 즉 운영실태에 대하여 평가, 보고, 검토, 감사, 종합의견의 표명과 같은 회계감사인의 책임이 명시되어 있다. 우리 법에서 사용한 '운영실태'의 영어번역은 'operating status' 정도로 번역된다. 넓은 의미로 운영실태가 프로세스를 포함한다고 유권해석 할 수도 있겠지만, 운영실태라는 용어는 프로세스와 같은 동태적 의미보다는 정태적 의미가 강해 보이고 너무 포괄적으로 사용되는 듯하다.

[표 10-1] 사베인스-옥슬리법과 국내법의 비교

사베인스-옥슬리법		주식회사 등의 외부감사에 관한 법률	
SECTION 404: 내부통제 평가 보고	재무보고를 위한 적정한 내부통제 구조와 절차를 수립하고 유지하기 위한 매니지먼트의 책임을 명시하여야 한다	제8조 6 ⑤	회사의 감사는 내부회계관리제도의 운영실태를 평가하며 이사회에 사업연도마다 보고하고…
	가장 최근의 회계연도 기준일로 재무보고서 발행인의 내부 통제 구조와 절차의 효과성 평가를 포함하여야 한다.	제8조 6 ⑥, ⑦	감사인은…내부회계관리제도의 운영실태에 관한 보고내용을 검토하여야 한다. 제6항에 따라 검토 또는 감사를 한 감사인은 그 검토결과 또는 감사결과에 대한 종합의견을 감사보고서에 표명하여야 한다.

SOX법은 미국에서 사업을 영위하는 업체, 해외에서 사업행위를 하는 미국법인, 그리고 이들 업체와 거래하는 파트너에게도 영향을 미치는 중요한 법체계이다. 국내에서만 사업을 하는 업체가 아니라, 해외에 수출하는 기업의 경우는 모두 직간접적으로 SOX법의 영향권 하에

있다고 판단하는 것이 현명하다. SOX법의 법률적 패널티는 벌금은 물론 CXO레벨의 형사처벌 조항이 매우 엄격하다. SOX법이 기업체에게 던지는 영향은 아래와 같다.[1)]

◆ 이사회의 독립성과 책임 강화
◆ 감사인 감독과 독립성 강화
◆ 지배구조 변화에 따른 경영자-이사회-감사인 역학관계의 변화
◆ 법 준수에 따른 기업 비용의 증가

SOX 법은 1) 지배구조와 기업성과 사이에 인과관계를 확정할 만한 증거가 불충분함에도 지배구조에 집착하고, 2) 경영진과 이사회의 관계를 상호불신의 가정에 근거하고 있으며, 3) 경영 통제권이 사외이사 중심으로 이동함으로써 경영진의 자율성과 책임성을 과도하게 침해한다는 의견과 더불어, 4) IT 시스템 도입 등에 따른 과도한 법 준수 비용의 부정적 측면이 있다는 비판도 있다. 그러나 SOX법은 전문경영인이 과도한 인센티브와 단기실적을 위해 불법행위를 감행하지 못하도록 견제한다. 또한, 책임을 분산시킴으로써 내부 견제조직을 강화하며, 투명한 회계 공시를 통하여 외부 투자가를 보호한다. 그리고 궁극적으로는 불합리한 사회적 비용을 절감하고, 조직의 지속가능성을 향상시킬 것으로 기대되고 있다. 조직은 프로세스 거버넌스 측면에서 SOX법에서 요구하는 내부통제구조의 수립과 더불어, 내부통제구조의 효과성을 증명할 수 있는 방안을 강구해야 한다. 이를 위하여 프로세스 거버넌스 측면의 활동은 아래와 같은 것이 있다.

◆ 재무제표의 적정성을 설명할 수 있는 적정한 프로세스 아키텍처의 설계
◆ RACI테이블과 같은 업무별 권한과 책임소재의 명확화
◆ 기업의 프로세스 성과지표의 설계와 효과성 검토
◆ 프로세스 마이닝과 같은 IT기술의 도입을 통하여 실제 프로세스의 도출, 규칙과 실제 사이의 정합성 확인, 프로세스의 개선 활동의 계획 요구

SOX법은 기업체의 내부통제구조 운영과 효과성에 대한 경영자의 책임을 명시함으로 기업활동의 투명한 회계정보의 보증, 투자자 보호의 효과 등을 도모한다. 그러나 이러한 규제의 발달은 기업으로 하여금 법규의 허점을 뚫는 새로운 방편을 도모하도록 자극하기도 한다. 그

러한 사례의 하나인 '가변이해실체variable interest entity'이다.[2] 각주를 참고하라.

02 비영리 조직의 거버넌스

법인legal entity이라 함은 자연인natural person이 아닌 법률에 의하여 권리능력이 인정된 단체 또는 재산을 말한다. 유한한 생명을 가진 자연인이 영속 가능한 사업을 경영하기 위하여 법적으로 영속적인 개념인 법인이 필요해진다. 그러므로 법인은 법 이론상 영속 가능한 주체이다. 사람의 집단이나 재산에 독립된 법적 인격을 부여한 이유는 법률관계(소송, 소유권, 계약)를 간편하게 다루기 위함이다. 사람의 집합은 사단법인, 재산의 집합은 재단법인으로, 법률에 의하여 권리능력이 부여된다. 권리능력이라 함은 법률의 규정에 따라 정관으로 정한 목적의 범위 내에서 권리와 의무의 주체가 된다(민법 34조). 법인은 그림 10-1처럼 영리법인과 비영리 법인으로 나뉘어진다. 영리법인과 비영리 법인의 차이는 활동의 결과 획득한 이익을 구성원에게 분배할 수 있는가 없는가에 따라 구분한다. 한편 법률상 영리적 목적을 가진 사단법인은 가능하지만, 영리목적을 가진 재단법인은 인정되지 아니한다.

비영리법인의 경우 사람들의 집단인 비영리 사단법인과 출연자가 정한 목적을 위하여 제공

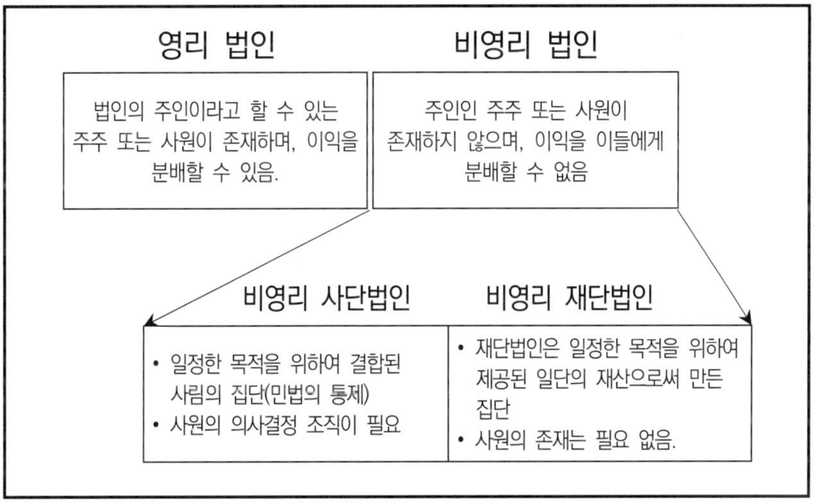

[그림 10-1] 영리법인과 비영리법인

된 일단의 재산으로써 만든 집단인 비영리 재단법인이 있다. 영리, 비영리법인은 목적지향에 따라 조직의 업무 프로세스와 거버넌스 체제가 다를 수 밖에 없다. 영리 법인은 재무적 목적의 효과적이고 효율적인 성취에 관심이 높을 것이나, 비영리 법인의 경우는 사회적 가치지향에 대한 효과적이고 효율적인 목표 달성에 관심을 집중한다. 문제는 영리와 비영리 두 개 그룹의 사람들은 서로를 이질적 집단으로 간주한다는데 있다. 상호간에 교류도 많지 않고, 사업활동에 대한 사고의 틀도 많이 다르기 때문이다. 평생 일로서 서로 마주 대할 기회도 많지 않을 수 있다. 그러므로 양자간의 파트너십을 추진할 경우 상대의 사업행위에 대한 이해에는 많은 에너지가 필요하다.

최근 들어 양 도메인 사람들 사이에 인적 교류가 이전 보다는 더욱 활성화되기 시작했다. 대개는 영리조직의 경영진이 비영리의 경영층으로 이동하는 추세이고, 그 반대의 경우는 매우 드문 일이다. 기업의 사회적 책임이 강조되면서 영리기업에서 많지는 않지만 일부 비영리 도메인의 직원을 채용하는 사례도 있다. 한편 일부 영리 도메인의 직원 역시 가치지향적 삶에 대한 성찰의 결과 비영리 활동가로 전직하기도 한다. 그러나 비영리 도메인에서의 직원 처우나 복지 프로그램의 경쟁력이 영리기업에 비하여 상대적으로 열악한 이유로, 비영리 활동가들이 장기적으로 헌신하려는 의지를 격감시키기도 한다. 그렇기 때문에 미성숙한 공공조직이 해결하지 못하는 사회적 책무를 비영리 활동가가 선행적으로 대신하고 있다는 생각이 들기도 한다. 비록 감성적 보상을 누리고 있을지라도, 이들에게 재무적으로도 적정한 모티베이션 프로그램을 제공할 필요가 있다는 사회적 공감대가 필요한 이유이다.

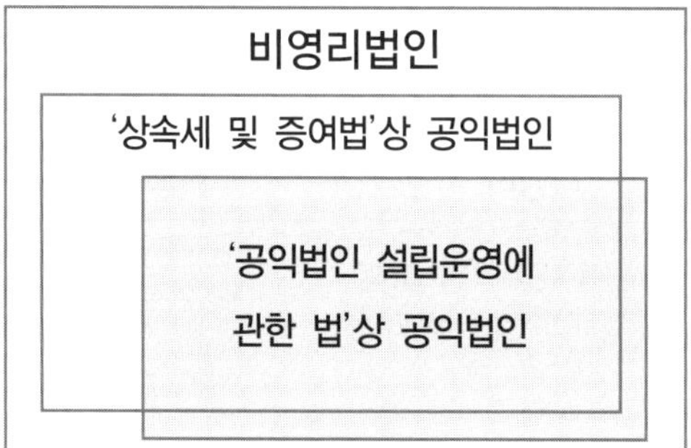

[그림 10-2] 비영리법인과 공익법인

그림 10-2는 비영리법인과 공익법인의 개념을 시각적으로 표현한 도식이다. 공익법인은 비영리법인의 일부로서, 비영리 법인 중에서도 그 목적이 공익성을 가지고 있고, 대상이 불특정 다수인 사업을 운영하는 법인이다. 비영리법인이지만 공익법인이 아닌 사례는 아파트 입주자 대표회의, 사내근로복지법인, 영업자들의 단체 등이 해당된다. 공익법인은 국가에서 상속세 및 증여세를 면제해 주는 이유로, 법적인 요건을 엄격히 갖추어야 설립이 가능하다. 표10-2는 상법상의 여러 법인의 차이점을 이해하도록 해준다.

[표 10-2] 비영리 조직 유형

	사단법인	재단법인	공익법인	비영리 민간단체	사회적 협동조합	임의단체
설립근거	민법 제32조	민법 제32조	공익법인의 설립·운영에 관한 법률	비영리 민간단체지원법	협동조합기본법	근거법 없음
정의	일정한 목적을 위해 결합한 사람들의 단체	일정한 목적을 위해 출연한 재산을 구성요소로 하는 단체	학술, 자선에 관한 사업을 목적으로 하는 사단·재단법인	비영리공익활동 수행을 목적으로 하는 단체 (법인 포함)	비영리를 목적으로 하는 협동조합	사단 또는 재단의 실체를 갖추었으나 등기를 하지 않은 단체
명칭	사단법인 명칭 사용× 무방	재단법인 명칭 사용× 무방	사단법인 또는 재단법인과 동일	비영리민간단체 사용× 무방	'사회적협동조합' 문구 포함되어야	사단법인 재단법인 등 명칭사용 불가
설립요건	사업목적의 비영리성+설립행위 +주무관청의 허가+설립등기	사단법인과 동일	재단법인과 동일	사업목적의 비영리성+설립행위 +주무관청의 등록	사업목적의 비영리성+설립행위 +주무관청의 허가 +설립등기	정관작성+설립자 기명날인으로 성립
영리·비영리	영리·비영리 가능	비영리만 가능	비영리만 가능	비영리만 가능	공익목적사업이 40% 이상이어야	영리·비영리 가능
의사결정 기관	사원총회	이사회	사단법인: 사원총회 재단법인: 이사회	사원총회	조합원총회	정관에서 정하는 바에 따름
기부금 대상단체	요건 구비 시 가능	요건 구비 시 가능	해당	요건 구비 시 가능	요건 구비 시 가능	요건 구비 시 가능

출처: NPO법률지원매뉴얼, 서울지방변호사회

공익법인이 세제상의 혜택을 누리기 위해서는 몇가지 의무 사항을 준수해야 한다. 그러한 의무 사항들은 아래와 같은 것이 있다. 이러한 의무사항은 특히 비영리 조직이 업무 프로세스 상에서 시점을 놓치지 않고 처리해야 할 법률준수의 프로세스 거버넌스 활동을 요구한다.

- ◆ 출연재산을 사용해야 하는 의무
- ◆ 출연재산 보고서를 제출해야 하는 의무
- ◆ 결산 서류를 공시해야 하는 의무
- ◆ 운용 소득을 사용해야 할 의무
- ◆ 전용계좌를 사용해야 할 의무

정부는 비영리재단에 대하여 매우 엄격한 통제 프로그램을 운영하고 지속적으로 강화하고 있다. 그러한 이유는 비영리재단을 통해 직계 가족에게 세금부담 없이 유산을 상속하거나 증여하려는 시도를 통제하기 위하여, 계열 회사의 보통 주를 기부하여 숨겨진 상태로 의결권을 행사하려는 목적을 방지하기 위하여, 특수관계인에 대한 재산 증식과 과도한 복지 프로그램 등의 악용사례를 근절하기 위함이다. 비영리 법인에게 이러한 법규 준수의 거버넌스 프로세스는 매우 중요한 일이다. 이를 간과하면 법인의 취소, 세금혜택의 배제 및 삭감, 기부금 영수증 처리 불가능의 패널티가 발생하여 법인의 존속이 어려워 질 수도 있다.

03 없어지는 도메인 경계선

미국의 경우 1950년대 50,000개이던 비영리 단체가 2017년에는 백사십만 개로 28배가 증가했다고 한다. 우리나라는 2017년 기준으로 중앙행정기관 등록기관 12,309개, 지방자치단체 등록기관 1,624개로 e-나라지표(http://index.go.kr)에서 확인된다. 표 10-2처럼 비영리조직의 형태는 의사결정을 위한 지배구조와 내부통제절차, 집단 구성의 영리/비영리 목적성, 법원의 등기 여부 등의 여러 변수에 따라 구분된다. 이처럼 법적인 요건에 따라 영리 조직과 비영리 조직이 구별됨은 물론, 비영리 조직 안에서도 여러 가지 유형의 조직 구조가 존재한다.

그러나 최근 기업의 사회적 책임Corporate Social Responsibility(CSR)과 포터Michael E. Porter와 크레이머Mark R. Kramer가 제시한 공유가치창출Creating Shared Value(CSV)에 대한 사회구성원의 관심과 압박이 높아지고 있다. 영리기업 측에서도 전향적으로 사회적 가치를 도모하는 다양한 시도가 일어나고 있다. 일례로 비영리적 목적을 가진 유한회사의 설립이다. 비영리법인이나 공익법인은 세법상의 혜택을 받기는 하지만, 정부의 통제와 보고 의무를 짊어진다. 그래서 어떤 사원집단은 공익적 목적을 가지고 있음에도 회사 형태를 유한회사로 등록한다. 유한회사는 자치를 넓게 인정받는 합명회사의 장점과 사원의 책임이 유한한 주식회사의 장점을 결합한 사단법인의 한 형태이고 폐쇄적 간이 주식회사로 일컬어진다. 유한회사는 세법상의 혜택이 공익법인과 같지 않은 단점이 있지만, 사업활동의 제약이 적고 공익법인 보다는 정치활동의 참여도 덜 제한적이다. 국내의 경우에도 사례가 있다.[3] 이 회사는 사회적 가치를 지향하는 벤처기부펀드 회사이지만 유한회사로 설립되었다. 벤처사업으로 성공한 5명의 기업가들이 창업자들이다. 영리기업과 비영리기업 간의 경계를 허무는 새로운 시도의 하나로 생각된다.

한편 일단의 경영자들은 영리사업과 공익사업의 융합적 경제활동을 일컫는 새로운 용어를 만들었다. 바로 '우리경제WEconomy'가 그것이다. 미국에서 동명의 책도 발간이 되었다.[4] 이 책에서 저자들은 두 마리의 토끼를 잡듯이, 영리조직이 어떻게 사회적 가치를 지향하면서도 영리적 목적도 달성 가능한지 설명하고 있다. 이 책은 영국의 버진 그룹virgin group에 편향된 스토리가 많지만, 저자들이 던져주는 '우리경제'의 신선한 메시지는 경청할 만 하다.

주식회사를 의미하는 영어 단어인 corporation은 라틴어 corpus에서 유래되었고, 그 뜻은 인간의 몸을 의미한다. 영속적 경제활동의 주체인 조직을 법인이라고 부르는 원인이기도 하다. 서기 500년대 초중반 로마시대에 최초 형태의 주식회사 기록이 남아 있다고 전해진다. 그러나 현대적 의미의 주식회사는 17세기 대항해 시절의 네덜란드 및 영국 등이 세운 동인도회사로 알려져 있다. 인도로 떠난 상선이 본국으로 되돌아 오지 못하여 큰 돈을 날리게 된 선주와 화물주들은 리스크를 분산시키려는 방안으로 주식을 발행하게 되었다. 당시에는 이미 왕실의 비호 아래 증권 거래소에서 주식을 교환할 수 있었고, 주주들은 유한책임을 부여 받았다.

그 이후 영국의 산업혁명은 금융업의 발전을 가속화 시켰고, 신흥 자본가에 의해 설립된 주식회사기 더욱 번창하게 되었다. 이렇게 설립된 주식회사의 목적은 주주의 이익극대화가 궁극적인 목적이었으며, 근세에 이르기까지 이러한 인식에는 큰 변화가 없었다. 주식회사는 자본주의의 상징적 존재이다. 그러나 자본주의 경제학의 폐단도 있다. 산업공해, 빈부격차 등의 자본주의적 사회문제는 몇몇 경제학자로 하여금 생산자원의 공유, 분배이론과 같은 대안을 생각하게 만들었으며, "인류 경제활동의 궁극적 목표가 사회구성원의 행복추구"라는 피구Arthur Cecil Pigou의 후생경제학the economics of welfare의 출현으로 이어졌다.

우리경제WEconomy는 아직 학문적 용어로서 수용되지는 않았지만, 후생경제학의 미시적 실천활동과 관련된다. 주식회사의 비즈니스 프로세스는 조직의 이익창출을 위하여 최적화된 내부통제구조를 갖도록 설계되고 운영되었다. 한편 WEconomy는 사회적 가치purpose와 이익창출profit의 균형적 번영을 지향한다. WEconomy를 신뢰하는 활동가들은 예전에는 상호 이율배반적인 목적으로 치부되던 경제적 이익추구 활동과 사회적 가치추구 활동이 더 이상 상호 배타적이지 않다고 주장한다. 이러한 인식에는 소비자와 생산자 사이의 관계 변화와 더불어 악화되는 지구촌 환경의 인식과 관계된다.

현대의 소비자는 생산자와 구별되지 않는 경우가 많다. 생산자이면서 소비자이기도 한 사람을 생비자(生費者) 혹은 프로슈머prosumer라고 부른다. 미래학자인 앨빈 토플러가 1980년 제3의 물결에서 처음 사용한 것으로 알려져 있다. 현대의 소비자는 생산자가 만든 상품과 서비스를 그냥 소비만 하는 주체가 아니다. 소비자는 제품의 생산과정에 깊이 관여한다. 이러한 사람을 생산 소비자 또는 참여형 소비자라 한다. 인터넷의 발달로 인하여, 소비자가 제안한 디자인을 생산자가 만들어 테스트하고 유통하는 사업모델도 많이 존재한다.

소비자를 과거의 수동적 구매자로만 간주하는 기업은 미래가 없다. 적극적으로 소비자를 기업성공의 이해당사자로 모시고, 상품 계획부터 생산과 판매, 폐기 전 과정에 걸쳐 의견을 청취하고 프로세스에 반영하지 않는다면 그러한 회사는 곧 시장에서 퇴출될 것이다. 특히 1975년부터 2000년까지 태어난 새천년세대millennials 혹은 Y세대의 경우에는 생비자로서의 경향이 더욱 농후하다. 이들은 사회적 가치를 강조하는 기업에 급여가 낮더라도 기꺼이 지원하겠다고 말하며, 기업의 의사결정에 참여하고 싶어한다. 기업문화에 사회적 가치가 내재되기를 희망한다. 강제된 교육보다는 자율적 학습과 워라벨을 원하며, 개성이 존중되는 조직문화를 기대한다.

한편 과거에는 시장경제활동으로 간주되지 않던 시장외 경제요소들 - 예를 들면 대기 오염물질의 방출 - 을 시장경제에 편입시키려는 국제적 노력이 강화되고 있다. 이러한 국제적 활동의 결과로 수립된 국제규약은 환경보존 활동이 경제적으로도 이득이 되는 새로운 시장의 규칙을 만들고 있다. 환경친화적이고 지역공동체에 해악을 끼치지 않는 프로세스를 설계하고 운영하는 기업들은 이러한 프로세스 활동이 경쟁력이 된다. 그렇게 하지 못하는 기업에게는 엄청난 벌금과 패널티가 부가된다. 과거에는 원가에 포함하지 않아도 되었던 환경비용을 이제는 제품과 서비스의 원가로 포함시킴으로서 글로벌 기업 간의 공정한 경쟁환경이 마련 된 것이다. 소비자 역시 기업의 환경친화적, 사회인식적 제품에 기꺼이 높은 비용을 지불할 용의가 있다는 많은 설문 데이터가 있다.

'WEconomy에서는 영리적 목적과 같은 수준에서 사회적 가치를 바라본다. 그러므로 사회적 가치가 새로운 통화이다. 사회적 가치는 영리세계에서는 활용되지 않는 가장 큰 경쟁력 중의 하나이다. 사회적 가치가 결여되어 있다면, 당신의 사업 모델은 완성되지 않은 것이다.Holly Branson'[5] 이처럼 WEconomy의 리더들은 기업활동의 첫번째 순서를 "사회적 가치를 결정하라"로 해야 한다고 설파한다. 기업은 과거처럼 이익을 창출하기 위하여 발생시킨 사회적 문제를 소극적으로 책임지는 CSR에 파묻혀 있어서는 옳지 않다. 전향적으로 사회적 문제를 해결함과 아울러 사회적 가치를 실현시키는 CSV의 접근이 필요하다.

가치 지향적 회사운영은 프로세스 거버넌스 체계를 비용 효율적이 아닌, 가치효율적 측면에서 검토하도록 요구한다. 비즈니스 프로세스의 주요한 의사결정 포인트마다 비용관점과 더불어 그보다 앞서는 가치지향적 성과지표의 거버넌스가 필요한 이유가 이 때문이다. 가치지향적 성과지표 사업의 모델로 새로이 제안되는 사회 혁신 아이디어로 '사회혁신채권'이란 것이 있다.[6] 각주를 참고하라.

Chapter 11 벤처기업과 프로세스 거버넌스

청년들이 세상을 바꾸는 열정을 더 많이 가지고 있듯이, 기업 생태계에서도 신생기업은 기득권 기업들이 생각하지도 못하는 창의적인 비즈니스 모델로 게임의 룰을 바꾸어 버린다. 규칙이 바뀌면 과거의 성공공식은 효능을 잃어 버리고, 대기업들을 나락으로 떨어 뜨려 버리기도 한다. 그러므로 스타트업 생태계에서 싹을 띄우려는 벤처기업들에게는 중견기업과 다른 비즈니스 거버넌스 룰이 존재한다. 이러한 룰은 전략관점은 물론, 프로세스 관점, 정보기술의 사용관점에서도 다른 측정지표와 방법론을 필요로 한다. 이번 장은 스타트업계의 프로세스 거버넌스의 특징을 설명한다.

01 사회 진화론과 린 스타트업

고생물학자로서 "북경원인"의 화석을 발견한 '테야르 드 샤르댕'은 자연계 생물의 진화는 선형적 방향성을 가지고 있다고 주장했다. 즉, 모든 피조물의 진화는 신과 인간의 완벽한 합일 모델인 예수님을 지향한다는 것이다. 예수회 수도자이면서 과학자였던 샤르댕은 어찌 보면 과학과 신학의 중간지점에서 절충안을 내놓은 셈이다. 교회가 주장하는 조물주에 의한 7일 창조론과 다윈의 진화론 사이에서 과학적 합의점을 찾고자 노력한 답안이었다.[7] 그러나, 작금의 진화생물학은 샤르댕의 주장과는 많이 다르다. 진화는 우연이지 방향성이 없다는 것이고, 진화는 환경에 적응하여 살아남으려는 생물의 전략적 선택이라는 주장이 우세하다.

허파로 호흡할 수 있었던 물고기 '이크티오스테가ichthyostega'라는 고대생물은 4억년전 지느러미를 발로 만들고 바다의 천적을 피해서 육지에 처음 발을 딛고 살아남았다. 이 사건 때문에 진화론자는 바다생물은 필연적으로 육지동물의 방향으로 진화한다고 판단했다. 그런데, 학자들이 이해할 수 없는 화석사료가 새로이 발견되었다. 4천만년전의 빙하시대에 육지의 환경이 열악해지자 '바실로사우로스basilosaurus'라는 육상 포유동물이 먹이를 찾아 다리를 지느러미로 만들고 다시 바다로 회귀한 것이다. 이 동물이 고래 조상이 되었다. 지구상에 살아 남은 동물들은 이렇게 급작스럽게 발생한 파괴적 환경변화에 적응하고 진화하여 살아남았다. 어처

구니 없는 이 사건 때문에 현재의 진화론은 선형적 방향성을 부정한다. 진화는 사전에 계획되고 설계된 방향이 있을 것이라는 과거 일부 학자의 주장이 무력화된 것이다. 생물의 진화는 예정된 방향이 없이 그때 그때 생존을 위한 방향 전환만이 있을 따름이다. 냉혹한 환경변화에서 살아남기 위한 방향 전환은 Chapter 1에서 설명한 바와 같이 철학자 들뢰즈가 언급한 '리좀'의 생태활동과 같다.

경영의 세계에서도 사회 진화론적 생존전략이 있다. 바로 최근 실리콘밸리에서 시작된 '린 스타트업LEAN STARTUP'이다. 에릭 리스Eric Ries가 주창한 '린 스타트업' 개발방법은 도요다의 '린 생산방식'의 아이디어와 실리콘밸리의 창의적 이론가들의 시너지로 형성된 스타트업 경영철학이다. 스티븐 블랑크의 '고객개발방법론', 알렉산더 오스터왈더의 '비즈니스 모델 제너레이션', 클레이튼 크리스텐슨의 '파괴적기술', 애쉬 모리야의 '린 캔버스' 같은 아이디어들이 주요 소재가 된다.

전형적인 순차적 개발방법론은 아이디어를 제품화하는 과정이 폭포수모델과 같다. 개발 사이클이 지속되는 동안 개발자들은 고객의 피드백을 알 수도 없고, 고객 학습은 출시 후로 미루어진다. 출시 후에 제품 수정을 도모할 때면 이미 많은 비용을 지출한 이후이다. 출시된 제품이 판매부진으로 이어진다면 회사는 위험에 빠지게 된다. 이러한 연속적 제품개발 방식은 과거의 성공이 미래에도 계속될 것이라는 선형적 가정과 더불어 회사가 시장을 잘 이해하고 있다는 자만심에서 감행된다.

회사를 새로이 창업하여 바닥에서 시작하는 업체를 예전에는 벤처기업으로 부르다가 최근에는 미국 기업문화의 영향을 받아 'Start-up(스타트업)'이라는 용어가 더 많이 사용되고 있다. 스타트업은 두 가지 가정이 옳다는 증명에 매진한다. 첫째는 자신이 만들어 판매하려는 상품이나 서비스가 팔릴 것이라는 가정이고, 두번째, 한번 팔린 다음에 지속적으로 성장할 것이라는 가정이다. 전자를 가치 가설values hypothesis 후자를 성장가설growth hypothesis이라 부른다. 대개 중견기업의 성과지표는 매출액, 수익, 성장률, 시장 점유율, 고객 만족도 등이 된다. 그러나 스타트업의 사업목표는 특이하게도 학습에 있다. 그 학습의 내용은 가치가설과 성장가설의 증명 노력을 통한 학습을 말한다. 이 두 가지 가설을 세상에서 제일 위험한 가설이라고 한다. 왜냐하면 스타트업의 경우 설립한 이후 5년안에 50%회사가 사라지고, 10년 이후에도 생존하는 기업은 5% 정도에 지나지 않기 때문이다.

이크티오스테가 혹은 바실로사우로스처럼 급격한 환경변화 속에서 살아남기 위한 유기체의 방향전환을 피봇팅pivoting이라고 한다. 시장환경이 급변하는 현대는 '피봇'하는 전환형 기업이 살아남는다. 스타트업은 최소사양으로 테스트 제품을 만들어 일주일에 한번씩 고객의 반응을 보고, 계속 제품을 변형해 나간다. 테스트 제품은 진짜 제품일 필요가 없다. 종이에 그린 그림 목업paper mockup이 사용되기도 한다. 재무분석은 나중 일이다. 그러므로 스타트업 기업들에게 불확실한 사업환경에서의 사업계획서 작성은 의미가 없다. 지갑을 열고 기꺼이 우리 제품을 구매할 얼리반젤리스트earlyvangelist라고 부르는 고객이 있는지 확인하는 것을 더욱 중요하게 생각한다. 그렇게 팔릴 제품을 확실히 만들고 시장에 출시를 하니 실패할 확률이 적다. 이러한 접근은 스타트업에서만 유용한 것이 아니다. 대기업에게도 새로운 사업을 테스트할 때 유용한 접근방법이다.

02 스타트업의 린 프로세스

전환형 기업의 모델인 린스타트업 철학을 요약하면 첫째는 "현장으로 가라get out of the building"이다. 두번째는 "고객으로부터 배워라learn from customer", 셋째는 빠르게 결정하고, 융통성 있게 변화하라decide faster, change up flexibly이다. 이를 위해 에릭 리스가 제안하는 원칙은 아래와 같다.

첫째, 고객 검증을 위한 최소한의 제품 즉, 최소사양제품Minimum Viable Product(MVP)을 만들어라.

둘째, 제품에 관심을 보이고, 구입하며 이에 대한 좋은 소식을 전파할 얼리반젤리스트를 찾아라.

세째, 만들기-측정-학습Build-Measure-Learn(BML)사이클을 신속히 반복하라. 아이디어가 완벽하지 않더라도 빨리 상품으로 만들어라. 즉, MVP 제품에 대한 고객의 반응을 측정하고, 모아진 데이터로부터 피봇 전략을 학습하는 사이클의 속도를 높이라고 주장한다.

에릭 리스는 자신의 첫번째 책 '린 스타트업'에서 "스타트업의 성공은 좋은 유전자의 결과나 시기, 장소 때문이 아니다. 올바른 프로세스를 따름으로써 얻어지는 것이다"라 주장했다.[8] 선형적 기업이 아닌 전환형 기업을 추구하는 스타트업이지만, 피봇팅하는 활동 역시 검증된 프로세스를 따를 때 성공할 수 있다는 말이다. 스타트업의 성공은 천부적 재능이 필요한 것이 아니다. 프로세스는 과학적이어서 배우고 실천하고 가르칠 수 있다. 스타트업 기업의 비즈니스 사이클은 학습에 중점을 두기 때문에 '에릭 리스'가 제안한 그림 11-1과 같은 린 순환 사이클이 일반적으로 수용되고 있다. Idea(아이디어) → Build(만들기) → Product(제품) → Measure(측정) → Data(데이터) → Learn(학습) 사이클이 그것이다. 6단계 중에서 동사형 단어만을 모아 축약하여 BML(Build, Measure, Learn) 사이클이라고도 한다.

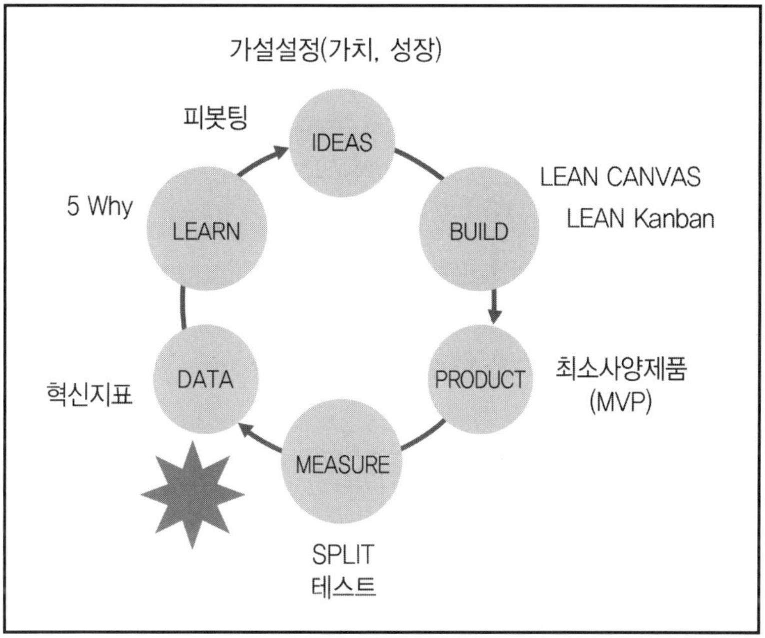

[그림 11-1] Lean 순환 사이클

사이클의 마지막이 학습learn임에 유의해야 한다. 먼저 아이디어 단계에서 가치가설과 성장가설을 설정한다. 비즈니스 모델 캔버스 혹은 린 캔퍼스와 같은 제품 기획 기법을 사용하여 최소사양제품을 만든다. 테스트 제품에 대한 혁신지표에 관한 고객의 반응을 스피릿 테스트 split test라는 기법으로 데이터를 수집 측정한다. 사양 중에서 고객 반응이 높은 선택지를 찾아

나간다. 가설과 다른 현상에 대하여는 근본적인 원인을 다섯 단계까지 추적하는 5 Why기법으로 학습한다. 이러한 선택지는 학습자산이 되어 다시 새로운 아이디어로 피봇팅하는 정보로 입력된다. 린 순환 사이클은 전형적인 순차적 개발 사이클과는 다른 새로운 개념과 용어들이 고안되었다. 그러나 린 간판이나 5 Why 같은 용어는 도요다 생산방식에서 채용한 용어들이다.

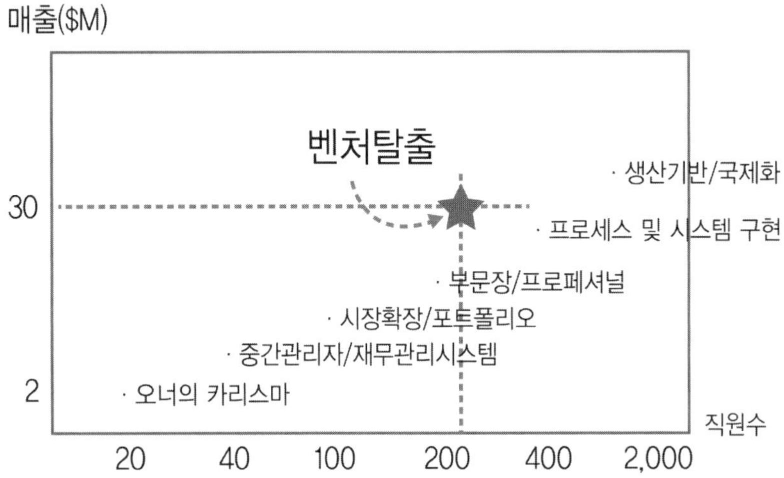

[그림 11-2] 스타트업의 성장 패턴

학습을 통해 가치가설과 성장가설이 증명되었다면, 스타트업은 더 이상 벤처가 아니다. 다음 단계는 확산scale-up의 단계로 넘어가게 된다. 확산 단계 이후는 벤처를 졸업하고 중견기업이 되는 것이다. 물론 중견기업이 되었다고, 지속적인 생존과 성장을 보증하는 것은 아니겠지만, 벤처로서는 더 이상 간주되지 않는다. 그림 11-2는 이러한 벤처 탈출의 경영패턴을 주요 이벤트로 표시한 그림이다. 스타트업의 졸업시기는 보통 300명 이상의 직원 혹은 3천만불 정도의 매출을 기준으로 판단한다.

03 린 프로세스 거버넌스와 혁신지표

실리콘밸리에서 시작된 린LEAN 개발방식은 제품개발을 리드하는 새로운 마케터를 필요로 했다. 일단의 전문가 그룹을 '그로스 해커Growth Hacker'라 부른다. 그로스 해커는 전통적인 MBA출신 마케터들의 일자리를 위협하고 있다. 그로스 해커는 마케팅 역량은 물론 코딩역량, 통계학적 분석력을 기본으로 한다. 이들이 각광받는 이유는 의사결정을 과거의 경험에서 얻어진 직관에 의존하지 않고, 실제 데이터 분석에 기초하여 현실을 판단하니 실패가 적기 때문이다. 미래의 결정을 과거의 경험에 의존한다는 것은, 미래도 과거와 같을 것이라는 가정이 깔려있어 위험하다.

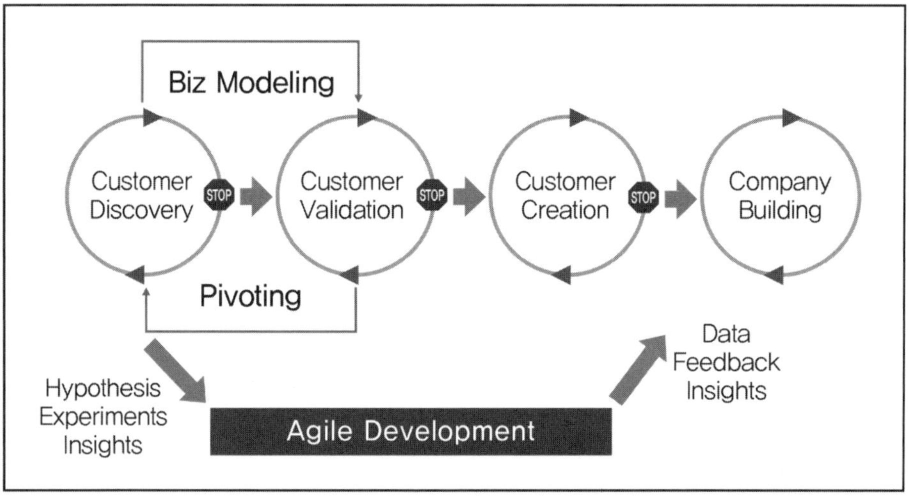

[그림 11-3] 린 고객개발 사이클

그림 11-3은 에릭 리스의 린 사이클 개발에 통찰을 준 것으로 알려진 스티븐 블랑크의 '고객개발방법론' 사이클이다. 순차적 개발방법론과 다르게 고객개발 방법론은 4단계의 활동 중 특히 고객발견과 고객검증 단계에서 피봇팅을 통한 많은 학습이 발생하는 사이클이 된다. 고객 검증이 완료된 이후에는 고객 생성과 기업성장의 단계로 나아간다. 그림은 상단의 마케팅 사이클과 하단의 애자일 개발 사이클을 나란히 표현하였다. 린 개발 프로세스에서는 이러한 단계별 진행을 통제하는 일이 주요한 프로세스 거버넌스 활동이 된다. 얼마나 많이 만들었는가 하는 산출로 생산성을 측정하는 방법이 아니라, 얼마나 제대로 된 학습을 했느냐로 생산성을 측정하는 것이다.[9] 린 사이클에서 학습을 위한 데이터 수집은 전형적인 기업의 데이터

수집방법과 다른 접근을 한다. 이들은 혁신지표innovation metric라는 데이터를 다룬다. 혁신지표는 진정한 경영지표로 간주되어 진짜 지표real metric이라고도 부른다.

허영지표(Vanity Metrics)

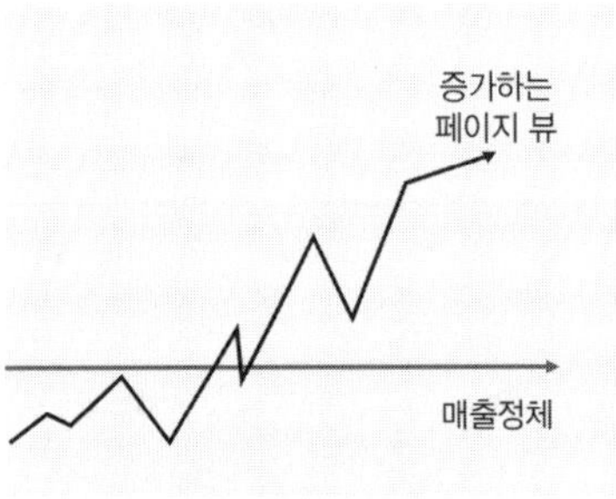

숫자가 지속성을 보증하지 못함

혁신지표(Innovation Metrics)

		가입 후 해당월						
		첫째달	둘째달	셋째달	넷째달	다섯째달	여섯째달	일곱째달
	1월	80%	75%	70%	65%	60%	65%	59%
	2월	85%	75%	65%	61%	65%	60%	
코	3월	87%	78%	70%	67%	63%		
호	4월	91%	88%	84%				
트	5월	92%	89%	97%				
	6월	93%	91%					
	7월	94%						

넷째달부터 이탈률이 감소함

첫째달 이탈률이 개선됨

집착, 입소문, 매출과 같은 활동성에 집중함

[그림 11-4] 허영지표와 혁신지표

혁신 지표는 단순한 매출이나 가입자의 증가가 아니라, 고객 군의 반응을 측정하는 방식으로 일명 코호트분석cohort analysis을 활용한다. 코호트는 co(with)+hort(garden)이라는 뜻을 지닌 라틴어로부터 유래했다. 로마 시대에 성격이 다른 부대의 주둔지라는 용어에서 유래하여, 유사한 통계학적 특징을 보이는 사람 집단을 표현하게 되었다. 코호트 분석은 단순히 매출이나 웹 방문자의 증가만을 보아서는 안된다. 그보다는 실제 구매고객의 생애주기 가치, 동료에게 퍼뜨리는 바이럴지수와 얼마만큼 재방문을 하고 재 구매하는지를 중시한다.

그림 11-4(좌)의 그림은 매출은 정체되어 있는데, 페이지뷰의 증가량을 보여준다. 린 스타트업 세계에서는 이러한 성과측정 방식을 허영지표vanity metric라고 부른다. 이러한 허영지표는 고객이탈에 대한 정보를 제공하지 못하고 성과지표가 미화되어 있다. 이러한 허영지표는 회사의 지속 가능성을 보증하지 못한다. 반면에 코호트 분석은 그림 우측처럼 코호트 (방문자 군)별 활동성에 집중한다. 코호트 별로 스프릿 테스트 혹은 A/B 테스트라는 방법을 사용한다.

비교 가능한 복수의 오퍼링과 마케팅 테크닉의 선택지를 동시에 펼쳐서, 코호트 군집단이 보이는 활동성의 추이를 측정하는 것이다. 확연한 차이에 대하여는 5 Why 방법으로 원인과 결과를 학습해 나간다.

그림 11-3과 유사하게 스타트업의 고객 개발 사이클은 그림 11-5처럼 5단계로 표현하기도 한다. 그것은 1) 고객이 가치가설에 공감empathy 하는 단계, 2) 고객이 가치가설에 집착sticky 하는 단계, 3) 고객이 주변에 입소문viral을 내는 단계, 4) 고객이 지갑을 열고 매출revenue을 발생시키는 단계, 그리고 5) 매출이 급증하여 벤처세계를 탈출하는 단계를 확장scale-up 혹은 확산expansion 단계라 부른다. 그림 11-5는 코호트 분석 기법을 SaaS(Software as a Service) 사업부분에 적용할 때 고려할 가치가 있는 성과지표의 사례를 몇가지 제시한 내용이다. 혁신지표의 측정은 각 단계별로 고객의 이탈률churn rate을 지속적으로 모니터링하고 측정하는 코호트 분석을 통해야 한다. 유의할 사항은 너무나 많은 성과지표는 오히려 초점을 흐릴 수 있다는 점이다. 고객개발 단계의 어느 순간에 가장 중요한 하나의 성과지표에 집중함이 추천된다. 이러한 '가장 중요한 하나의 지표'를 OMTM(One Metric That Matters) 지표라고 부르기도 한다.

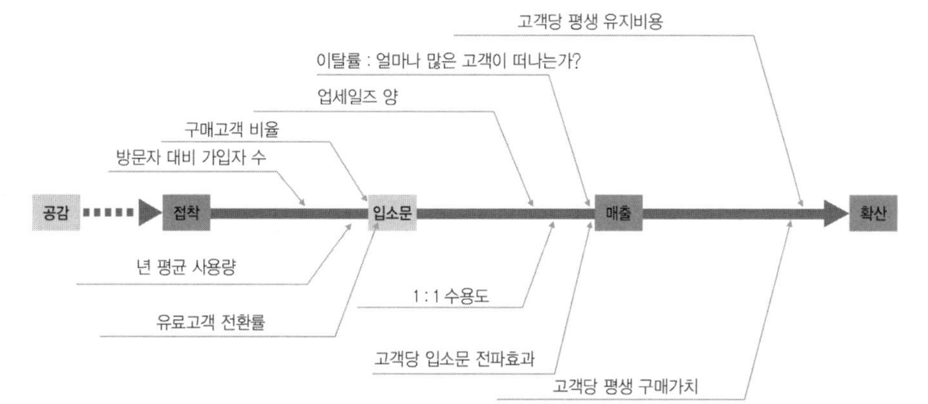

$$\text{이탈률(기간)} = \frac{(\text{이탈고객의 수})}{[(\text{기초 고객수})+(\text{기말 고객수})]/2}$$

[그림 11-5] SasS의 혁신지표의 사례

도요타 LEAN 생산방식을 만든 '오노 다이이치'는 "일단 계획을 세웠으면 그대로 지켜야 한다는 식의 사고 방식으로는 기업을 유지할 수 없다"고 일갈했다. 시장환경이 급격히 이리저리 바뀌는 때에 일관성이 오히려 기업의 위험을 가중시킬 수 있다는 경고의 말이다. 오히려 바람직한 경영자는 조삼모사, 조령모개의 태도로 전략적 선택을 지속적으로 테스트하고 바꾸어 나가야 한다는 말이다. 이제는 끈기 있게 열심히 일하는 것이 성공으로 이끌어 주지 않는 세상이 되었다. 전형적인 순차개발방식의 옹호론자는 이상과 같은 린 개발방식이 인터넷 앱이나 모바일 개발환경에만 유효한 방식으로 매도하기도 한다. 그러나, 최근에는 내구성 소비재 산업을 포함한 굴뚝산업까지 유효한 방법론으로 받아들여지고 있다. 국내에도 2010년대 초에 "Lean Startup Korea Group"이 만들어지고, 몇몇 오피니언 리더들이 LEAN 개발방식을 국내에 전파하기 위해 노력하고 있다.

리차드 도킨스가 '이기적 유전자'와 같은 저서를 통해 생물 진화론으로 문화 인류학적 문제에 대한 설명을 시도한지 40년이 넘었다. 이제 진화론이 비즈니스 프로세스의 세계에도 영향을 미치고 있다. 잘게 나누어 개발하는 것이 큰 일괄작업보다 제품 생애주기 비용이 절감된다. 기업은 급변하는 경영환경 하에서 적은 비용을 사용하여 생존가능성이 높은 선택적 대안을 지속적으로 바꾸어 가며 확인하여야 한다. 공룡과 같은 규모의 경제가 아니라, 유연하고 빠른 것이 적어도 현재 산업 사회의 생존 경쟁력이다.

다윈은 "마지막까지 살아남는 건 가장 힘이 센 종이나 영리한 종이 아니라 변화에 가장 적응을 잘한 종"이라 말했다. LEAN 개발방법론을 접하면서 갈수록 서양에서 추구하는 경영가치가 "도라 말할 수 있는 도는 불변의 도가 아니다"라는 노자의 도덕경 1장 "道可道, 非常道"를 떠올리게 만든다. 디지털TV가 그랬고, 스마트폰이 그러했고, 전기자동차가 그렇게 예전의 기술을 갈아치워 버렸다. 이들 기술도 어떠한 기술로 교체될지 알 수가 없다. '린 개발방법론'은 벤처이건 대기업의 경영자들이건 진지하게 귀 기울이고 생각해 볼 주제이다. 에릭 리스가 말한 바와 같이 스타트업의 리더들은 항상 올바른 프로세스 거버넌스 체제를 유지해야 한다. 린 프로세스 거버넌스의 목적은 시장환경에 적응하고, 고객의 수요를 발굴해 나가는 피봇팅 문화 구현과 통한다. 즉, 활성화된 '리좀'과 같은 조직문화 유지가 린 프로세스 거버넌스의 요체이다. 표 11-1은 몇가지 키워드 관점에서 중견기업과 스타트업 기업의 특징을 비교한 표이다.

[표 11-1] 스타트업과 중견기업의 특징 비교

구분	중견기업	스타트업
경영목표	생존과 성장(번영), 평판	생존과 학습
개발방법론	선형적, 순차적 개발	전환형 개발
테스트	시제품 테스트	최소사양제품, A/B 테스트
마케팅 리드	제품, 시장 마케터	그로스 해커(특히 eBiz관련)
비즈니스 사이클	기획, 설계, 생산, 판매, 유통	만들기, 측정, 학습
성과지표	매출, 이익, 점유율, 생산성	학습(가치가설, 성장가설의 검증)

Chapter 12 산업별 프로세스 거버넌스 사례

본 장에서는 여러 산업군 중 공공, 금융, 제조의 3개 업종에서 거버넌스의 전략 수립과 이행에 지대한 영향을 미치는 몇가지 키워드에 집중한다. 정부 3.0, 바젤, 솔벤시, 환경규약이 해당 키워드이다. 이들 키워드에 관련된 프로세스 거버넌스의 맥락적 설명은 여러 산업계에서 벌어지고 있는 거시적 거버넌스의 트랜드를 대략적으로 이해하도록 도와줄 것이다.

01 공공기관: 정부 3.0

우리나라 정부가 제공하는 공공서비스는 2만여개가 넘는다고 한다. 공공서비스가 너무나 많기 때문에 자신이 받을 수 있는 서비스가 무엇이고, 언제쯤 필요하고, 어디서 받을 수 있을지 알기가 매우 어렵다. 정부의 서비스 체계의 발전은 3단계로 진척되었다고 설명된다. 정부 1.0은 일방적으로 알아서 주어지는 공공서비스 체계였다면, 정부 2.0은 국민이 요구하면 응답하는 공공서비스 체계이다. 최근 말하고 있는 정부 3.0은 전향적으로 국민이 행복을 느끼도록 선제적으로 제공하는 공공서비스 체계라고 설명된다. 알아서 제공하는 서비스를 설계하고 제공하기 위해서, 정부는 경영의 세계에서 생애주기 개념을 빌려왔다. 국민이 태어나서 죽을 때까지, 소위 요람에서 무덤까지 각 사이클 마다 필요한 서비스를 전향적으로 제공하겠다는 사상이 정부 3.0이다. 이러한 생애주기 개념으로 복지 선진국인 북유럽의 프로그램을 매핑하여 벤치마킹 할 수도 있고, 타 부서에서 제공하는 best practice를 참조할 수도 있다. 이처럼 정부 3.0체제는 합리적이고 체계적인, 그리고 선순환적 정책 이행을 위한 프로세스 거버넌스의 접근을 용이하게 만들 수 있다.

그림 12-1은 정부가 발표하는 전형적인 국민생애주기의 개념도이다. 정부기관은 이러한 국민생애주기에 따라 맞춤형 서비스를 제공하도록 거버넌스 정책을 설계하고, 공공서비스를 제공하여야 하는 의무가 있다. 일례로 취업 시나 주택 대출에 필요한 각종 민원 서류의 출력 서비스도 블록체인 기술을 이용하는 프로젝트가 2019년 현재 진행 중이다. 이 프로젝트가 완료된다면 회사, 은행, 고용센터 등에서 요구하는 민원서류를 종이서류 대신에 모바일 인터넷

으로 제출할 수 있게 되어 증적 처리의 편리성을 올려 줄 것이다. 한편, IT 기술의 소외계층(노인층, 사회 취약계층)에 대한 균형 잡힌 공공서비스 제공 역시 중요한 프로세스 거버넌스 상의 고려사항이 된다. 복잡한 정부의 공공서비스 체계를 국민생애주기에 기반한 정부 3.0 하나로 모두 설명할 수는 없다. 그러나 거시적 관점에서 공공기관의 프로세스 거버넌스의 고려사항으로 정부 3.0 개념을 간과해서는 안될 것이다.

[그림 12-1] 국민생애주기의 개념도(정부 3.0에서 발췌)

02 금융업계: 바젤(BASEL)과 솔벤시(SOLVENCY)

1. 은행업계의 바젤협약

은행 업계의 비즈니스 프로세스에 가장 큰 영향을 미치는 국제적 규제는 BASEL I에 이은 BASEL II 그리고 앞으로 예견되어 있는 BASEL III가 있다. 바젤협약은 BCBS(Basel Committee on Banking Supervision)에서 은행 자본 운영의 건전성을 보장하기 위한 방안으로 시작되었다. BASEL II는 2004년 6월에 개념적 프레임워크가 만들어지고, 2006년 7월에 포괄적 버전 comprehensive version으로 공표되었다. BASEL 조약의 핵심은 위험가중자산 RWA(Risk-Weighted Asset)의 개념을 이해하여야 한다. 은행은 항상 위험가중자산의 일정 비율을 지불 자산으로 유지하여야 한다.

은행이 안고 있는 리스크는 신용 리스크, 운영 리스크, 시장 리스크, 금리 리스크가 있다. 시장 리스크와 금리 리스크는 은행이 통제할 수 있는 리스크가 아니다. 결국 은행이 통제할 수 있는 신용 리스크와 운영리스크에 대하여 신용 회복력credit resilience를 유지하도록 강제하는 조약이 BASEL 협약이 된다.

1974년도에 발효된 BASEL I은 국제결제은행Bank for International Settlement(BIS)에 의하여 일반은행들이 일정 비율의 지불 가능한 자기자본을 보유하도록 강제하면서 시작하였다. 이러한 자기자본 비율을 BIS 비율이라 부른다. 당시 통일된 BIS 비율은 8%였다. 그러나 BASEL I의 내용이 은행의 경영능력을 고려하지 않았다는 비판으로부터 BASEL II의 개념이 형성되었다. BASEL II는 은행이 보유한 내부 정보를 활용하고, 금융리스크를 관리하는 은행에게 인센티브를 주고, 리스크 관리가 미흡한 은행에게는 보수적인 표준 BIS비율을 강제하는 특징을 가지고 있다. 즉 BIS비율과 더불어 신용 및 운영리스크 관리시스템을 통하여 축적된 정보를 활용하여 자기자본 비율을 유지하도록 허용한 것이다. 그러나 은행은 어떻게 그러한 BIS 비율을 주장하는지 설명책임accountability를 져야 한다. 설명책임의 의미에 대하여는 Chapter 8의 제2절에서 다룬바 있다.

BASEL II의 개념은 은행의 신용도를 떠 받치는 지지대로서 크게 3개의 기둥pillar 개념을 도입했다. 마치 3개의 다리로 굳건히 솥을 받치는 왕실의 신성한 제사도구인 정(鼎)의 형상과 같다. 이것의 첫째 기둥은 최저 자기자본비율BIS이고, 둘째 기둥은 감독당국(국내의 경우 금융감독원)의 점검, 셋째는 시장의 규율이다. 이러한 세개의 기둥이 균형을 이룰 때 금융업의 건전성이 보증될 것이라 상정하는 것이라 생각한다.

최저 자기자본 비율은 결국 은행의 레버리지 비율이다. 은행들은 투자 효율성 측면에서 낮은 BIS 비율을 도모하려는 것이 생리이다. 이러한 BIS 수준은 은행이 어떠한 신용 리스크와 운영 리스크 평가 방법을 쓰고 있는지로 타당성이 설명된다. 먼저, 신용 리스크의 경우, 내부의 정보자산이 부족한 은행은 표준방식을 따르면 될 것이고, 관리역량이 뛰어난 은행은 내부계산 방식을 준용할 수 있다. 내부방식을 인정받기 위하여는 3가지 조건이 필요하다. 1) 변별력이 있는 은행신용등급평가 시스템을 운영하여야 할 것이고, 2) 5년이상의 기초자료를 토대로 한 부도확률probability of default 모델을 갖추고 있어야 한다. 또한 3) 신용등급의 평가 과정에 대한 독립적인 감사를 받아야 한다.

두번째, 운영리스크란 '부적절하거나 잘못된 내부절차, 직원, 시스템 또는 외부사건으로 인해 발생하는 손실리스크'를 말한다. 운영 리스크의 산출방식 역시 세가지 방식이 있다. 첫째는 과거 3년간의 총이익의 일정비율을 필요한 자기자본 규모로 산정하는 기본지표 방식, 둘째는 표준방식으로 은행의 영업활동을 기업, 소매, 자산관리 등 8개 부분으로 나누어 각 영업부문별로 총수입의 일정비율을 자기자본 규모로 산정하여 합산하는 방식이다. 마지막 고급측정방식은 은행의 내부 모형에 기초하여 필요자기자본을 산출하는 가장 정교한 방식이지만 감독당국의 승인이 필요하다.

결론적으로 BASEL II의 첫번째 Pillar의 철학은 두 가지로 요약할 수 있다. 첫째, 은행이 합리적인 리스크 관리 시스템과 프로세스를 운영하고 있고, 해당 프로세스의 적정성을 설명할 수 있어야 한다. 둘째, 첫째를 만족할 경우 은행에 보다 유리한 리스크평가 방식을 통한 공격적인 BIS비율을 허용할 것이다라는 개념이다. 이러한 리스크 관리 프로세스에는 최악의 시나리오에 따른 스트레스 테스팅과 확률이론과 같은 기초적인 통계적 기법이 활용된다. 은행의 선진화된 리스크 평가방식은 낮은 BIS 비율을 도모할 수 있고, 높은 레버리지의 이점을 이용한 수익성과 연결되는 경쟁력을 안겨준다.

두번째 기둥인 감독당국의 점검은 '은행들의 리스크 관리체계 및 자본 적정성을 점검하고 필요한 경우 적절한 조치를 취하도록 명령할 수 있는 규정'들을 말한다. 감독 당국의 점검 사항은 1) 은행의 계정별 금리 리스크, 2) 위기 상황의 분석체계(스트레스 테스팅 등) 검증, 3) 신용 리스크를 발생 시킬 수 있는 편중 여신의 정도를 검토한다.

세번째 기둥인 시장규율은 '은행의 리스크 수준 및 자본 적정성에 대한 공시강화'를 핵심으로 하는데, 보이지 않는 손이 작동하는 시장의 자율적 매커니즘을 활용하는 개념이다. 공시를 강화하면 시장 참가자들이 은행에 대하여 간접적인 감시와 평가 기능을 높일 수도 있다. 위험도가 높은 은행과의 거래를 자제하는 추세가 은행 스스로 지불능력을 보증하려는 힘으로 작용할 것이라는 가정에 기초한다. 이는 첫번째 BIS비율 기둥과 감독당국에 의한 두번째 기둥을 보완한다. 공시항목은 자기자본의 세부 내역(유동성)과 리스크별 필요자본의 규모, 리스크 수준에 대한 질적/양적 정보와 같은 것으로 해당은행의 자본구조 적정성을 알 수 있다. 공시 주기는 원칙적으로 반년, 국제금융업무를 영위하는 주요은행은 분기 단위로 공시해야 한다. 이상과 같은 BASEL II에 대비하여 은행이 시스템 및 프로세스 거버넌스상 안고 있는 과제는 다음과 같다.

[표 12-1] BASEL II 대비 시스템 및 프로세스 거버넌스의 과제

카테고리	목적	프로세스 설계의 고려 사항
측정시스템 구축	시장 리스크, 금리 리스크와 더불어 신용리스크, 운영리스크의 측정	• Risk 아키텍처(Risk Breakdown Structure) 설계 • 솔루션 파트너의 Best Practice 도입 고려
데이터베이스 구축	• 거래고객의 신용리스크 IRB(internal rating-based approach) 데이터 • 5년간 장기평균 부도율 • 7년간 부도 시 손실률 등	• 기업 금융과 소매금융 별 기초 IRB, 고도 IRB 데이터 베이스 구축 • 리스크 데이터의 시계열 축적 프로세스 • DW, DM, Grid DB 구조의 설계
신용평가모형 도입 및 정비	• 바젤 I, II와 향후 III에 대한 설명책임(accountability)역량 및 증적 보증 • 은행의 경영효율성 증대	• 확률모형의 설계 • 리스크 데이터 크린징 프로세스 • BIS비율 및 자기자본총계 산출 • 여신관리 시스템과의 연계
유연한 프로세스 및 데이터 구조	• 은행 합병 시 데이터 및 업무 절차의 연속성	• 데이터 표준체계 유지 • 프로세스 마이닝 환경 구축

BASEL III는 2010년 11월에 새로운 작업에 합의하였고, 몇 번 발표가 연기되었다. 현재로서는 2022년 1월경에 공표될 것으로 예상되고 있다. BASEL III는 그 내용이 확정되지는 않았지만, 1) BIS 기준 자본 규제를 좀더 세분화 하고 항목별 기준치를 상향할 것으로 예상된다. 2) 완충자본buffer capital과 레버리지(차입투자)를 규제하고, 3) 자본의 적정성, 스트레스 테스

팅, 시장 유동성 리스크를 좀 더 강화할 것으로 알려져 있다. 추가적인 완충자본을 의무적인 자본 보유버퍼capital conservation buffer와 자율적인 순환완충 버퍼discretionary counter-cyclical buffer로 구분하고 후자의 경우 신용도가 상승하는 시점에는 약간의 국가별 재량권(2.5% 자본 한도)을 허용할 것으로 예상된다. 이상의 BASEL I, II, III가 은행의 경영에 대한 지나친 간섭이고 비판할 수도 있겠으나, 금융시스템의 건전성은 일반시민의 안전한 경제활동에 필수적인 요건이므로 국가나 국제기구의 통제와 거버넌스는 반드시 필요하다는 의견이 대다수이다.

2. 보험업계의 솔벤시 협약

은행권에 BASEL II가 있다면, 보험업계에는 SOLVENCY II가 있다. SOLVENCY II는 보험금의 지급여력제도와 관련된다. 솔벤시 II는 '보험부채 평가 및 리스크 측정을 통해서 보험회사의 지급여력(자기자본)을 보증하는 새로운 국제표준'이다. SOLVENCY I는 1973년에 발표되었고, SOLVENCY II는 2000년 초반부터 논의되어 2016년 1월에 발효되었다. 지급여력제도는 '보험회사가 예상하지 못한 손실발생시에도 보험계약자에 대한 보험금 지급의무를 이행할 수 있도록 책임준비금 외에 추가로 순자산(자기자본=지급여력)을 보유하도록 하는 제도'로서 보험회사에 대한 건전성 규제제도 중에서 가장 중요한 제도이다.[10)] SOLVENCY는 기본적인 개념 프레임워크를 BASEL II에서 빌려왔다. BASEL II 처럼 SOLVENCY II의 기둥 개념도 매우 유사하다. 솔벤시 II 역시 보험업계의 신용도를 떠받치는 지지대로 3개의 기둥pillar 모델을 사용한다.

표 12-2는 SOLVENCY II와 BASEL II/III의 기본 구조를 비교한 표이다. 표에서 간파할 수 있듯이, 두 개의 국제규약이 통제체제는 세 개의 Pillar로 구성되며, 각 통제 필라의 속성도 매우 유사하게 정의되어 있음을 알 수 있다.

[표 12-2] 바젤 II와 솔벤시 II의 기본 구조 비교

통제 기둥	BASEL II/III	SOLVENCY II
Pillar I (양적 규제)	• 자기자본비율 • 유동성 비율	• 책임준비금 산출 • 요구자본(지급능력요구자본: SCR, 최소요구자본:MCR) • 가용자본

통제 기둥	BASEL II/III	SOLVENCY II
Pillar 2 (질적규제)	• 내부자본적정성 평가 • 감독자 점검 • 추가자본 부가	• 자체리스크 평가 • 감독자 점검 • 추가자본 부과
Pillar 3 (공시)	• 시장공시	• 감독자 보고 • 시장공시
비고	• 은행업계 대상 규제 • BASEL III는 2022 예상	• 보험업계 대상 규제 • 위험발생 확률(신뢰도) 기반

㈜ MCR: minimum capital requirement, SCR: solvency capital requirement

금융업의 국가간 경계가 없어지는 추세에 따라 여러 외국계 은행이나 보험사가 국내에서 활동하고 있다. 국적이 어디이건 이러한 국제적 규제에 대한 내용은 어느 금융기관이던 예외가 없다. 국내법의 경우 국제기관과 비교하여 일부 미약한 규제가 적용되거나 준비기간을 두고 있다. 그렇다 하더라도 금융기관이 선제적으로 국제 수준에 맞추어 대응하고, 시스템을 갖추려는 자세가 적절한 프로세스 거버넌스 정책이 될 것이다.

03 제조업계: 환경협약

위키피디아에 언급된 국제적 환경 협약은 현재 170건이 넘는다. 국가가 이러한 국제환경협약에 가입하게 되면, 정기적인 보고를 해야 하는 의무사항이 발생하며, 이를 위해서 자국내의 기업에게 보고 의무를 부과하거나 법을 제정하여 시행령을 통한 통제정책을 수행하게 된다. 특히 교토협약은 생산 프로세스 상에서 에너지를 많이 사용하는 제조업체의 경우 피해갈 수 없는 중요한 환경협약이다. 국내의 경우 미세먼지에 의한 대기 오염의 경우 한반도 통일보다도 국민들이 더 큰 관심을 가지는 정부과제가 되었다. 이러한 환경오염에 영향을 미치는 굴뚝 산업의 경우 환경보존 비용에 부담이 더욱 높아질 것으로 예상된다. 아래는 대표적인 국제 환경협약이다.

- ◆ 습지를 보호하기 위한 람사르 협약Ramsar Convention
- ◆ 오존층 파괴를 막기 위한 노력, 몬트리올 협약

◆ 전세계에 유해폐기물의 이동을 금지하는 바젤 협약
◆ 사막화 방지협약
◆ 지구 온난화를 막기 위한 교토 협약

지구온난화를 발생시키는 탄소와 질소가스의 배출에 관해서, 기업들은 생산 프로세스 상에서 소비되는 직간접 화석에너지와 이산화탄소와 이산화질소의 발생량을 측정하고, 이를 절감하는 프로세스 개선을 지속적으로 추진하여야 한다. 생산 프로세스 상에서 할당배출량 수준을 초과하는 유해가스를 발생한 경우는 벌금을 내거나, 한국거래소KRX의 배출권거래제도 Emission Trading System(ETS)를 통해서 탄소 배출권을 구입하여야 한다. 반면에 할당배출량 이하로 절감한 이산화탄소량의 경우는 시장에서 탄소 배출권을 팔 수 있다. 일본기업의 경우는 러시아의 정유공장과 화력발전 시설을 개량하는 프로젝트에 자금을 투자하여, 절감된 탄소량의 배출권을 확보하는 방법과 같은 국가간 환경투자 전략의 사례도 빈번하게 발생한다.

이러한 정책은 환경오염을 시장외 경제로부터 수요와 공급의 시장경제로 포함시켜 환경문제를 해결하려는 혁신적 시도라 할 수 있다. 유의할 사항은 시장경제안에서 탄소배출권 거래가 발생하기 때문에 사제기 등과 같은 이유로 제조업체가 부담해야 할 거래비용이 부담이 될 수 있다는 사실이다. 최신 선물가격은 한국거래소 홈페이지에서 확인할 수 있다.

제조업체가 탄소량 발생에 대한 증적을 제시하기 위하여, 생산 공장은 공정 전체에 걸쳐 에너지 투입량과 탄소 발생량을 물리화학적 공식에 의하여 계산하여야 한다. 그리고 이러한 계산의 적정성을 증빙할 합당한 문서정보와 데이터를 외부 전문기관에게 검증을 거친 후 환경부에 인증을 받아야 한다. 또한 이러한 정보의 시계열 정보 제시를 통하여, 이산화탄소 배출관리에 대한 적정한 통제 추이를 보여주는 것이 요구된다.

이상과 같은 환경관리에 대응하는 경영기법을 환경경영Total Quality Environment Management (TQEM)이라 한다. 전형적인 품질경영Total Quality Management(TQM)에 환경관점이 부가된 경영기법이다. TQM의 국제표준으로 ISO 9000이 있는 것과 마찬가지로, TQEM의 국제표준인 ISO 14000은 BS7750의 템플릿을 기반으로 1996년 발표되었다. 그림 12-2는 전통적인 품질경영 TQM과 환경경영TQEM의 대상 업무의 범위간 차이를 보여준다.

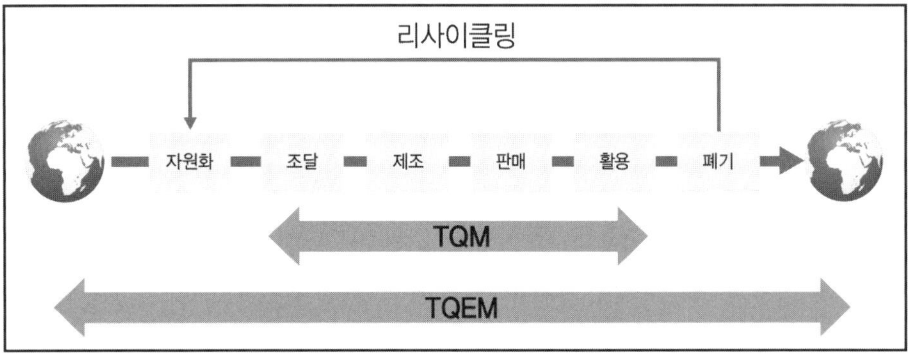

[그림 12-2] TQM과 TQEM의 대상 업무

표 12-3은 품질경영과 환경경영의 주요한 키워드의 차이점을 보여준다. 환경경영은 전형적인 TQM의 영역인 연구/개발, 생산/유통, 마케팅/영업의 관리영역에 그린green이란 접두어를 붙이는 활동이다. 특히 그린엔지니어링은 연구개발과 생산유통에 걸쳐 중요한 기술이 된다. 그린엔지니어링에 접근하는 단계는 두 가지 이루어진다. 첫째는 환경친화성을 측정하기 위한 환경지수green indicator를 개발하고, 둘째는 환경지수를 이용하여 설계자가 엔지니어링 의사결정을 평가, 비교, 집행할 수 있는 툴을 제공하는 것이다.[11)]

[표 12-3] 품질경영과 환경경영의 비교

구분	품질경영(TQM)	환경경영(TQEM)
표준	ISO 9000	ISO 14000
목표	상품의 고품질	기업의 고품질(상품, 환경)
감시인	소비자	소비자, 지역사회, 정부, 국제NGO
프로세스집중	불량품 제로, 원가 절감, 납기 단축	+ 환경고려 설계 및 생산방법 (리사이클링 극대화, 무오염, 무방출, 포장 및 제품 폐기물 최소화, 에너지 절감)
감사	회계감사	행정법대응 감사, 책임감사, 방출최소화감사, 정책순응 감사, 환경경영체제 감사, 수명주기 감사

환경지수의 개발은 자연으로부터 원재료를 자원화 하는 것부터 시작하여, 마지막으로 이를 공기 중에 기체 혹은 분말가루로 방출하거나 하수로 흘려버리거나 지하에 매설하기까지의 전

과정 평가에 기초하고 있다. 이러한 전 과정 평가모델은 블랙박스 모델 혹은 활동모델activity model 등으로 설명된다. 두 모델은 모형이 거의 유사하지만, 활동모델이 좀더 자세한 모델로서 설계의사결정, 물질과 에너지를 분리하여 표현한 것이 차이점이다. 그림 12-3은 활동모델의 개념모델이다. 활동모델로 전체 생산과정의 모델링을 완성한다면, 공정상에서 발생되는 유해가스의 질량과 에너지 소비량이 계산된다. 이처럼 그린엔지니어링은 연속된 활동모델의 프로세스로 전과정평가모델을 설계하고, 환경지수의 추이를 모니터링하고 개선하는 목표를 가진다.

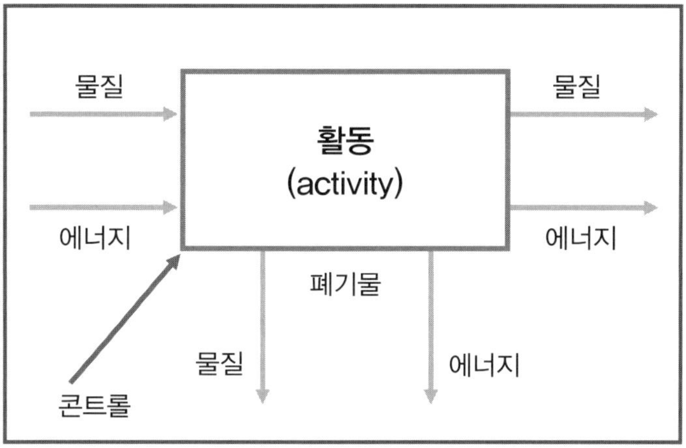

[그림 12-3] 활동 모델

표 12-4는 환경지수로 사용되는 일부 지표의 사례를 정리한 테이블이다.[12)] 이러한 환경지수는 제조업체의 생산물 종류에 따라 다른 유형의 측정지표가 선택될 수 있을 것이다. 그러나 환경오염물질에 대한 어떤 측정지표가 선택된다 하더라도 생산 프로세스에 관련하여 거버넌스 효율성에 대한 정량적 통찰과 시계열적 성과관리의 지표로 사용될 수 있을 것이다.

[표 12-4] 환경지수의 사례

환경지수명	내용
재활용률 (percent recycled)	하나의 제품에서 재활용된 재료의 비율
분해성 (degradability)	제품의 총 부피 중에서 분해성 용적 비율
체적분해시간 (junk value)	제품이 분해되는 시간을 측정하는 단위로서 단위는 cubic-inch
효용기간 (useful life)	인간생활에 효용이 있는 시간. 만약 재료가 100% 재활용이 된다면 값은 무한대
총오염량 (total hazardous fugitives)	생애주기기간 중 방출되는 오염원의 총 중량을 측정하는 기준. 제품의 단위중량 대비 위험물질의 단위중량비로 표현

참고문헌

1. 김봉선 & 김언수(2008), "사베인-옥슬리 법이 기업지재구조와 기업경영에 미치는 파급효과와 학문적, 실무적 시사점", Journal of Strategic Management, Vol. 11, No. 1.
2. http://blog.daum.net/ilovedominic/8894874
3. 참조 URL: c-program.org
4. Keilburger, Craig et al.(2018), WEconomy, Wiley.
5. Kielburger, Craig et al.(2018), Weconomy, Wiley.
6. http://blog.daum.net/ilovedominic/8894872
7. 이정규(2014), "린 스타트업과 비즈니스 진화론", ZDNET 전문가 컬럼.
8. 에릭 리스, 린 스타트업(2012), 인사이트.
9. Ibid.
10. 정신동(2013), "솔벤시 II와 RBC제도의 비교분석: 국내 보험회사의 지급여력제도에 대한 시사점을 중심으로", 금융정보연구, Vol. 2, No. 2, 2013년 8월.
11. 이정규(1995), "환경친화적 제품개발을 위한 정보시스템에 관한 연구", 서강대학교 경영대학원.
12. Chandra, D. Navin(1992), "Design for Environmentability", Environentally-Conscious Design & Manufacturing: The competitive Strategies of Inudustry Leaders, CAD/CIM Mananagement Roundtable, pp. 67-70.

PART 05 프로세스 거버넌스의 관리 도구

PART 05 >>

프로세스 거버넌스의 관리 도구

마지막 장에서는 이상의 프로세스 거버넌스 이론과 현업 적용의 이슈와 고려사항에 기반하여, 본서가 제시하는 프로세스 거버넌스 개선활동에 관한 역량 측정방법과 성숙도 모델을 설명한다. 아울러서 프로세스 거버넌스를 모니터링하고 검증하는 정보시스템 솔루션으로 각광받기 시작하는 프로세스 마이닝에 대하여도 관리자에게 적합한 수준으로 설명할 것이다.

Chapter 13 프로세스 거버넌스 측정도구

산업계에는 조직의 성과관리를 위하여 다양한 성과측정 프레임워크가 개발되어 활용되고 있지만, 레비스Michel Lebas는 결코 완전히 객관적인 성과지표는 존재하지 않으며, 성과지표 프레임워크는 제각기 장점과 약점을 가지고 있다고 주장하기도 했다.[1] 본서에서는 '프로세스 거버넌스 역량'에 속하는 요인을 도출하기 위하여 네 개의 역량요인 차원dimension별로 5개의 측정 도구를 만들어 총 20개의 변인을 설계하였다. 그 다음으로 설문조사에서 취합한 데이터의 탐색적 요인분석을 통하여 측정지표에 대한 타당성과 신뢰성을 적정하게 검증하였다.[2] 또한 현업에서의 활용도를 높이기 위해서 체크리스트 형태의 레벨 2 측정 도구 역시 개발할 필요가 있었다. 레벨 2 체크리스트의 문항수는 20개 변인별로 5개씩 100건으로 디자인하였으며 부록 A에 '프로세스 거버넌스 체크리스트'라는 제목으로 첨부하였다.

학문 도메인에서 정의를 내리는 방법은 개념적 정의와 조작적 정의로 구분된다. 개념적 정의는 추상적 개념을 보편적 언표로 정의하는 방법으로 연구에서 활용되는 주요 용어를 개념적으로 정의할 때 사용한다. 예를 들어 Chapter 8의 box에서 설명한 정의 부분이 개념적 정의에 해당한다. 한편 조작적 정의는 조사하고자 하는 개념을 측정가능하고, 관찰 가능한 실제 현상과 연관 지은 정의로서 연구자 별로 일치하지 않을 수도 있다. 이러한 조작적 정의가 널리 활용되기 위하여 측정 도구로서의 신뢰성과 타당성 검증이 필요하다. 아래는 4개 역량차원 별 측정 도구의 설계 방법에 대한 조작적 정의 기반의 모델이며 전술한 바와 같이 탐색적 요인분석 기법을 통하여 적정하게 검증하였다. 아래에 설명할 4개 측정지표의 신뢰도를 설명하는 크롬바흐 알파 값은 0.883~0.926이다.[3)]

01 전략연계 측정도구

그림 13-1는 '전략연계aligning' 역량의 조작적 정의를 위하여 활용한 모델이다. 이 모델은 비즈니스 프로세스와 관련된 5개 요소로 구성된 모델로서 하몬Paul Harmon이 제안한 전형적인 비즈니스 프로세스의 모델을 채용하였다. 이 모델은 프로세스 상의 (1) 해당 프로세스, (2) 선행 프로세스, (3) 후행 프로세스, 그리고 이들 프로세스가 가동되는 (4) 시스템 인프라, 마지막으로 프로세스의 통제활동인 (5) 목표와 제한사항을 함께 제시한 모델이다.[4)]

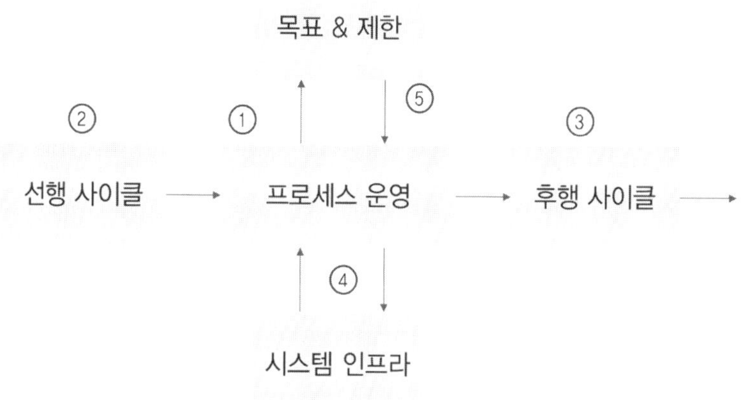

[그림 13-1] 전략연계 역량 참조모델

표 13-1는 그림의 5개 변인(변수)으로 '전략연계'에 충분성을 검증하는 설문 도구들이다. 표는 그림의 개념 모델에 따라 연계역량의 달성 수준을 측정하는 질문으로 리커드 척도 5단

계로 계산한다.

[표 13-1] 전략연계 역량을 위한 측정 도구

순번	측정 도구	변인명
1	당면한 조직의 전략적 목표에 맞추어 프로세스가 적정하게 구현되어 있다.	목표연계
2	선행(앞) 프로세스의 결과물이 담당 프로세스의 목표달성을 적정하게 지원한다.	선행연계
3	담당 프로세스의 결과물이 후행(뒤) 프로세스의 목표달성을 적정하게 지원한다.	후행연계
4	설계된 프로세스 요건을 정보 시스템이 적정하게 충족시키고 있다.	정보연계
5	프로세스의 성과지표가 조직의 사업목표와 적정하게 연계되어 있다.	지표연계

5개 질문 항목은 전략연계에 관련된 비즈니스 프로세스의 흐름과 통제에 관련된 요인을 포괄적으로 함축하고 있는 것으로 판단한다. 본서는 표의 질문을 거버넌스 프레임워크의 전략연계 달성도를 측정하는 도구로서 활용할 것이다. 조작적 정의 관점에서 '전략연계'란 조직목표와 프로세스와의 연계, 선행 프로세스와의 목표연계, 후행 프로세스와의 목표연계, IT시스템의 프로세스 요건 만족, 프로세스 성과지표와 사업목표 사이의 연계정도를 측정한다. 전략연계의 레벨 2 측정 도구로 이상의 각 변인별로 5개씩 소계 25개의 레벨 2 체크리스트 항목을 부록에 첨부했다.

02 권한강화 측정도구

그림 13-2은 '권한강화empowering'의 조작적 정의를 위하여 활용한 모델이다. 이 모델은 기존의 프로세스 라이프 사이클process life cycle 모델을 일반화하여 만든 단순한 프로세스 관리 모델이다. 모델의 상단에는 프로세스 라이프 사이클이 있다. 프로세스를 설계하고, 실행하며, 성과지표를 측정하여 앞 단의 설계단계에 피드백 하는 사이클이다. 모델의 하부에는 프로세스 라이프 사이클을 지원하는 인적자원과 더불어 그 밑에 IT와 같은 비인적자원의 3단계 프레임워크로 구성되어 있다. 이 모델은 프로세스 라이프 사이클 상에서 (1) 사업목표를 결정할 권한, (2) 업무 프로세스의 설계(개선) 권한, (3) 선·후행 성과지표 합의 권한 (4) 다기능팀 구성 권한, 마지막으로 (5) 프로세스 자원 배정 권한의 다섯 가지 요소로 충분성을 검증하려고 디자인한 모델이다.

권한강화의 조작적 정의를 검증하는 질문은 표 13-2와 같다. 팀원은 익숙하지 않은 의사결정 활동을 수행할 경우 반드시 조력자의 조언을 구해야 한다. 여기서 조력자라 함은 도메인의 최고 기술 전문가 혹은 비즈니스 전문가를 말한다. 반드시 라인의 의사결정권자를 의미하지 않는다. 조직원이 조력자의 조언을 구하는 조직문화를 특별한 사유 없이 지키지 않으면 프로세스 정책 위반으로 간주된다.

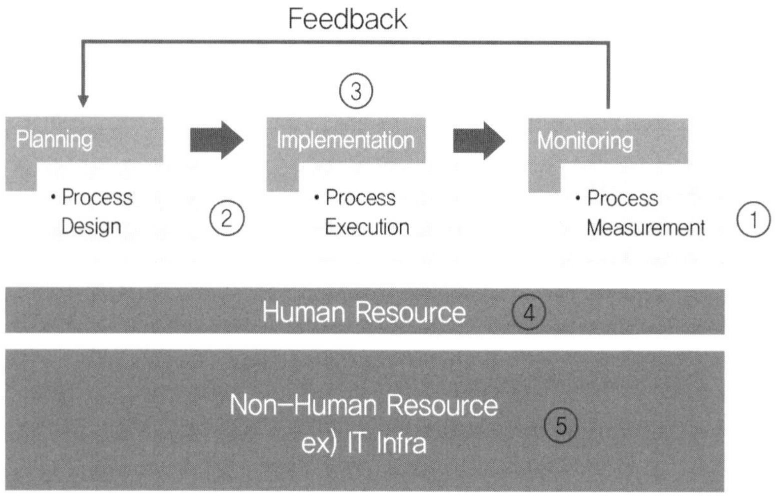

[그림 13-2] 권한강화 역량 참조모델

[표 13-2] 권한강화 역량을 위한 측정 도구

순번	측정 도구	변인명
1	팀원은 고객 지향적으로 프로세스의 사업목표를 결정할 최종적 권한을 가지고 있다.	목표권한
2	팀원은 조직의 가치지향에 맞도록 업무 프로세스를 자율적으로 설계 혹은 개선할 권한을 가지고 있다.	설계권한
3	팀원은 담당 프로세스에 영향을 주는 선·후행 프로세스의 성과지표를 합의할 권한을 가지고 있다.	합의권한
4	팀원은 담당 프로세스의 문제해결을 위해 다기능 팀(여러 부서의 직원들)을 구성할 권한이 있다.	조직권한
5	팀원은 프로세스 창조·운영·변경에 필요한 자원을 스스로 배정할 권한을 가지고 있다.	자원권한

이상의 5개 질문 항목은 권한강화에 관련된 비즈니스 프로세스의 흐름과 통제에 관련된 요인을 포괄적으로 함축하는 것으로 판단한다. 이를 PG의 '권한강화'에 대한 측정 도구로서 제

시한다. 조작적 정의 관점에서 '권한강화'란 사업목표의 결정, 업무 프로세스의 자율적 설계·개선, 선후행 프로세스의 성과지표 합의, 다기능팀의 구성, 자원 배정에 관련하여 조직의 팀원이 보유한 권한의 정도를 말한다. 한편, 권한강화에 관련된 변인 별로 5개씩 소계 25개 항목의 레벨 2 체크리스트 측정 도구는 부록에 첨부했다.

03 직능향상 측정도구

조직환경이 복잡해지면서 조직학습과 집단지성에 의한 학습의 중요성은 아무리 강조해도 지나치지 않다. 그러나 '직능 향상competency enhancing' 개념 모델 중에서 업종별 맥락과 떼어낼 수 있는, 다시 말에서 모든 작업환경에서 보편적으로 유용한 직능향상의 개념 모델을 찾기는 쉽지 않다. 한편 피터 센게Peter Senge는 적응 학습과 창출 학습을 설명하면서 학습 사이클의 단계를 실행doing, 회고reflecting, 연결connecting, 의사결정deciding으로 구분하여 보편적으로 설명하기도 했다.[5)]

그림 13-3는 직능향상에 관련된 조작적 정의를 위하여 활용한 일반 모델이다. 이 모델에서

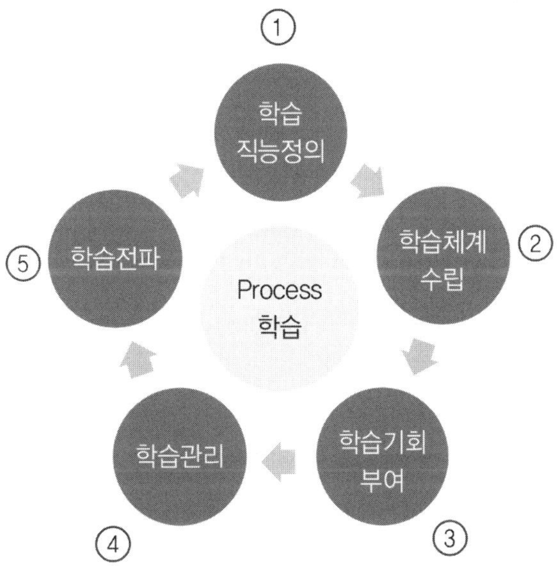

[그림 13-3] 직능향상 역량 참조모델

는 직무능력 향상을 위한 학습 사이클을 5단계로 정의하였다. 모델은 조직학습에 대한 보편적 통찰에 기반한다. 고안된 모델에 따라 직능향상 역량의 조작적 정의를 검증하는 질문은 표 13-3과 같이 도출했다.

[표 13-3] 직능향상 역량을 위한 측정 도구

순번	측정 도구	변인명
1	담당 프로세스에 관련된 직무역량, 요소기술 및 툴(도구)을 구분하고 정의한다.	직능정의
2	담당 프로세스의 개선과 혁신에 도움을 주는 학습 시스템을 설계하고 운영한다.	학습체계
3	담당 프로세스를 효율적으로 수행하기 위한 적정한 학습기회가 적시에 제공된다.	학습기회
4	프로세스 관련 학습 증진을 위한 평가방법 및 학습 성과 피드백 시스템을 운영한다.	학습관리
5	프로세스 학습자산을 매뉴얼(지침, 가이드라인 등)로 만들고, 다양한 정보채널을 통해 적정하게 전파한다.	학습전파

표의 요인 중 '학습기회'는 표리적 학습surface change, single loop learning과 아울러 심층적 학습deep change, double loop learning을 포함한다.[6)] 표리 학습이라 함은 1차적 반응 학습을 의미하고, 심층 학습은 프로세스 거버닝 차원에서 근본 원인을 찾는 2차적 학습을 말한다.

이상의 5개 질문 항목은 직능향상에 관련된 비즈니스 프로세스의 흐름과 통제에 관련된 변인을 포괄적으로 함축하는 것으로 판단하며, 이를 PG 직능향상의 측정 도구로 활용한다. 조작적 정의 관점에서 '직능향상'이란 프로세스 관련 직능·기술·툴을 합리적으로 정의하고, 학습시스템을 설계·운영하고, 적정한 학습기회를 제공하며, 학습달성도를 관리하고, 학습자산을 축적·전파하는 조직역량의 성취 정도를 말한다. 또한 각 직능향상에 관련하여 변인 별로 5개씩 소계 25개 항목의 레벨 2 체크리스트 측정 도구를 부록에 첨부했다.

04 자율조직 측정도구

'자율 조직autonomous organizing' 차원의 측정 도구로는 업계에서 보편적으로 수용되고 있는 식스시그마 사이클을 모델로 채용하였다. 식스시그마의 DMAIC(define, measure, analyze, improve, control) 프로세스 모델은 업계에서 검증된 방법론이다.[7)] 다만 프로세스 거버넌스의 철학에 따라 위로부터의 통제가 아니라 식스시그마의 DMAIC사이클에 자율적 의미가 부가되어야 하는 것에 유의하여야 한다.

[그림 13-4] 자율조직 역량 참조모델: DMAIC 사이클

그림 13-4와 같이 DMAIC의 5 단계 활동 각각에 자율성이 부가되어야 본서가 제안하는 프로세스 거버넌스 모델이 된다. 설문의 내용도 자율성에 대한 일관성 있는 질문을 전제한다. 자율 조직(화) 역량의 조작적 정의를 검증하는 질문은 표 13-4와 같다.

[표 13-4] 자율조직 역량을 위한 측정 도구

순서	측정 도구	변인명
1	문제가 있다고 생각되는 프로세스 개선 대상을 지속적으로 찾아낸다.	자율발굴
2	개선 대상이 되는 프로세스의 성과지표를 꾸준히 측정하여 비교한다.	자율측정
3	이슈가 되는 성과지표의 근본적인 발생 원인이 무엇인지 분석하고 대안을 찾는다.	자율분석
4	바람직한 프로세스가 구축될 수 있도록 시스템 구성요소를 개선한다.	자율개선
5	개선된 프로세스가 유지되도록 자원투입과 변동요인을 관리한다.	자율유지

이상의 5개 질문 항목은 자율조직에 관련된 비즈니스 프로세스의 흐름과 통제에 관련된 변인과 요소를 포괄적으로 함축하는 것으로 판단한다. 이를 거버넌스 프레임워크의 자율조직의 측정 지표로 제시한다. 조작적 정의 관점에서 '자율조직(화)'란 프로세스 개선점을 지속 발굴(정의)하고, 성과지표를 측정·비교하고, 성과지표의 문제 원인을 분석하고 대안을 설계하며, 프로세스를 자율적으로 개선하고, 성취된 품질 레벨을 유지 관리하는 자율화 정도를 말한다. 한편 각 자율조직(화)의 변인 항목별로 5개씩 소계 25개 항목의 체크리스트를 레벨 2 측정 도구로 작성하여 부록에 첨부했다.

이상의 PG 역량 프레임워크의 역량요인별 요인, 문항수, 측정방법의 조작적 정의 내용을 테이블로 요약하면 표 13-5와 같다. 표의 측정변인을 반영한 프로세스 거버넌스 역량 프레임워크가 앞에서 묘사한 그림 7-1과 같다.

[표 13-5] PG 역량요인의 조사항목

요인차원	측정 변인	문항수	측정방법
전략연계	목표연계, 선행연계, 후행연계, IT연계, 지표연계	5	5점 리커트 척도
권한강화	목표권한, 설계권한, 합의권한, 조직권한, 자원권한	5	5점 리커트 척도
직능향상	직능정의, 학습체계, 학습기회, 학습관리, 학습전파	5	5점 리커트 척도
자율조직	자율발굴, 자율측정, 자율분석, 자율개선, 자율유지	5	5점 리커트 척도
합계		20	

프로세스 역량요인 중에서 마지막 요인차원인 자율조직은 프로세스 내재화로 이어진다. 프로세스 내재화는 PG의 역량요인이 성숙하게 되면 도달하는 안정화된 상태이다. 그러나 들뢰즈의 표현에 의하면 내재화된 상태는 층화된 상태이고 고착된 상태이다. 그러므로 환경의 변화에 따라 조직은 탈층화, 탈영토화, 탈규범화로 끝임 없이 변화해야 한다. 이러한 변화의 환원 사이클에 해당하는 내재화, 센스메이킹, 탈내재화에 관계된 공유정신모형의 측정지표는 본서의 범주에 포함하지 않았다. 이들 개념이 프로세스 도메인을 초월한 조직문화와 관련되고 조직혁신에 관련된 주제이기 때문이다. 다음은 프로세스 거버넌스에 관련된 조직 문화의 성숙도 모델에 대하여 설명한다.

Chapter 14

거버넌스 성숙도 모델

측정도구를 이용하여 프로세스 거버넌스의 역량 수준을 측정하였다면, 조직의 프로세스 거버넌스에 대한 현재의 달성 정도를 평가할 수 있게 될 것이고, 장단기 개선활동을 수립할 수 있을 것이다. 이를 위하여 조직은 프로세스 거버넌스 성숙도 모델을 필요로 한다. 본 장에서는 업계의 보편적인 성숙도 모델인 CMM와 CMMI를 수정한 프로세스 거버넌스 모델을 제시한다. 그 이전에 성숙도 모델에 관한 업계의 다양한 도식을 제시함으로서 자사에 조직환경에 적합한 프로세스 거버넌스 성숙도 모델을 선험적으로 설계할 아이디어를 주고자 한다.

01 성숙도 모델의 사례

조직의 성숙도 모델은 로드맵과 통한다. 성숙도 모델과 로드맵을 이용하여 조직은 미래에 달성할 조직의 수준을 설정하고, 이를 통하여 계획 대비 실적을 점검한다. 영구히 유효한 보편적이고 검증된 성숙도 모델은 존재할 수 없겠으나, 업계에서 수용되고 통용되는 다양한 성숙도 모델과 로드맵 툴이 있다. 프로세스 성숙도 모델을 설명하기에 앞서서, 몇가지 성숙도 혹은 로드맵 모델을 도표 14-1에 제시했다. 열거한 모델을 적절하게 이해한다면 뒤에서 다루어질 프로세스와 프로세스 거버넌스 성숙도 모델에 고착되지 않고, 조직에 걸 맞는 적합한 모델을 찾아가는 아이디어를 얻을 수 있을 것이다.

[표 14-1] 사용목적에 따른 성숙도(로드맵) 모델의 사례

순번	비쥬얼 툴	사용목적	비고
1	① 파문모델(waterwave) ② 맥키지의 3 Horizon 모델 ③ Multiple Arrow Chart	시간적(장/단기)우선 순위의 제시를 목적으로 사용함.	일정한 시점에서의 콘텐트 비교에 도움
2	④ 역 트리 모델	콘솔리데이션 전략 (예, 단순화를 통한 원가절감)	S/W 버전관리에도 사용 가능함
3	⑤ 가트너 Hype Cycle	기술 성숙도를 위한 투자 우선순위의 결정	5단계(발생, 버블, 각성, 안정, 성장)
4	⑥ Waterfall Model	관리 포인트 별 논리적 전개	BRM, PRM, TRM, SKILL 등에 활용

순번	비쥬얼 툴	사용목적	비고
5	⑦ 구슬 꿰기 모델	로드맵 상에서 모듈 재활용성 평가를 위한 목적	S/W 버전관리에도 사용 가능함
6	⑧ 제품/시장 포트폴리오 (2차원 매트릭스 형태)	제품/서비스 포지셔닝 전략 수립을 위한 목적	년도 대비, 경쟁사 대비에 분석에 활용
7	⑨ Value Chain Model (Michael Port모델 채용)	여러 부서, 여러 주체의 사업계획의 동기화를 위한 목적	가치사슬 5 Forces 모델

표에 제시된 비쥬얼 툴의 순번에 맞추어 모형에 대한 개략적 내용을 이어서 설명한다. 일부는 실제로 업계에서 활용되는 그림 모델을 단순화 시켜 작도했다.

① **파문모델:** 그림 14-1처럼 시간의 흐름을 1/4 원의 물결 파문형태로 표시하여, 변화되는 콘텐츠를 파문(시간대 원호)에 매핑하여 로드맵을 도식화한 형태이다. 여러 요소(객체)의 시기적 동시성과 차이를 검토하기 좋다. radar chart와 유사하지만, 다른점은 파문이 반드시 시간을 의미해야 한다는 것이다. 넓은 의미로 시계열 그래프로 간주할 수 있다.

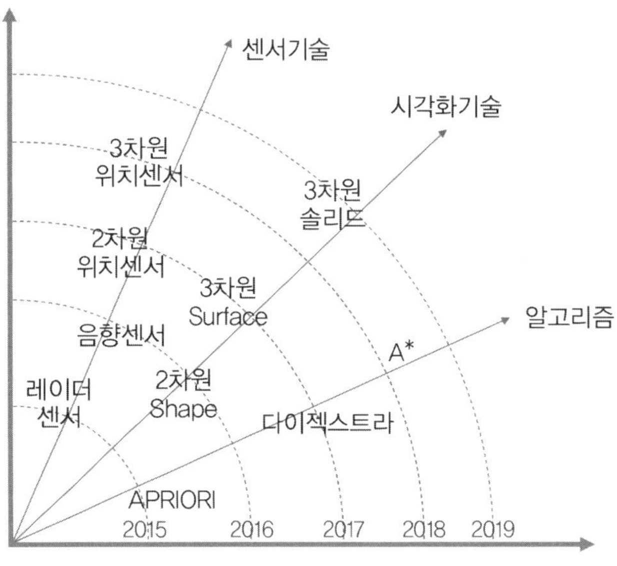

[그림 14-1] 파문 모델의 사례: 자율주행 기술 로드맵

② **3 Horizon:** 맥킨지가 제시한 모델로서 사업을 지평선 1(당면사업), 지평선 2(가까운 장래의 선택지 사업), 지평선 3(먼 미래의 잠재사업)으로 구분한다. 지평선의 단계별로 각각 80%, 15%, 5%의 자원 투입이 적정하다고 제시되기도 한다. 거시적 로드맵으로 많이 활용되는 개념으로 '맥킨지 성장의 묘약'이라는 책에 구체적으로 설명되어 있다.[8] 장기적인 체계의 성숙도 모델에 적당하다.

③ **Multiple Arrow:** 그림 14-2처럼 펼쳐 나가는 화살표로 표현하는 맵이다. 그림처럼 평행 화살표로 그릴 수도 있고 중심에서 사방팔방으로 뻗어 나가는 레이더 차트로 변형할 수도 있다. 레이더 차트는 5~8개 차원의 화살표(예, IBM의 $APPEALS)를 360 방향의 방사형으로 그린 Polar chart(방사형 차트)이며, 각 화살 방향은 관리항목을 의미한다. 관리 항목별로 타 사와의 경쟁력 비교, 목표와 실적 비교, 혹은 시간대 1, 2 사이의 변화를 표시할 수 있다.[9] 비교할 속성 변수가 2개일 경우 2 polar chart로 부른다.

[그림 14-2] 평행 화살표 도식의 사례

④ **역 트리:** 그림 14-3처럼 위에서 여러 개로 갈라진 객체들이, 시간 순time band으로 차례차례 아래로 모여 최종적으로는 단일체로 통합되는 개념도로서 주로 분산된 객체(회사

의 기능 합병, 솔루션 통합 등)를 통합하는 로드맵에 사용된다. 합체 지점을 위로 향하게 작도할 수 도 있다.[10)]

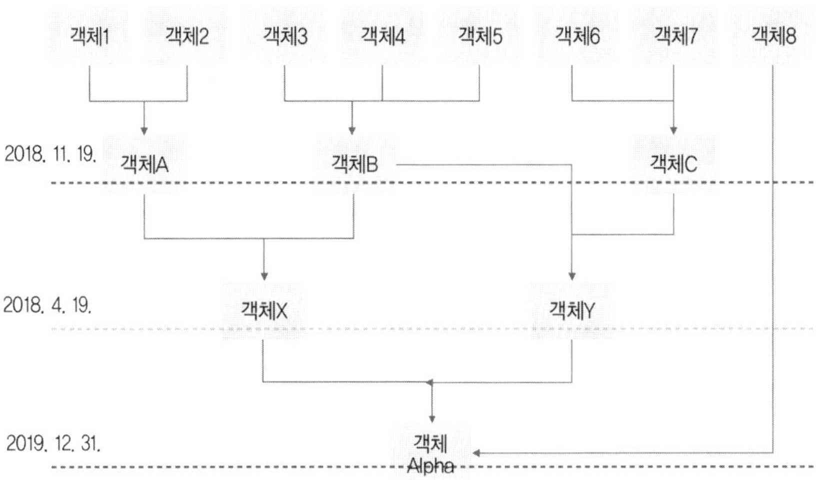

[그림 14-3] 역트리 로드맵의 개념도

⑤ Hype Cycle: 가트너에서 창조한 로드맵으로 시간적 변화에 따라 위치되는 객체들의 발전 위치를 표현해 준다. 죽음의 골자기death valley, 평원plateau등의 개념이 특이하다. 주로 신기술이 출현한 이후, 사회에서의 관심도를 표현할 때 사용한다. 관심의 정상peak를 지나면 죽음의 골짜기(무관심)가 있고, 이를 벗어나야 수익을 내는 평원에 도달한다는 개념이다.[11)]

⑥ Waterfall(폭포수): 수평 방향으로 평행하는 3개의 개념 흐름을 분리된 3개의 BAND 로 표현한다. 예로서 3개의 수평 밴드의 경우는 위로부터 비즈니스, 제품, 요소기술 밴드 등으로 묘사한다. 일례로 상위 밴드는 비즈니스 계획 흐름에 따라 충족되어야 하는 전략, 중간 밴드는 이를 구성하는 프로젝트(혹은 제품), 하위 밴드는 요소 기술의 계획 및 준비사항을 표시함으로서 추상화 레벨에 맞춘 통합적인 활동을 동시적으로 검증할 때 사용한다. 표현 구조는 구슬 꿰기와 유사하지만, 컴포넌트의 논리적 구조는 역트리와 비슷하다. 수직형 BAND 보다는 수평형 BAND를 사용함에도 waterfall이라 하는 이유는

위의 Band가 아래의 활동을 구동시키고 통제하는 힘이 작동되기 때문이다.

⑦ **구슬 꿰기:** 그림 14-4처럼 구조화된 객체 그룹(프로그램 모듈의 집단)이 발전해 갈 때, 이들의 조합이 모여서 하나의 단일체(예, 응용 프로그램의 통합 패키지)를 구성하는 것을 표현한다. 발전하는 단일체들로 모아진 객체 집합의 구성configuration을 이해시킬 때 사용할 수 있다. 소프트웨어 버전 관리의 시각화에도 적합하다. 역트리와 비슷하지만 객체가 하나로 수렴되지는 않는다. 한편으로는 Waterfall과 비슷하지만, Waterfall 모형은 추상화레벨이 위로 갈수록 높아지는 형태이지만, 구슬 꿰기는 요소들의 추상화레벨이 동일하며, 각 노선에서 요소들은 꾸준히 발전하면서, 개별 요소들이 특정한 구성으로 패키지 형태로 묶여지는 형태이다. 동시 병행적으로 발전하는 컴포넌트들의 시간적 통합성을 밝히는 로드맵 표현에 적당하다.

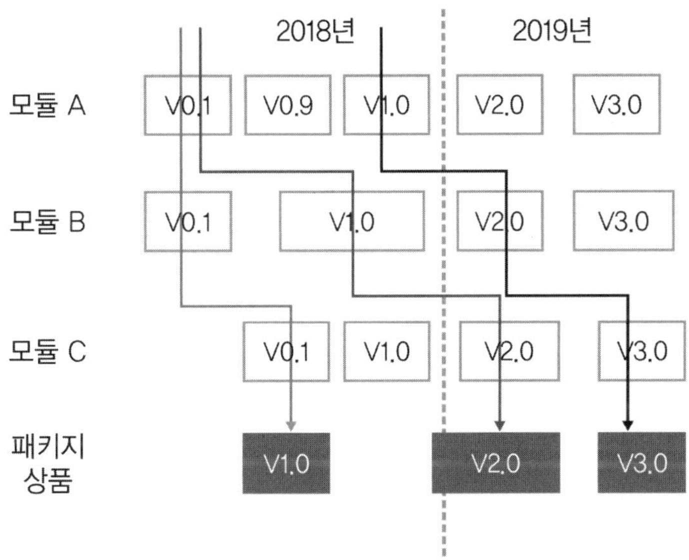

[그림 14-4] 구슬 꿰기 개념 도식

⑧ **제품/시장 매트릭스:** Y축은 제품(객체), X축은 시장(도메인)으로 이루어진 매트릭스 위에 (1) 현재와 미래의 목표 혹은 계획 대비 실적을 매핑 하거나, (2) 경쟁사와 역량의 비교 등에 사용한다. 년도 별로 요소들을 매핑 작성하면, 일정 기간 동안의 요소들의

변화를 검증할 때 사용한다. 목적물과 목적물이 대상으로 하는 서비스 수혜자의 매핑 테이블로 적정하다.[12] 각주의 내용을 참조하되 매트릭스의 형태가 이에 한정되지는 않는다.

⑨ **가치사슬:** 포터Michael E. Porter 교수가 제안한 유명한 가치사슬 모델로서 시간적 개념이 존재하여 로드맵에도 응용 가능하다.[13]

⑩ **기타:** GE Matrix, BCG 차트 등도 활용되기는 하지만, 로드맵 보다는 전략의 선택지 표현에 더 많이 응용된다.

도표 14-1의 6번 항목인 'Waterfall 모형'에 관련하여 이를 조직 발전의 로드맵에 활용할 때는 두 가지 접근 방법이 있다. (1) 비즈니스 관련Biz Road Map(BRM) → 제품관련Product Road Map(PRM) → 기술 관련Technology Road Map(TRM) 순으로 기술하는 톱다운 방식이 있고, (2) 역으로 TRM부터 시작하는 버텀업 방식이 있다. 이미 제품이 시장에서 선보이고 선례가 있는 개선혁신sustaining Innovation 제품·서비스이라면 톱다운 방식이 적절할 것이고, 세상에 없는 제품·서비스를 구현하는 파괴적 혁신disruptive innovation 기술이라면 버텀업 방식이 적절하다. 기획 실무자들이 로드맵을 계획할 때 표 14-1의 툴을 다중 선택하여 사용하면 개념표현이 풍부해질 것으로 생각한다.

02 프로세스 성숙도 모델

비즈니스 프로세스의 전통적인 성숙·발전단계로는 험프리Watts Humphrey가 제안한 CMM(Capability Maturity Model)이라는 5단계 성숙도 모델이 많이 인용된다. 이 성숙도 모델은 미국 국방성이 소프트웨어 개발 프로세스의 성숙도를 측정하기 위해 카네기멜론 대학교 내의 소프트웨어엔지니어링 연구소Software Engineering Institute(SEI)에 맡긴 연구의 산물이다. 원래 이 모델은 소프트웨어를 주업으로 하는 회사를 위한 것이지만, 개념이 범용성이 있어서 업종이나 규모가 다른 여러 조직들에게도 적용 가능하다. 표 14-1에 제시된 로드맵 툴은 다소 기술적 목적에 적합하다. 반면에 CMM 성숙도 모델과 이어서 설명할 CMMI 성숙도 모델은 비즈니스 관리적 관점에서 이해하기 쉬워서 업계에서 널리 수용되고 있다.

CMM은 성숙한 조직은 지속적으로 프로세스를 관리하고, 지표를 측정하며 꾸준히 최적화시키는 활동을 수행한다고 상정한다. 그 결과 고객은 회사가 제공하는 제품과 서비스에 대한 균질한 품질을 기대해도 된다. 아마추어가 하는 축구경기와 프로가 하는 축구경기의 품격이 다르듯이, 비즈니스 프로세스가 성숙한 조직은 과업을 수행할 때 최적화된 절차와 규칙을 준수한다. 이러한 회사가 소프트웨어 개발 회사라면, 고객은 납품 받아 설치될 소프트웨어가 정해진 예산과 날짜에 설치되어, 고객이 요구한 기능이 장애 없이 가동될 것으로 기대해도 좋을 것이다.

[표 14-2] CMM의 단계

단계명	설명
초기단계 (initial)	최소의 프로세스 단계로 주먹구구 단계를 말한다. Ad hoc 단계라고 불리기도 한다.
반복단계 (repeatable)	프로세스의 반복 학습이 일어나는 단계이다.
정의단계 (defined)	반복되는 프로세스를 정형화하기 위해 프로세스 모델을 설계하고 문서로 정의하는 단계이다.
관리단계 (managed)	프로세스의 성과지표를 수립하며 기준 값(baseline)과 비교하고 개선 관리를 수행하는 단계이다.
최적단계 (optimizing)	지속적인 개선이 일어나는 단계로 동종 업계 최고의 수준을 유지한다.

예측 가능성은 관리의 가장 중요한 원칙 중의 하나이다. CMM 성숙도 모델은 회사가 제공하는 제품이나 서비스의 품질 수준에 대한 만족도 예측의 지표로 활용 될 수 있다. 표 14-2는 CMM 각 단계별 설명이다. 표는 다섯 단계이지만 아무것도 하지 않는 레벨 0을 포함한다면 여섯 단계로 구분할 수 있고, 이러한 수정 모델이 활용되기도 한다.

한편 CMMI(Capability Maturity Model Integration)는 CMM의 최신 버전으로 CMMI Institute가 주관하며, 비즈니스 프로세스의 성숙도를 인증해주는 국제적 표준이다. CMMI는 CMM과 거의 비슷하지만 다소 차이가 존재하는데, CMM의 2, 4단계의 명칭을 바꾸었다. 인증 신청의 대부분은 레벨 2에서 시작하는데 반복repeatable단계라는 언표가 적절하지 않은 이유이다. 일부 전문가들은 이러한 변경이 이해에 혼동을 준다고 주장하기도 하지만, 현장에서의 요

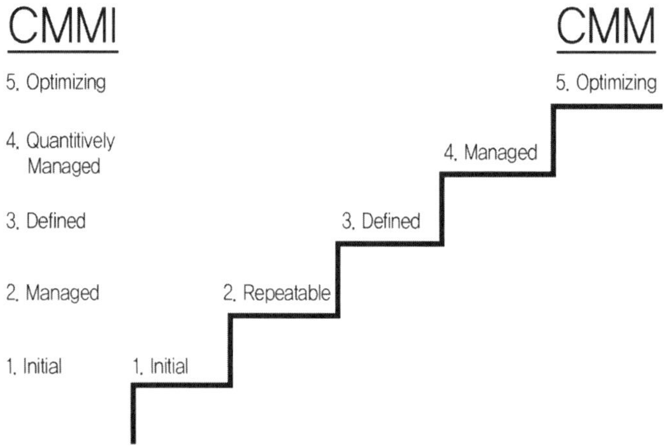

[그림 14-5] CMM과 CMMI의 용어 비교

구를 반영한 결과로 생각된다. 그러한 이유로 CMM의 반복단계를 CMMI에서는 관리단계로 정의하고, CMM의 관리managed단계는 CMMI에서는 SPC(Statistical Process Control)의 통계적 지표를 통한 정량적 관리단계로 재 정의하였다. 내용의 변화라기보다는 명칭을 다시 정의한 것으로 생각하면 된다. 그림 14-5에서 두 개의 성숙도 모델의 차이점을 예시하였다. CMMI 다섯 단계를 간단히 설명하면 표 14-3과 같다.

[표 14-3] CMMI의 단계

단계명	설명
초기단계 (initial)	초기에 프로세스가 실행되는 단계이다.
관리 단계 (managed))	반복되는 프로세스의 관리를 시행하는 단계이지만 과학적 관리에는 미치지 못한다.
정의단계 (defined)	반복되는 프로세스를 정형화하기 위해 프로세스 모델을 설계하고 문서로 정의하는 단계이다.
정량적 관리 단계 (quantitatively managed)	프로세스의 성과지표를 수립하고 통계적 관리기법을 이용하여 개선 관리를 수행하는 단계이다.
최적단계 (optimizing)	지속적인 개선이 일어나는 단계로서 동종 업계 최고의 수준을 유지한다.

심사관들은 CMM과 CMMI 성숙도 측정을 표준화된 체크리스트로 점수를 매겨 산출한다. 각 레벨은 그 이전 레벨의 검증항목을 충족한 것을 전제로 한다. 즉, 레벨 3 측정지표는 레벨 2의 충족을 전제하고, 레벨 4는 레벨 3의 요건을 충족한 것을 전제로 한다.

CMMI Institute는 최근 CMMI V2.0을 새로이 발표하고, 2020년 2사분기부터는 V2.0 만을 인증하는 방향을 밝혔다. CMMI V2.0은 분산된 과거의 평가 방법을 통합하고, 선형적 성숙도 모델에 실행doing, 관리managing, 지원enabling, 향상improving의 역량 범주를 고려한 2차원 개념으로 매핑 하는 모델로 더욱 복잡해졌다. 버전 2.0을 발표한 이유는 산업현장의 요청에 대한 응답으로 설명하고 있다. 즉 인증방법을 조직의 업무성과와 더욱 연관성을 가지도록 하고, agile 프로세스를 포용하고, 인증 프로세스를 단순하게 만들고, 보안에 대한 고려를 포함하고, 보다 가볍고 이해하기 좋은 구성으로 개선했다고 한다. 또한 프로세스의 내재화와 습관화 관점을 위해 거버넌스 검증을 강조하고 있는데, 인증 이후에 벌어지는 현업 적용의 어려움 및 지속성 결여 문제에 대한 비판을 해소하기 위한 접근으로 판단된다.

그러나 V2.0에 관한 개선 주장에도 불구하고, 지식체계의 속성 상 시간이 갈수록 고도화될 수 밖에 없고, CMMI 생태계가 경제적으로 유지되기 위해서는 선택가능한 서비스 메뉴(인증, 교육, 도구, 모델, 컨설팅 등)가 더욱 많아지고 복잡해질 수 밖에 없는데 내용이 더욱 쉬워졌다는 주장에는 이견이 있을 수 있다. 지식체계는 갈수록 고도화되는 것이 속성이니, 사용 편리성과 이해 용이성을 같이 실현하기 어렵기 때문이다. 한편 베스트 플랙티스 정보를 제공하는 CMMI-DEV 서비스도 on-line에 국한하고 유료 사용자에 한하여 공개하는 폐쇄적 시스템으로 변경된 것은 재고할 사항이다. 역사적으로 개방성이 없는 체제는 오래가지 못했다. 또한 측정관리 위주였던 과거 모델에서 V2.0이 성과관리 위주로 변경을 시도한 것이라는 주장은, CMMI 성숙 기업과 이들 업체의 재무적 성과 간의 인과관계를 검증 받아야 할 미래의 과제로 남아 있다.

03 프로세스 거버넌스 성숙도 모델

프로세스의 성숙도는 프로세스 거버넌스의 성숙도와 통한다. 그러나 어느 한쪽의 성숙도가 달성되었다고, 다른 한쪽도 같은 수준이라고 판정하기는 곤란하다. 장기적으로 프로세스 거버넌스의 성숙도가 프로세스의 성숙도에도 긍정적인 영향을 끼칠 수는 있겠으나, 본서가 제안하는 프로세스 거버넌스는 네트워크적 거버넌스 철학을 기반으로 한다. 그렇기 때문에 과거 유산에 기반한 프로세스의 성숙도 모델인 CMMI의 발전단계를 그대로 사용하기는 한계점이 있을 것으로 상정한다. 그럼에도 불구하고 프로세스 성숙도 모델인 CMMI V2.0부터는 내재화와 습관화를 포함한 거버넌스 개념을 포괄하기 시작했고, 그 개념의 보편성 때문에 프로세스 거버넌스 모델에도 활용할 가치는 있다. 이를 참고하여 본서가 제안하는 프로세스 거버넌스의 성숙도 모델은 그림 14-6과 같다. 그림은 CMMI의 5단계 레벨의 개념을 기반으로 프로세스 거버넌스 역량을 매핑 한 모델이다.

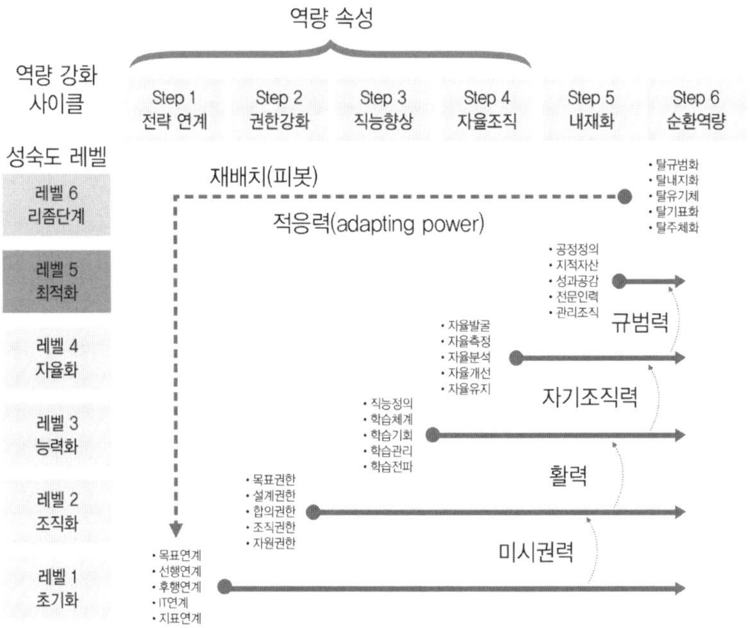

[그림 14-6] 프로세스 거버넌스 성숙도 모델

프로세스 거버넌스는 끊임없는 환경 적응과 창발적 혁신을 전제로 한다. 그러므로 프로세스 거버넌스의 완성단계는 존재하지 않으며, 프로세스 거버넌스는 끊임없이 개선되어야 한다. 시장의 환경 변화는 조직으로 하여금 내재화된 규범을 깨고, 전략·프로세스·IT 및 자원의 재배치를 요구한다. 들뢰즈가 말한 배치arrangement, 조직 거버넌스의 연계aligning는 조직이 생존하는 한 애벌레가 허물을 벗듯 계속해 나가야 하는 지난한 생명활동이다. 그러나 조직들은 5 단계인 최적화에 이르러서는 현 상태를 유지하고 싶은 관성을 가진다. 이러한 관성으로부터 자유로운 거버넌스 문화를 구현한 이상적인 조직의 거버넌스 단계를 제6단계로 추가하여 정의하였다. 본서에서는 철학자 들뢰즈를 기념하여 6단계를 '리좀rhizome' 단계로 호칭하기로 했다. 표 14-3은 프로세스 거버넌스 성숙도 6단계를 간략히 요약하였다. 제시된 프로세스 거버넌스 성숙도 모델은 조직 거버넌스의 성숙도 모델로도 호환적 활용이 가능하다.

[표 14-3] 프로세스 거버넌스의 성숙도 6 단계

순번	단계명	설명
1	초기화 단계	조직의 사업전략과 프로세스가 연계된 단계이다.
2	조직화 단계	사업 수행 오너의 권한강화가 달성된 단계이다.
3	능력화 단계	프로세스 오너가 관련 직무능력을 확보한 단계이다.
4	자율화 단계	팀 조직의 자율적 업무개선이 이루어지는 단계이다.
5	최적화 단계	최적화된 프로세스 거버넌스가 내재화된 단계이다.
6	리좀화 단계	변화적응과 창발적 유연성을 유지하는 단계이다.

프로세스 거버넌스의 4가지 차원의 역량요인은 순서가 있는 단계가 아니라 독립된 속성들로 이해해야 한다. 이는 한 단계가 끝나고 다음 단계로 이행하는 형태로 순차적으로 발생하는 것이 아니라는 것이다. 정도의 차이는 있지만 4개의 역량 요인은 동시적으로 양육되고 성숙되어야 한다. 그럼에도 불구하고 효과성 측면에서는 전략 연계에서부터 첫 단추가 잘 끼워져야 후속되는 역량요인의 진전이 잘 지향되고 정렬될 것이다.

그림 14-6에서는 PG역량 속성과 PG성숙도가 상호 연관성이 있는 것으로 표현되어 있다. 이는 역량속성의 측정도구가 성숙도의 측정에도 유의미할 것이라는 추측을 불러일으킨다. 그러나 그림 우상단의 위치한 내재화의 경우는 프로세스 거버넌스 역량속성에 포함되지 않는다. 내재화는 프로세스 활동이라기보다는 포괄적인 경영 성숙도가 달성된 상태이며, 역량요인의 범주라기보다는 역량요인의 성숙도가 향상됨으로서 달성되는 상태의 개념이다. 그러므로 본서의 프로세스 역량 측정도구의 범주에 내재화는 포함되지 않는다. 그럼에도 본서는 내재화의 수준측정을 위하여 100개의 역량 속성 체크리스트의 말미에 25개 내재화 관련 체크리스트를

참고로 실었다.

실무자들은 역량요인 20개의 레벨 1 측정도구, 100개의 레벨 2 체크리스트를 활용하여, 조직의 PG 역량요인을 점수로 환산할 수 있을 것이고, 점수가 미흡한 부분에 대한 개선방안을 도출할 수 있다. 또한 내재화에 관한 5개 설문, 25개의 추가 체크리스트를 활용하여 내재화 정도를 체크해 보기를 권고한다. 다음 절에서는 PG 측정도구와 이상의 프로세스 거버넌스 성숙도 모델을 매핑하여, PG 거버넌스 개선활동에 활용하는 방안을 제시한다.

04 프로세스 거버넌스 성숙도 모델의 활용

본서가 과학적 방법으로 검증하였고, 제안하는 프로세스 거버넌스 측정도구는 그림 14-7과 같은 체계를 가지고 있다. 그림은 마인드맵 툴을 이용하여 도식화한 개념의 추상화 레벨과

[그림 14-7] PG역량 마인드맵

구조화된 모습이다. 우리는 IT 연계를 '정보연계'로 바꾸었는데, 외래어 대신에 한글로 표현하고 싶고 기술적 용어보다는 비즈니스 용어로서 더욱 적당하다는 생각으로 바꾸었다. 그러나, 본서에서는 IT 연계와 정보연계를 같은 개념으로 사용할 것이다.

그림 14-7에서 보여지듯이 PG 역량은 4개의 차원으로 총 20개의 요인을 측정도구로 하며, 20개 요인의 성숙도를 측정하는 질문서는 표 14-4와 같다.

[표 14-4] PG 역량요인 측정도구 체크리스트

차원 구분	요인구분	평가내용	리커드 척도
전략연계	목표연계	당면한 기업의 전략적 목표(가치지향)에 맞추어 프로세스가 적정하게 구현되어 있다.	1,2,3,4,5
	선행연계	선행프로세스의 결과물이 담당 프로세스의 목표달성을 적정하게 지원한다.	1,2,3,4,5
	후행연계	담당 프로세스의 결과물이 후행 프로세스의 목표달성을 적정하게 지원한다.	1,2,3,4,5
	정보연계	설계된 프로세스 요건을 IT시스템이 적정하게 충족시키고 있다.	1,2,3,4,5
	지표연계	프로세스의 성과지표가 조직의 사업목표와 적정하게 연계되어 있다.	1,2,3,4,5
권한강화	목표권한	팀원은 고객지향적으로 프로세스의 사업목표를 결정할 최종적 권한을 가지고 있다.	1,2,3,4,5
	설계권한	팀원은 조직의 가치지향에 맞도록 업무 프로세스를 자율적으로 설계(혹은 개선)할 권한을 가지고 있다.	1,2,3,4,5
	합의권한	팀원은 담당 프로세스에 영향을 주는 선후행 프로세스의 성과지표를 합의할 권한을 가지고 있다.	1,2,3,4,5
	조직권한	팀원은 담당 프로세스의 문제해결을 위해 다기능 팀을 구성할 권한이 있다.	1,2,3,4,5
	자원권한	팀원은 프로세스 창조/운영/변경에 필요한 자원을 스스로 배정할 권한을 가지고 있다.	1,2,3,4,5
직능향상	직능정의	담당 프로세스에 관련된 직무역량, 요소기술 및 툴(도구)을 구분하고 정의한다.	1,2,3,4,5
	학습체계	담당 프로세스의 개선과 혁신에 도움을 주는 학습 시스템을 설계하고 운영한다.	1,2,3,4,5
	학습기회	담당 프로세스를 효율적으로 수행하기 위한 적정한 학습기회가 적시에 제공된다.	1,2,3,4,5
	학습관리	프로세스 관련 학습을 위한 학습평가 및 학습성과 피드백 시스템을 운영한다.	1,2,3,4,5
	학습전파	프로세스 학습자산을 매뉴얼(지침, 가이드라인 등)로 만들고, 다양한 정보채널을 통해 적정하게 전파한다.	1,2,3,4,5
자율조직	자율발굴	문제가 있다고 생각되는 프로세스 개선 대상을 지속적으로 찾아낸다.	1,2,3,4,5
	자율측정	개선 대상이 되는 프로세스의 성과지표를 꾸준히 측정하여 비교한다.	1,2,3,4,5
	자율분석	이슈가 되는 성과지표의 근본적인 발생원인이 무엇인지 분석하고 대안을 찾는다.	1,2,3,4,5
	자율개선	바람직한 프로세스가 구축될 수 있도록 시스템의 구성요소들을 개선한다.	1,2,3,4,5
	자율유지	개선된 프로세스가 유지되도록 자원 투입과 변동요인을 관리한다.	1,2,3,4,5
계	20개 요인	총평:	점수: 0~100

그림 14-8은 표 14-4에서 측정된 정량적 점수를 도식화하는 사례 중에 하나이다. 해당 점수는 표 14-4의 레벨 1 측정도구로 리커드 척도(예, 1~5)로 산정할 수도 있고, 부록을 참조하여 레벨 2 측정도구의 유무에 따른 바이너리 (0,1)의 점수로 산정할 수도 있다. 혹은 레벨 2 측정도구의 100개 항목별로 리커드 척도(1~5)로 산정한 정밀한 항목별 점수를 이용하여 차원별로 레이더 그래프를 작성하여 성숙도의 평가도 가능하다. 만약 경쟁사의 데이터나 업계 표준 데이터를 컨설턴트로부터 획득 가능하다면 의미 있는 벤치마킹 분석도 가능할 것이다.

[그림 14-8] PG성과측정 매트릭스

그림 14-9는 본서가 제안하는 프로세스 거버넌스 개선활동 절차로서, 표 14-4와 부록 A의 체크리스트를 이용하여 기업의 프로세스 거버넌스 성숙도를 측정하고, 개선하는 방법을 보여주는 프로세스 도식이다. 독자들이 레벨 2 측정도구를 사용할 경우 100여가지의 개선활동 목록을 도출하여 프로세스 개선계획을 수립할 수 있을 것이다. 측정도구 설문서의 파일을 사용하기를 원하는 경우 부록 A의 주석을 참조하기 바란다.

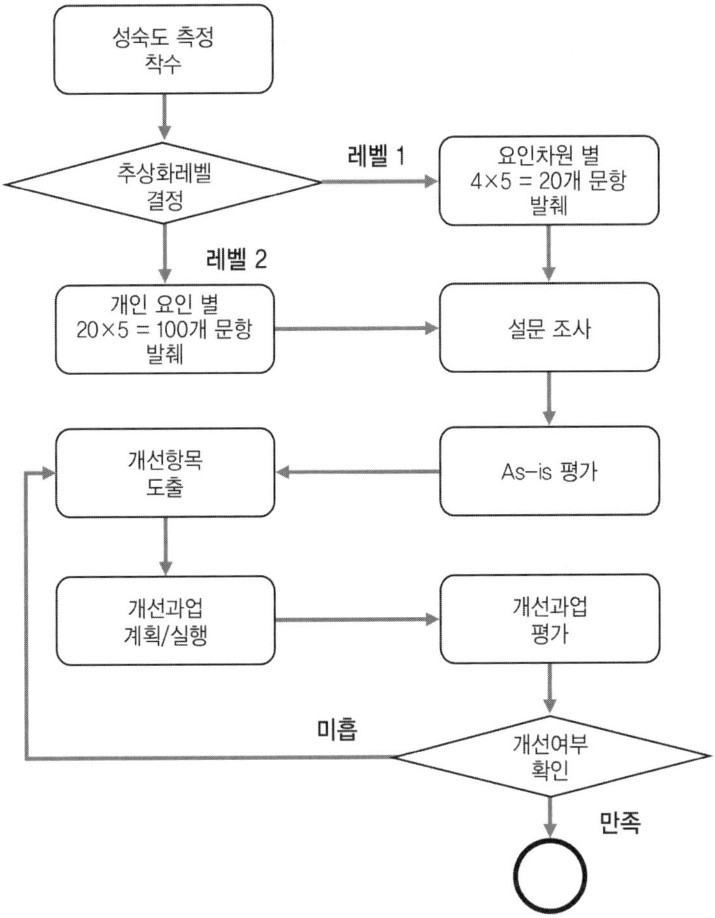

[그림 14-9] 프로세스 거버넌스 측정도구 활용 절차

Chapter 15

정보공학과 프로세스 거버넌스

본서의 마지막 장에서는 발전된 정보기술 덕분에 가능하게 된 프로세스 마이닝을 소개한다. 프로세스 거버넌스의 모니터링과 통제 및 개선에 프로세스 마이닝과 같은 새로운 정보기술이 어떻게 활용될 수 있는지 관리자 수준에 맞추어 설명할 것이다. 내용은 프로세스 마이닝을 선도하는 알스트Will van der Alst의 저작을 기초로 설명하며, 보다 자세한 내용은 각주의 책을 참조하기 바란다.[14)]

01 데이터 사이언스와 프로세스 사이언스

컴퓨터 업계에 '무어의 법칙'이란 말이 있었다. 인텔intel의 설립자 중 한 명인 고든 무어Gordon E. Moore가 마이크로 칩의 성능이 18개월마다 두 배로 성장할 것이라 예견했다. 이 같은 주장이 얼추 들어 맞아 생겨난 말이다. 그보다 더 빠른 성장을 주장한 사람도 있다. 삼성전자의 황창규 사장이 매년 2배 성장할 것이라 예언한 것이다. 이를 '황의 법칙'이라고 불렀다. 이러한 컴퓨터 요소기술의 발전과 더불어 인터넷의 확산은 데이터의 생성과 활용에 엄청난 변화를 불러오게 된다. 컴퓨터 처리용량이 높아진 덕택에 대용량의 빅데이터big data를 용이하게 처리할 수 있게 된 결과이다. 텍스트, 이미지, 동영상을 일반인도 손쉽게 생성하고 저장하게 되면서 엄청난 양의 데이터가 클라우드에 축적되어 '디지털 우주digital universe'를 형성하고 있다. 클라우드 컴퓨팅 세계에서 대부분의 데이터는 비정형적인 포맷으로 기업체는 이러한 빅데이터를 다루는 데 커다란 부담을 느끼게 된다. 빅데이터의 활용이 마치 석유나 금광을 캐는 일과 비슷하게 되었기 때문이다.

그래서 빅데이터 속에서 가치 있는 정보를 찾아내는 작업을 데이터 마이닝data mining이라 부른다. 데이터 마이닝은 데이터 사이언스의 하부 개념이다. 과학으로서의 데이터 사이언스data science는 데이터 마이닝data mining은 물론 최근에 회자되는 인공지능artificial intelligent도 포함한다. 인공지능과 데이터 마이닝의 모형을 이용하는 머신러닝machine learning도 최적화된 해법을 찾는 데이터 사이언스의 범주에 들어간다. 데이터 사이언스가 주목 받게 된 이유는 과거에는 힘들었던 대규모 데이터의 분류classification, 군집화clustering, 최적화optimization, 가치평가valuation 및 전처리pre-processing 등의 알고리즘 구현을 갈수록 손쉽게 구현할 수 있게 된 덕분이다.

IT 논리 모델링의 커다란 두 축은 데이터 모델링과 프로세스 모델링이다. 데이터 모델링이 목적물what을 다룬다면, 프로세스 모델링은 방법how을 대상으로 한다. 그러므로 데이터 사이언스가 있다면 프로세스 사이언스process science가 있고 데이터 마이닝처럼 프로세스 마이닝process mining의 학문분야가 출현했다.[15] 그리고 그림 15-1처럼 데이터 사이언스와 프로세스 사이언스의 두 개 도메인을 연결시켜주는 학문 분야가 프로세스 마이닝process mining이다.

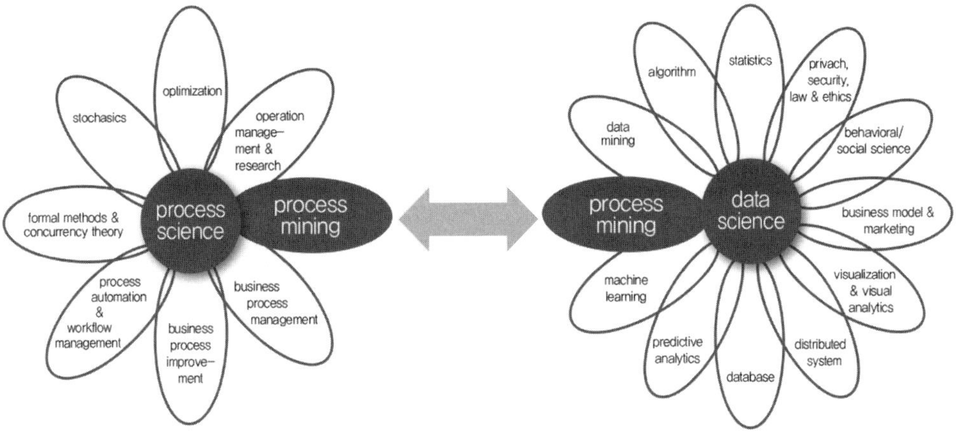

[그림 15-1] 데이터 사이언스와 프로세스 사이언스, 그리고 프로세스 마이닝

알스트가 제시한 그림 15-1의 개념은 학계에서 일반적으로 통용되는 개념은 아니다. 그 때문에 그는 저서에서 이 그림을 참고사항이라고 여러 번 코멘트하고 있다.[16] 하지만 빅데이터를 포함한 데이터 사이언스 부문에는 프로세스 시각이 결여된 경우가 많기 때문에 이러한 개념도는 두 개의 학문 도메인을 연결시켜주는 의미 있는 시도로 생각한다.

02 프로세스 마이닝의 개요

프로세스 마이닝은 전통적인 모델 기반 프로세스 분석과 데이터 중심 분석 기법을 통합한다. 그림 15-1처럼 프로세스 마이닝은 두 개의 학문 분야인 데이터 사이언스와 프로세스 사이언스를 연결해 주는 테크닉이다. 일반적으로 데이터 마이닝, 통계기법, 머신러닝 테크닉은 엔드-투-엔드end to end 프로세스를 고려하지 않는다. 반면에 프로세스 사이언스의 접근 방법은 프로세스 중심이며, 데이터 마이닝처럼 이벤트 데이터의 학습보다는 흘러가는 프로세스 모델에 집중한다. 비록 프로세스 모델에 집중한다 하더라도 프로세스 마이닝 역시 추출된 이벤트 데이터를 활용한다. 이 때문에 이 분야의 연구를 선도하는 알스트Wil van der Aalst는 프로세스 마이닝을 활동형 데이터 사이언스data science in action라고도 부른다. 이벤트 데이터가 보여주는 동적 행동을 프로세스 모델과 연결시켜 해석하기 때문이다.

기업이 프로세스 개선에 관심을 가지고 있으며, 충분한 이벤트 로그 데이터를 보유하고 있고, 손으로 그린 프로세스 모델이라도 있다면 프로세스 마이닝을 시작할 시점이 된다. 실제 프로세스를 발견하여 기존의 프로세스 모형과 비교 평가하고, 개선을 도모하는 일이 프로세스 마이닝이 지향하는 목적이다. 데이터 마이닝은 저장된 데이터를 대상으로 하지만, 프로세스는 다이내믹한 동적활동이기 때문에 프로세스 마이닝은 각 프로세스의 중간단계에서 추출logging된 이벤트 데이터event data를 이용한다. 그러므로 프로세스 마이닝은 프로세스의 작동 분석analysis of behavior을 주대상으로 한다. 프로세스 마이닝의 비교 분석 기능은 프로세스 거버넌스를 위해서도 적정한 관리도구가 된다.

1. 프로세스 마이닝의 3가지 유형

단일한 트랜잭션transaction을 넘어 프로세스 기반의 경영활동을 서비스하는 시스템을 프로세스 감지형 정보시스템Process Aware Information System, 이하 PAIS이라고 부른다. ERP(Enterprise Resource Planning), CRM(Customer Relationship Management), SCM(Supply Chain Management), BPM(Business Process Management), WFM(Workflow Management), 콜센터, 웹 애플리케이션 서버 시스템 등이 PAIS의 범주에 들어간다. 이러한 PAIS 시스템은 시스템의 활동 이력에 대한 이벤트 데이터를 생성 및 저장하는 기능을 기본적으로 가지고 있다. 이벤트 저장 기능

은 프로세스 처리 과정의 문제를 해결하기 위한 기초 데이터로도 활용되고, 법으로 요구되는 프로세스 거버넌스를 위한 필수요건이기도 하다. 대개 이러한 이벤트 데이터는 편린되어 여러 저장장치에 분산되어 시간동기화도 안되어 있고, 형식도 구조화되지 않는 경우가 많다. 그러므로 프로세스 마이닝을 위한 데이터 추출, 변환, 적재의 준비 작업을 적정하게 수행하기 위한 ETL(Extract, Transform, Load) 과정은 빅데이터 분석 작업과 마찬가지로 프로세스 마이닝 업무의 필수적인 선행작업이기도 하다.

그림 15-2는 프로세스 마이닝이 지향하는 3가지 주요 기능을 설명해주는 개념도이다. 그림에 표기된 소프트웨어 시스템은 PAIS와 같은 시스템이다. PAIS 시스템은 비즈니스 세계에서 벌어지는 다양한 업무를 처리한다. 처리의 결과로 비즈니스 트랜잭션 거래 데이터를 생성, 변

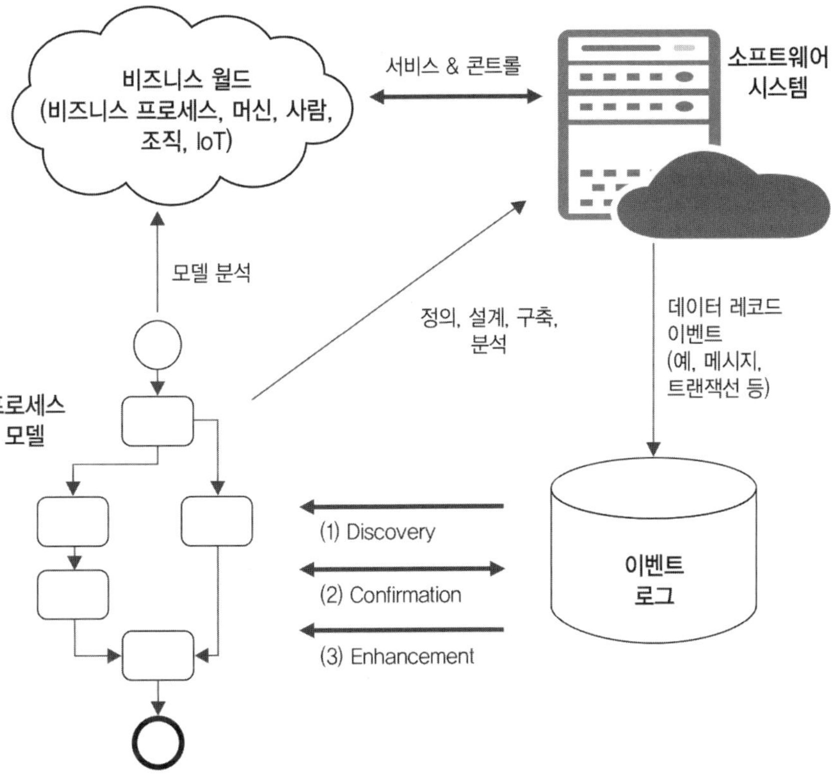

[그림 15-2] 프로세스 마이닝의 3가지 유형

경, 삭제하는 일을 처리함과 아울러, 각 트랜잭션 이벤트의 처리 내용에 관한 로그들을 아울러 저장한다. 이러한 이벤트 데이터의 내용은 해당 트랜잭션(사건)의 번호, 이벤트 ID, 시작시간(or/and 종료 시간), 활동 내용activity, 리소스(담당자, 실행 프로그램명)와 기타 속성 데이터(비용, 트랜잭션 처리값 등)들이 된다. 상용 PAIS 시스템의 경우 원활한 분석을 위해서는 정해진 로그 형식을 수정하여 활용해야 할 것이고, 자체 개발한 경우는 이벤트 로그의 형식과 저장방식을 코딩해야 한다. 이렇게 저장된 이벤트 로그를 ETL의 과정을 거쳐 아래의 3가지 목적 유형으로 프로세스 마이닝이 수행될 수 있다.

- **프로세스 발견(process discovery):** 첫번째는 프로세스의 발견 테크닉discovery technique이다. 이 기능은 이벤트 로그를 활용하여 사전 정보 없이 프로세스 그래프 모델을 생성한다. 일례로 오픈 소스인 알파 알고리즘α algorithm은 이벤트 데이터를 이용하여 프로세스 시각화 모델의 하나인 페트리넷petri net을 만들어 준다. 이벤트 데이터에 리소스 정보가 있다면, 알파 알고리즘은 직원 간의 소셜네트워크 시각화 모델도 생성한다. 페트리넷의 주요 심벌은 검은 막대 또는 사각형 모양의 트랜지션transition 심벌, 프로세스 진행 상태를 보여주는 원형 모양의 플레이스place 심벌, 화살표 모양의 아크arc 심벌 등 총 3가지이다. 트랜지션은 발포활동firing이라는 토큰기법을 이용하여 플레이스 위로 토큰을 이동시킨다. 토큰은 오로지 플레이스 위에만 위치할 수 있다. 페트리넷은 생성된 토큰들의 정합성을 통해 프로세스 분석을 실시하는 표기법으로, 수학적 모델링에 적합한 방법으로 알려져 있다.

- **프로세스 정합(process conformance):** 설계된 기존의 프로세스 모델이 존재한다면, 프로세스와 이벤트 로그 데이터와의 정합성을 확인할 수 있다. 프로세스와 이벤트 로그의 정합성 체크는 실제 이벤트 정보가 프로세스 모델과 부합하는지 확인하는 일이고, 그 반대의 업무로도 수행 가능하다. 예를 들어, 회사 내 구매신청의 경우 1,000만원 이상은 CFO의 합의가 있어야 한다는 프로세스 정책이 있을 경우, 실제 1,000만원 이상의 구매신청 시에 CFO의 합의가 있었는지 확인하는 일과 같은 일이다. 이와 같은 정책을 영미권에서는 동일한 사안을 두 사람이 결정한다고 하여 '네 눈의 원칙four eyes principle'이라고 부른다. 회사는 프로세스 정합성 체크를 통해서 정책과 룰이 어떻게 준수되는지 확인하고, 탈선이 있을 경우 그 심각성을 검토해 볼 수 있다. 예를 들어, 실무자 레벨이

아닌, 권한이 많은 관리자의 탈선은 회계감사와 거버넌스 측면에서도 매우 심각한 것으로 판단한다.

◆ **프로세스 개선(process enhancement):** 프로세스 개선은 프로세스 정합성 체크의 다른 활용 방법이라고 할 수 있다. 프로세스 정합성 체크의 결과, 부정fraud도 발견할 수 있지만, 표준 비즈니스 모델에 관한 특정 활동이 지속적으로 일탈이 있다면 두 가지 가능성이 존재한다. 첫 번째는 시장 상황이 변했기 때문에 프로세스가 달라졌다는 가정이고, 두 번째는 기존의 프로세스 모델 보다도 훨씬 효율적인 프로세스가 존재할 수 있다는 가정이다. 마치 빠른 길을 찾는 무수한 사람들의 발자국이 'desire line'이라는 오솔길을 만드는 것과 같다. 이러한 경우는 프로세스를 수리repair하는 접근으로 해결이 가능하다. 반면에 프로세스의 처리시간이 지연되는 병목현상이 발견되었을 경우는 실무자의 역량이 부족하거나 업무부하가 증가되었을 가능성이 있다. 이러한 경우는 프로세스 처리용량을 확장extension하는 접근으로 해결한다. 추가 자원(인력)을 보강하던가, 의사결정 기준을 완화하여 처리시간을 단축할 수 있다.

2. 프로세스 마이닝의 기법

프로세스 마이닝은 의도된 프로세스 모델과 이벤트 로그로 확인된 실제 프로세스 구조 사이의 상관관계에 주목한다. 알스트Alst는 플레이아웃play-out, 플레이인play-in과 리플레이replay라는 개념을 채용하여,[17] 그림 15-3처럼 프로세스 마이닝의 원리를 3가지로 설명하고 있다.

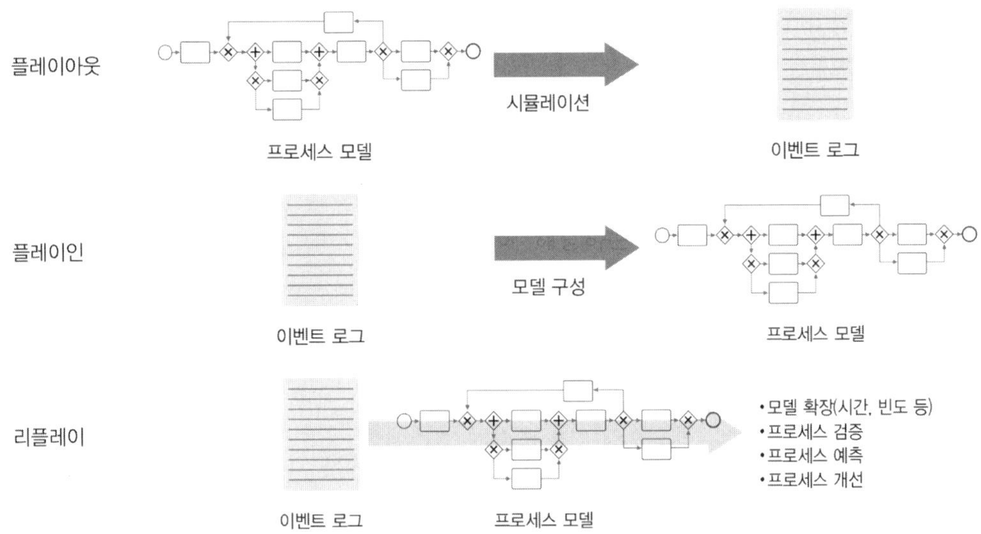

[그림 15-3] Play-in, Play-out, Replay

◆ **플레이아웃(play-out)**: 모델로부터 이벤트 로그를 획득하는 전통적인 프로세스 마이닝 기법이다. 프로세스 마이닝 분석가는 회사가 사용 중인 PAIS 시스템이나 시뮬레이션 툴을 사용해서 이벤트 로그를 만들 수 있다. PAIS 시스템은 실제 프로세스에서 이벤트 로그를 생성한다. 반면, 시뮬레이션 툴은 사용하면 사전에 만들어진 프로세스 모델의 제한 조건에 따라 이벤트 로그를 생성할 수 있다. 이처럼 상용 소프트웨어 솔루션이거나 개발한 응용 프로그램이거나, 이벤트의 추출은 가능한 일이다. 로그가 추출된 후에는 ETL 작업과 이를 하나의 데이터 테이블로 모으는 '평탄화flattening 처리'와 같은 데이터 전처리 작업이 뒤따른다. 표 15-2은 응용업무 시스템의 플레이아웃 작업을 거쳐 만들 수 있는 이벤트 로그의 사례가 된다.

◆ **플레이인(play-in)**: 플레이아웃의 반대 개념이다. 플레이인은 이벤트 로그 샘플을 입력하여 프로세스 모델을 만든다. 알파 알고리즘이나 다른 프로세스 발견discovery 툴을 이용하여 페트리넷이나 BPMN 모델을 생성한다. 표 15-2와 같은 이벤트 로그로부터 그림 15-4의 페트리넷, 그림 15-5의 BPMN과 같은 프로세스 모형을 생성하는 과정이다. 프로세스 마이닝의 발견discovery 작업의 로직이 된다.

- **리플레이(replay):** 이벤트 로그와 프로세스 모델을 모두 사용한다. 이벤트 로그를 시뮬레이션 모델 위에 재작동시켜서 그 결과를 예측값 또는 실제값과 비교한다. 프로세스 마이닝의 정합conformance과 개선enhancement 작업의 로직이 된다. 이벤트 로그를 재작동하는 것은 표 15-1처럼 프로세스 거버넌스 목적에 유용하게 활용될 수 있다. 아래의 4가지 리플레이 작업의 목적은 개념이 상호 배타적이지 않으며 내용이 많이 중첩되어 있다.

[표 15-1] 리플레이 기능과 프로세스 거버넌스

기능 구분	기능 설명	프로세스 거버넌스 활용
정합성 체크	프로세스 경로 상에 발생되어서는 안되는 이벤트(false positive)나 발생되어야 하는 이벤트의 누락(true negative)을 확인하여 프로세스 정합성을 체크한다. 혹자는 순응도 체크라고도 부른다.	• 거버넌스 룰의 준수 여부 체크 • 거버넌스 룰의 변경 필요성 검토
모델 확장 (시간, 빈도 등)	단순한 페트리넷 모델의 생성만이 아니라, 그림 15-9과 같은 통찰을 찾는다. 병목지점을 찾거나, 개인별 성과측정도 가능하다.	• 팀/개인성과 측정 • 병목원인 분석
예측 모델의 생성	프로세스를 시뮬레이션 하면 평균 종료시간을 학습할 수 있고, 특정 단계에서 종료 때까지의 시간을 예측하거나 속성데이터가 있다면 비용 예측도 가능하다. 자동차 내비게이션에서 경로를 확정한 뒤에 경로안내를 빠른 속도로 재현하는 기능 역시 예측모델의 일종이다. 이러한 예측 기능은 아래의 프로세스 운영 지원에도 활용된다	• 활동기준원가 산정 • 공정설계를 위한 시간 및 비용 산정 • 공정시뮬레이션
운영 지원	리플레이는 과거의 이벤트 데이터에 국한되지 않는다. 적절한 설계가 되어있다면 현재 진행중인 프로세스의 일탈이 있을 경우 관리자에게 경고를 줄 수 있다. 또한, 그림 15-7의 속성 데이터 분석이 완료되어 있다면 예측 모델을 이용하여 남은 시간과 케이스(예제에서는 인센티브 신청)가 거절될 확률을 계산할 수도 있다. 이러한 예측은 거절 비율을 낮출 수 있는 방안에 대한 통찰도 줄 수도 있음은 물론이다.	• 긴급대응 체제 구축 • 신규 사업 수용 가능성 분석 • 위기 관리/예외관리

3. 프로세스 마이닝의 활용

이벤트 로그의 데이터 속성이 단순한 프로세스 컨트롤 정보뿐만 아니라 자원(리소스), 케이스 정보, 시간 데이터(시작, 종료)를 가지도록 구성되어 있다면 프로세스 마이닝의 발견과 정합성 체크는 거버넌스 측면에서도 보다 폭넓은 통찰력을 사용자에게 제공한다. 이러한 통찰은 크게 4가지 부분으로 나눌 수 있다.

- **컨트롤 흐름에 대한 통찰:** 프로세스 활동의 적정한 순서를 모니터링 하는 기능이다. 프로세스 활동 간의 인과관계에 대한 통찰을 보여준다. 모델링된 선택 가능한 경로를 모두 활용하는지 확인하여 비즈니스 프로세스 개선의 기초 정보로 활용할 수 있다.

- **조직 모델에 대한 통찰:** 이벤트 데이터에서 활동자(사람, 시스템, 역할 종류, 부서 등)에 대한 로그 정보를 이용한다. 조직 내에서의 활동자 간의 교류hand-over와 역할을 구조화하여 활동자 그룹을 군집화 할 수 있고, 소셜네트워크 모델을 보여줄 수 있다.

- **사건(케이스)에 대한 통찰:** 이벤트 데이터의 속성데이터에 주목한다. 케이스는 프로세스가 시작되어 프로세스가 종료되는 특정 이벤트의 집합이다. 그러므로 최초로 활동을 촉발firing시킨 사람(객체)에 종속된다. 충분한 케이스 데이터가 축적되어 있다면, 사건별로 어떤 속성 혹은 어떤 속성의 집합이 어떠한 활동으로 분기되는지 의사결정 룰을 분류할 수 있다. 예를 들어, 특정 고객 군의 대출 신청에 대한 의사결정 프로세스로부터 대출의 룰에 관한 의사결정트리decision tree를 학습할 수 있다.

- **시간에 대한 통찰:** 단위 활동의 시작시간(and/or 종료시간) 또는 기간duration 데이터와 빈도 정보를 이용한다. 이벤트 정보는 대개 시간 정보를 포함하기 때문에 해당 활동의 평균처리 시간과 최대, 최소 처리시간을 뽑아낼 수 있다. 이러한 통찰은 어떤 프로세스에서 병목현상이 존재하는지, 서비스 수준은 어떠한지 알려준다. 또한, 직원 별 서비스 소요시간도 알려주고, 해당 사안이 언제쯤 종료될 것인지 예측도 가능하다. 일례로 내비게이션의 경우는 도착시간을 예측하는 기법으로도 사용된다.

동일한 이벤트 데이터를 사용하는 이유로 위의 4가지 부분은 상호 배타적 개념이라기보다는 서로 중첩되어 분석되고 활용된다. 초기에는 프로세스 마이닝이 주로 오프라인으로 활용되어 이미 종료post mortem된 데이터를 사용했다. 하지만 최근에는 온라인상에서 활동 중pre mortem인 이벤트 데이터를 사용하여 프로세스 운영을 실시간으로 지원하는 기능으로 확장되고 있다. 그러므로 프로세스 정책을 따르지 않는 활동이 트리거 되면 바로 관리자에게 알람을 주는 체계로도 활용 가능하다. 이러한 기능은 실시간 데이터 마이닝 프로그램을 통해서 구현된다. 위와 같은 프로세스 마이닝 기능은 모두 프로세스 거버넌스를 위한 체크 항목에 유효한 관리기능을 제공한다.

03 프로세스 마이닝 시스템의 구축

1. 프로세스의 모델링

그림 15-4은 페트리넷petri net으로 표현된 프로세스 모델의 사례이다. 이 모델은 영업 인센티브 신청을 처리하는 프로세스이다. 그림처럼 start에 검은색 토큰이 얹혀지면 프로세스가 구동된다. 사각형 심볼인 트랜지션 'a(request incentive)'는 토큰 하나를 소비하고, 원형 심볼인 p1과 p2 플레이스로 각각 1개씩 2개의 토큰을 출력한다. 이렇게 토큰의 위치가 단계별로 변하는 것을 마킹marking이라 한다. 프로세스의 종료는 g 또는 h 트랜지션이 활성화되고 토큰을 end 플레이스에 출력할 때 비로소 마감된다. 페트리넷의 트랜지션은 활동이고 시간을 소비한다. 반면 플레이스는 상태를 의미하며 시간을 소비하지 않는다. 그러므로 페트리넷 상에서의 소요시간, 확률 등 프로세스의 성과지표인 그래프나 수치를 표시하는 위치는 트랜지션이 아니고, 플레이스 주변에 표시하는 것이 적절하다. 플레이스가 체크 포인트이기 때문이다.

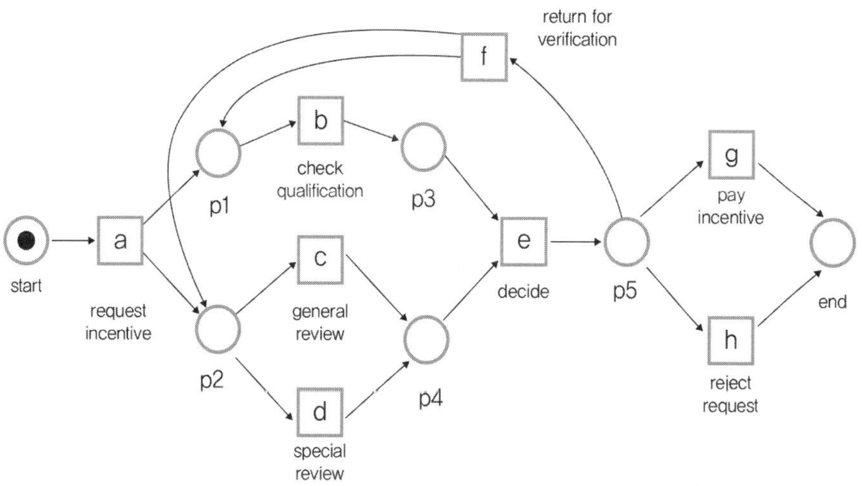

[그림 15-4] 페트리넷 모델의 사례: 영업 인센티브 프로세스

그림 15-5는 페트리넷을 BPMN(Business Process Model & Notation)으로 동일하게 작도한 것이다. BPMN은 컨트롤 플로우를 모델링하기 위해서 플레이스place 대신에 게이트웨이 심벌을 사용한다. 다이아몬드 심벌안의 'X'표는 XOR split/join 게이트웨이를 의미하고, '+'표는 AND split/join 게이트웨이를 상징한다. 비교시 유의할 사항은 request incentive 다음에 위치한 XOR-join 게이트웨이는 return for verification을 결정한 경우에 되돌아가는 위치로 필요하다. XOR-join 게이트웨이 뒤의 AND-split 게이트가 이후 프로세스의 병렬 분기 흐름을 제어한다. 그 외에는 페트리넷 프로세스와 동일하다. 이처럼 BPMN 심벌은 페트리넷에 비하여 분기점을 이해하기 쉽다.

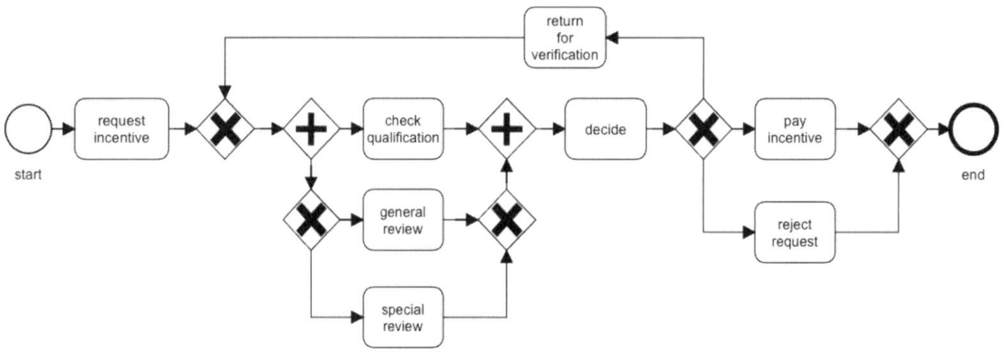

[그림 15-5] 그림 13-3과 동일한 프로세스의 BPMN

2. 프로세스 로그 데이터의 준비

프로세스 마이닝은 이벤트 로그 데이터를 이용한다. 그러므로 적정한 포맷의 프로세스 마이닝 데이터를 취득하고 가공하는 과정은 데이터 마이닝과 마찬가지로 매우 중요하고 많은 작업 시간을 요구한다. 분석을 위한 원시 데이터raw data는 포맷도 다양하고 물리적으로 분산되어 있기 때문이다. CSV(Comma Separated Values) 파일, 엑셀 파일, 데이터베이스 테이블, 메타 데이터베이스 파일, ERP 애플리케이션 파일, 트랜잭션 파일, 메시지 로그 등과 같이 구문syntax과 어의semantics가 서로 다른 파일을 추출, 변환, 적재하는 과정은 심도 깊은 도메인 노하우와 다양한 생산성 툴을 필요로 한다. 그 때문에 데이터 품질을 보증하는 적정한 기법이 요구된다. 그림 15-6는 프로세스 마이닝을 데이터 처리 관점에서 표현한 프로세스 개념도이다.

물리적으로 분산되고 형식도 다른 원시 데이터에서 의사결정을 위한 의미 있는 정보를 뽑아내는 작업을 데이터 마이닝에서는 ETL(Extract, Transform, Load)이라 부르는데 프로세스 마이닝도 같은 작업을 필요로 한다. 하지만 데이터 마이닝의 전처리 작업과 다르게 프로세스 마이닝을 위한 데이터 작업은 이벤트 로그에 집중한다. 프로세스 마이닝의 ETL을 간략히 설명하면 아래와 같다.

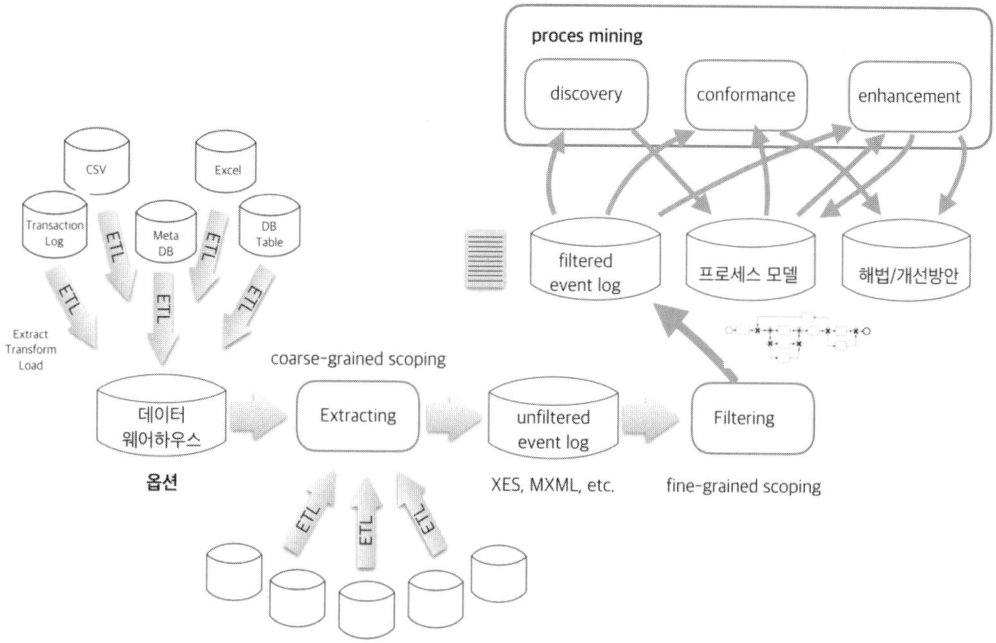

[그림 15-6] 다양한 원천 데이터 처리과정과 프로세스 마이닝 라이프사이클

① **추출(extract):** 데이터를 뽑아내는 추출은 기존에 얼마나 풍부한 데이터를 가지고 있는지보다는 분석자가 도메인에 대한 풍부한 지식을 기반으로 얼마나 적정한 질문을 던질 수 있는지로 결정된다. 도메인 지식이 없다면 분산된 데이터의 상관관계를 설정할 수도 없고, 이벤트 데이터의 대상 범위는 물론 추출 데이터의 추상화 수준을 정할 수도 없다. 이러한 질문 사례의 예는 아래와 같으며, 표 15-2는 이러한 질문에 답하도록 적정하게 추출되어야 한다.

- 이전에는 영업 인센티브 처리를 어떻게 하였는가?

- 왜 그렇게 처리했는가?
- 미래에는 어떻게 처리할 것인가?
- 왜 그리고 언제 사람들이 규칙을 따르지 않는가?
- 프로세스를 보다 더 잘 관리할 방법은 무엇인가?
- 업무 처리 성과를 향상하려면 무엇을 고쳐야 하는가?

② **변환(transform):** 데이터 변환 작업은 분석을 위한 데이터의 균질한 품질을 결정하는 작업으로, 구문syntax과 어의semantics를 통일시키는 작업이다. 예를 들어, 시간정보의 정밀도와 표현 형식 통일, 키값 통일, 속성 데이터 값을 같은 단위와 자릿수로 만들기 등의 전처리 작업들로 데이터 처리시간 중에서 가장 많은 시간을 소요하는 방법이다. 그림 15-7의 클래스 다이어그램은 이벤트 데이터 간의 관계를 보여준다. 그림처럼 각 케이스는 하나의 프로세스에 속한다. 이러한 룰에 따라 이벤트 로그를 분류하고, 포맷을 통일하는 일이 변환작업의 핵심이고 데이터 품질을 결정하는 일이다.

③ **적재(load):** 데이터 적재 작업은 변환된 데이터를 분석 툴에 입력하기 전에 데이터웨어하우스나 관계형 데이터베이스(또는 엑셀, CSV 등)와 같은 파일로 저장하는 과정이다. 대개의 회사는 데이터웨어하우스가 존재하지 않기 때문에 관계형 데이터베이스 형태나 탭 또는 쉼표로 레코드를 분류한 동일한 칼럼의 평활 데이터flat data로 만든다.

그림 15-6에는 데이터 준비 작업을 추출extracting과 필터링filtering의 두 단계로 구분했다. 알스트Aalst는 전반부를 거친범위 설정coarse-grain scoping이라 설명하고, 후반부를 미세범위 설정fine-grain scoping으로 불렀다. 추출은 이벤트 데이터를 크게 케이스 ID 별(혹은 테이블 별)로 군집화하는 과정이고, 필터링은 케이스 내부의 속성데이터(컬럼)까지 상세하게 정의하는 과정을 말한다. 프로세스 마이닝은 단 하나의 완벽한 모델을 발견하는 것이 목적이 아니다. 프로세스로부터 생성되는 실제 세계의 이벤트 데이터를 커다란 3차원의 구조체로 볼 때, 분석가는 자신이 가진 질문의 답을 얻기 위해 3차원 구조체를 마치 MRI 단층촬영을 하듯이 여러 각도로 잘라볼 것이다. 이렇게 2차원으로 만든 데이터의 구조를 줌인zoom-in, 줌아웃zoom-out하면서 정밀도가 서로 다른 분석 프레임analysis frame을 이용하여 프로세스 관점process view을 파악해 나가는 것이 프로세스 마이닝의 업무 흐름이다.

여기서 거친범위 설정은 3차원 데이터 구조체를 2차원의 특정 프로세스 관점process view으로 커팅하는 작업이고, 세부 범위 설정은 주어진 프로세스 관점에서 분석 프레임을 좁히거나 넓히는 작업으로 이해하면 될 것이다. 미세범위 설정의 사례를 들면, 프로세스별, 고객별, 담당자별, 제품별로 분석해야할 이벤트 데이터와 프로세스 관점도 달라진다. 이를 위한 전처리 과정이 서로 다른 것은 물론이다. 예를 들어 활동명이 'start'인 2개의 트랜잭션이 하나의 케이스 안에서 동시에 점화fire되었을 때, 어떤 활동이 먼저 끝난 것인지 분별할 수가 없다. 이러한 일을 해결하기 위해 프로세스 ID들이 원자성을 갖도록 만드는 일처럼 '미세범위 설정단계'에서 데이터명을 구분하거나 원하는 데이터 칼럼을 필터링해야 하는 작업은 다양하다.

그림 15-6에서는 반복작업의 흐름은 표현하지 않았다. 하지만 프로세스 마이닝은 대개 초기에 테스트 런test run을 실행한 이후 반복작업을 통해 데이터를 클린징cleansing하면서 이벤트 데이터의 품질을 높여가며 오류를 줄여간다. 데이터 마이닝 데이터와 본질적으로 가장 큰 차이점을 가지는 프로세스 마이닝 데이터의 특징은 그것이 이벤트 중심적 데이터이어야 한다는 것이다. 이벤트 중심적 데이터라는 말은 최소한 프로세스 인스턴스(또는 Case ID)와 매칭된 이벤트 ID(또는 활동 데이터)가 복수로 존재해야 한다는 것이고, 이벤트 데이터 각각은 상대적 선후 관계(시간적 배열 순서)가 명확하여 인과관계를 설명해 주어야 한다는 것이다. 이벤트 서로 간에 시간적 배열, 즉 선후관계가 분명하지 않다면 프로세스 모델을 발견discovery하고 만들 수 없다. 상대적 선후관계와 더불어 이벤트의 명확한 시간기록time-stamp이 있다면 데이터 활용범위는 더욱 확장된다.

알파 알고리즘은 이벤트 로그의 교환포맷으로 MXML(Mining eXtensible Markup Language)과 XES(eXtensible Event Stream)을 주로 활용하여 패트리넷을 생성한다. XES 파일 포맷은 프로세스 마이닝 툴인 ProM을 비롯하여 여러 소프트웨어 툴이 지원하고 있다. 이벤트 로그나 데이터베이스 테이블을 XES 파일로 변환해주는 다양한 툴들이 시장에 존재한다. OpenXES는 오픈 소스 자바 라이브러리를 제공하여 다른 툴에 쉽게 통합되며 XES 파일과 다른 파일 포맷 간의 변환을 지원한다.

프로세스 마이닝을 위한 데이터 준비는 ETL 뿐만 아니라 분산된 데이터 테이블을 하나로 통합하는 평활화 작업flattening, 3차원 이벤트 데이터를 2차원 이벤트 데이터로 변환해 주는 작업, 이벤트 로그의 적정한 획득 테크닉 등 여러 가지 작업이 포함될 수 있다.

3. 프로세스 로그 데이터의 평활화

프로세스 이벤트 로그데이트의 분석을 설명하기에 앞서서 프로세스, 케이스, 이벤트, 활동과 속성 데이터의 상관관계에 대하여 설명할 필요가 있다. 그림 15-7은 알스트Aalst가 제시한 클래스 다이어그램class diagram으로 개념 이해에 도움이 될 것이다. 하나의 프로세스 모델은 여러 건의 케이스가 실행된다. 각 케이스는 여러 개의 이벤트가 발생한다. 각 이벤트는 여러 개의 속성 데이터를 가질 수 있다. 유의할 부분은 이벤트는 활동 인스턴스activity instance에서 복수로 발생된다. 그렇기 때문에 활동명의 이름을 구별할 수 있도록 정의하여야 한다. 프로세스 A에도 활동명을 start, 프로세스 B에도 활동명을 start로 명명하면 구별이 어렵기 때문이다. 활동명 앞에 프로세스 ID를 붙이는 것도 좋은 방법이 된다.

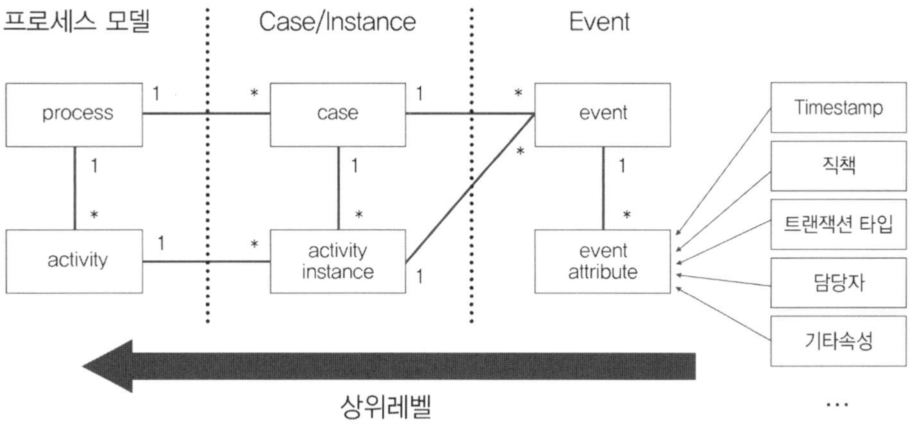

[그림 15-7] 프로세스 모델, 케이스/인스턴스, 이벤트 레벨의 상관관계

표 15-2은 그림 15-4, 15-5의 프로세스에서 발생될 만한 이벤트 로깅 데이터의 예시이다. 병렬처리 프로세스에서 이벤트 아이디ID는 순번이 1단위로 연속되게 발생하지는 않지만 예제는 셈을 쉽게 하도록 case 6을 제외하고 연속 순번으로 기재하였다. 하나의 케이스에는 복수의 이벤트가 발생한다. 표 15-2에서 가장 빠른 경우 이벤트는 다섯 번만에 종료된다. 표에서 속성데이터는 시간(완료시간), 활동명, 담당자(리소스), 기타 속성(활동원가, 인센티브 금액)로

이루어진다. 시간은 단순하게 날짜만 표기될 수도 있고, 시작시간, 완료시간, 저장장치 기록시간, 다음 담당자 인도시간 등 형태는 다양하게 설계될 수 있다. 속성데이터의 경우에도 표에서는 활동원가를 기록했지만, 해당 이벤트의 트랜잭션의 결과값을 로깅할 수도 있다.

이벤트 로그는 결측값missing value도 발생할 수 있고 추상화 레벨이 너무 높을 수도 있으니 특정한 정보를 원할 경우는 사전에 이벤트 로그형식을 목적에 맞게 잘 설계해야 한다. 그럼에도 프로세스 마이닝을 위한 최소한의 데이터 칼럼은 발생시간의 순서대로 로깅된 케이스 아이디와 활동activity 칼럼이다. 시간 순서대로 활동 내용이 로깅되어야 활동 간의 선후관계를 파악하고 프로세스 모델을 구성할 수 있기 때문이다. 그러므로 분산된 서버에서 발생하는 이벤트의 시간순서를 명확히 하기 위해서 서버들의 시간을 동기화하는 기능은 필수적이다.

[표 15-2] 이벤트 로그의 사례(영업 인센티브 처리 절차)

케이스ID	이벤트 ID	속성 데이터			
		완료 시간	활동	담당자	활동원가
1	20123101	2017.07.18 11:02	request incentive	JGLEE	100
	20123102	2017.07.19 14:12	check qualification	JBPARK	350
	20123103	2017.07.20 07:00	general review	MSCHAE	250
	20123104	2017.07.21 10:30	decide	CSKIM	200
	20123105	2017.07.22 11:35	pay incentive	JSKIM	150
2	20123511	2017.08.01 09:35	request incentive	MLKIM	100
	20123512	2017.08.02 14:25	check qualification	JBPARK	350
	20123513	2017.08.04 10:45	general review	HSRYU	200
	20123514	2017.08.05 15:21	decide	CSKIM	200
	20123515	2017.08.05 17:45	Reject request	SKKANG	100
3	20123621	2017.08.22 10:21	request incentive	MHKIM	100
	20123622	2017.08.22 17:01	check qualification	JBPARK	350
	20123623	2017.08.25 09:50	special review	KHCHO	500
	20123624	2017.08.25 14:37	decide	CSKIM	200
	20123625	2017.08.25 15:30	return for verification	CSKIM	200
	20123626	2017.08.30 09:51	special review	KHCHO	700
	20123627	2017.08.30 13:30	check qualification	JBPARK	350
	20123628	2017.08.31 14:21	decide	CSKIM	200
	20123629	2017.08.31 17:35	pay incentive	JSKIM	150

케이스ID	이벤트 ID	속성 데이터			
		완료 시간	활동	담당자	활동원가
4	20124141	2017.09.05 10:45	request incentive	SJCHO	100
	20124142	2017.09.06 14:35	general review	MSCHAE	350
	20124143	2017.09.06 15:13	check qualification	JBPARK	500
	20124144	2017.09.07 13:10	decide	CSKIM	200
	20124145	2017.09.07 15:21	reject request	SKKANG	100
5	20124611	2017.09.19 11:21	request incentive	SRKANG	100
	20124612	2017.09.20 11:35	check qualification	JBPARK	350
	20124613	2017.09.21 14:35	general review	MSCHAE	250
	20124614	2017.09.21 16:14	decide	CSKIM	200
	20124615	2017.09.22 09:10	return for verification	CSKIM	200
	20124616	2017.09.22 17:10	check qualification	JBPARK	450
	20124617	2017.09.26 09:45	general review	HSRYU	200
	20124618	2017.09.27 09:21	decide	CSKIM	200
	20124619	2017.09.27 11:10	return for verification	CSKIM	200
	20124620	2017.09.28 12:10	check qualification	JBPARK	450
	20124621	2017.09.29 13:55	special review	KHCHO	500
	20124622	2017.09.30 11:35	decide	CSKIM	200
	20124623	2017.09.30 13:10	pay incentive	JSKIM	150
6	20124871	2017.09.05 10:45	request incentive	SYPARK	100
	20124873	2017.09.06 14:35	check qualification	JBPARK	300
	20124874	2017.09.06 15:13	general review	KHCHO	500
	20124875	2017.09.07 13:10	decide	CSKIM	200
	20124877	2017.09.25 09:00	pay incentive	JSKIM	150
…	…	…	…	…	…

표 15-2의 이벤트 로그는 일반인의 관점에서 복잡해서 직관적 이해가 쉽지 않다. 이것을 그림 15-4의 트랜지션transition 심벌(a, b, c, d, e, f, g, h)로 단순화 시키면 표 15-3과 같은 케이스별 경로trace 표가 만들어진다. 이처럼 단순화된 이벤트 로그로 페트리넷을 작도할 수도 있다. 표 15-3의 경로데이터는 그림 15-4의 프로세스 모델과 완전히 정합한다.

표 15-3의 Case ID 1의 경로 (a, b, c, e, g)를 그림 15-4에 견주어 보자. Start에 토큰이 놓이면 'a(request incentive)'가 활성화 된다. 'a'는 토큰 하나를 소비하고 두 개의 토큰을 발포firing하여 p1, p2에 올려놓고 {b, (c or d)}를 활성화 시킨다. 트랜지션 'b'는 토큰을 소비하고 p3에 토큰 하나를 출력한다. 이와 동시에 정책에 따라 결정된 트랜지션 'c'가 먼저 활성되면 'd'를 비활성화시키며 하나의 토큰을 소비하고 결과로 하나의 토큰을 p4에 놓는다. 트랜지션 'e'는 p3, p4 두 개의 토큰을 소비하고 하나의 토큰을 p5에 놓는다. 이때 f, g, h가 활성화된다. 룰에 의해 'g'가 실행되어 토큰을 end에 출력하고 케이스는 완성된다. 이처럼 표 15-3의 Case 1~6 모두 그림 15-4의 프로세스 모델과 정합함을 알 수 있다.

4. 프로세스 마이닝의 분석

데이터 분석기법에서 대두되는 과적합overfitting과 부적합underfitting 이슈는 프로세스 마이닝에서도 예외가 아니다. 과적합은 모델이 특정 사항에만 최적화되어서 다른 프로세스 케이스를 설명할 수 없는 문제이고, 부적합은 모델이 너무 일반적이어서 관찰된 프로세스와 관련 없는 행동까지 설명해 주는 문제이다. 과적합과 부적합은 상반된 개념이라 균형이 중요하다. 프로세스 마이닝의 품질 지표로 제기되는 4가지 요소(일반화, 정밀화, 적합성, 단순성) 중에 일반화generalization는 과적합의 정도를 측정하고, 정밀화precision는 부적합의 정도를 측정한다.

표 15-3에서 만약 Case ID 2(a, b, c, e, h)와 Case ID 4(a, c, b, e, h)의 경로만 사용 가능할 때, 알파 알고리즘은 그림 15-8과 같은 프로세스 모형을 만든다. 이벤트 (b, c)가 때로는 (c, b)로 발생한다는 것은 두 개의 이벤트가 동시성concurrency을 가지고 있다는 의미로 인식하기 때문이다. 프로세스 발견 알고리즘에 동시성의 로직이 없다면 프로세스는 동일한 활동을 각기 다르게 표현하게 되고, 완성된 프로세스 그림은 스파게티처럼 복잡한 형태가 된다. 그러므로 부족한 이벤트 로그로 발견된 프로세스 모델은 실제 세계를 반영할 수 없다. 실제 세계를 반영하기 위해서는 동시성 분석을 위한 충분한 이벤트 로그가 필요하다.

[표 15-3] 표 13-2를 단순화한 이벤트 로그(a, b, c, d, e, f, g, h)

케이스 ID	경로(trace)
1	(a, b, c, e, g)
2	(a, b, c, e, h)
3	(a, b, d, e, f, d, b, e, g)
4	(a, c, b, e, h)
5	(a, b, c, e, f, b, c, e, f, b, d, e, h)
6	(a, b, d, e, g)
...	...

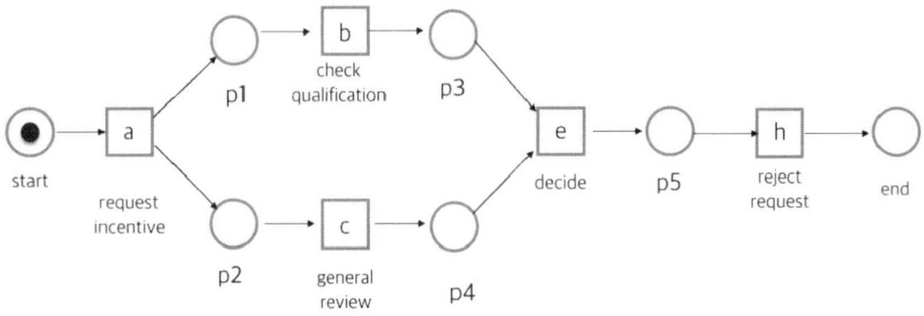

[그림 15-8] 부족한 로그로 알파 알고리즘이 발견한 프로세스 모델

프로세스 마이닝은 이벤트 로그event log로부터 프로세스 모델을 발견discovery하는 기능 이외에 정합conformance과 개선enhancement을 위한 목적으로도 사용된다. 이를 설명하기 위해 표 15-3의 이벤트 로그를 좀 더 확장한 표 15-4의 이벤트 로그를 보자. 두꺼운 글씨체로 표시된 Case ID 7, 8, 10은 그림 15-4의 모델과 비교할 때, 가능한 경로가 될 수 없다. Case 7은 동시 트랜지션 'b'가 누락되어 있고, Case 8은 'g' 또는 'h'가 빠져 있다. Case 10 역시 'f'로 반환된 이후에 'e(decide)' 결정 이벤트를 건너뛰고 인센티브를 지불했다. 프로세스 마이닝의 정합성 체크는 이처럼, 모델이 실제 행동을 반영하지 못하는 서술적 관점descriptive viewpoint과 실제 행동이 설계된 모델 절차를 따르지 않는 규범적 관점normative viewpoint의 검증에 활용될 수 있다.

[표 15-4] 불가능한 프로세스가 첨가된 이벤트 로그(표 15-2 참조)

Case ID	경로(trace)
1	(a, b, c, e, g)
2	(a, b, c, e, h)
3	(a, b, d, e, f, d, b, e, g)
4	(a, c, b, e, h)
5	(a, b, c, e, f, b, c, e, f, b, d, e, h)
6	(a, b, d, e, g)
7	**(a, d, e, g)**
8	**(a, b, d, e)**
9	(a, b, d, e, f, c, b, e, f, d, b, e, h)
10	**(a, b, d, e, f, b, c, g)**

표 15-2의 상세 이벤트 로그는 이벤트 속성에 관한 여러 가지 정보를 가지고 있다. 프로세스 마이닝의 개요에서 설명한 바와 같이 이러한 정보를 이용하면 프로세스에 대한 다양한 통찰을 얻을 수 있다. 즉, 이벤트 정보로 프로세스 모델과의 정합을 검증하는 기본 기능은 물론, 일을 수행하는 조직 구성원간의 소셜네트워크social network 정보를 생성할 수 있다. 조직 네트워크에 밀도(빈도, 시간 등)의 정보를 넣으면, 구성원 간 관계의 강약(심도)까지 표현할 수 있다. 그림 15-9은 이러한 통찰로 얻을 수 있는 정보의 유형을 맥락적으로 보여준다.

한편 표 15-2의 이벤트 로그로부터 'e(decide)' 트랜지션을 맡는 CSKIM은 관리자로 추정 가능 하다. 또한 특별 리뷰special review를 하는 사람은 전문가로 분류 가능하다. 기타 실무자는 담당자로 분류할 수 있다. 프로세스를 활성화 시키는 사람은 신청자로 표현하였다. 이렇게 인적자원의 정보를 통해서 조직 구성에 대한 통찰을 얻을 수 있다. 마찬가지로 시간 정보를 통해서도 유용한 통찰을 얻을 수 있다. 전체 프로세스의 평균 소요시간이나 최소/최대 소요시간을 산출할 수도 있고, 각 단계별로 개인별 업무처리 속도를 산출할 수도 있다. 또한, 이벤트 로그가 프로세스의 각 케이스별로 구조화 되어 있으므로, 프로세스의 정책이나 의사결정 규칙rule을 분석할 수 있다. 이러한 규칙으로부터 의사결정 트리decision tree를 만들 수도 있다.

이밖에 프로세스의 개인별 평균 완료시간으로 누가 가장 일처리가 늦은지, 프로세스 재작

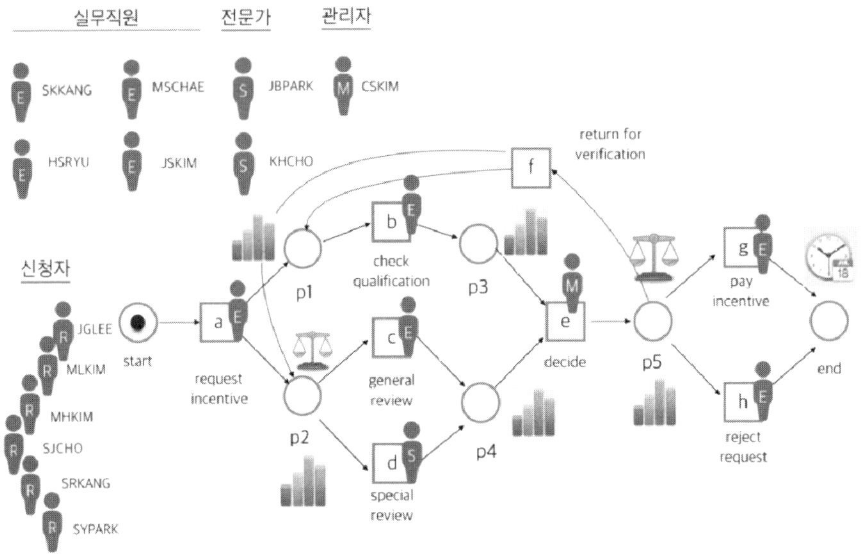

[그림 15-9] 조직과 성과에 대한 통찰을 주는 프로세스 모델

업과 관련된 이벤트가 주로 어떠한 사람에게 발생되는지도 분석해 낼 수 있다. 이러한 정보가 직원들의 업무능력 향상에 유용한 정보로 사용될 수도 있고, 업무평가에도 활용될 수 있을 것이다. 하지만 개인별 성과정보는 민감한 사적 정보이기 때문에 노출에 유의해야 한다. 잘못하면 조직관리상의 큰 이슈로 번질 수 있다.

5. 프로세스 마이닝의 라이프 사이클

그림 15-10은 이상과 같이 프로세스 마이닝의 라이프 사이클 전반을 Aalst가 큰 그림으로 도식화한 것으로, 지금까지 설명한 프로세스 마이닝의 전체 과정을 통합하여 주요 관점을 부각하여 그린 그림이다. 그림처럼 프로세스 마이닝의 전체 라이프 사이클은 5단계로 되어 있다. 이들 5단계 중에서 프로세스 마이닝의 이해를 높이는 데 도움을 주는 핵심 주제를 집중하여 설명하겠다.

- **1단계(이벤트 로그 획득):** 시스템으로부터 이벤트 로그를 뽑아내는 단계이다. 유용한 정보화를 위해 다양한 필터링 방법이 필요하다. ETL과 같은 전처리가 중요하고, 분산되고

형식이 다른 테이블을 하나의 테이블로 통합하는 'DB 평탄화database flattening' 작업을 필요로 할 수도 있다.

◆ **2단계(프로세스 모델의 생성 또는 발견):** 알파 알고리즘을 활용하는 단계이다. 이외에도 복잡한 로그의 경우 귀납적 휴리스틱 마이닝heuristic mining과 유전자 마이닝genetic mining과 같은 테크닉이 프로세스 모델을 얻기 위해 사용된다. 공식적 모델이라면 손으로 작도한 프로세스 모형도 유용하다.

◆ **3단계(로그 이벤트와 모델 활동의 연결):** 이 단계는 취득한 정보를 모델에 투영하여 통찰을 얻는 핵심적인 작업이다. 재작동replay 테크닉을 사용하여 로그의 이벤트와 모델의 활동이 연결된다.

◆ **4단계(모델의 확장):** 마이닝 모델을 확산하는 단계로 크게 4가지로 나뉘어 진다. 첫 번째로, 조직관점으로 조직 네트워크를 찾고, 프로세스 활동과 조직의 자원을 연계하여 조직의 실체를 파악한다. 두 번째로, 시간 관점으로 갱신일시time-stamp와 발생빈도를 활용하여 대기시간, 서비스 시간, 경로활용의 확률을 계산한다. 세 번째로, 케이스 관점으로 로그에 내포된 속성데이터를 이용하여 의사결정 트리를 만든다든지 이벤트 데이터의 적정성을 파악하는 분석 등을 실시한다. 네 번째로, 기타 관점은 속성데이터를 이용하여 위험도를 분석하거나 비용 등을 계산한다. 활동기준 원가관리에 활용할 수 있고, 내비게이션의 경우 도착시간을 예측할 수 있다.

◆ **5단계(통합모델의 활용):** 이렇게 4 단계를 거친 프로세스 마이닝의 분석 결과는 프로세스 개선을 위한 정보로 활용될 수 있다. 일례로, 워크 플로우 관리workflow management 또는 Business Process Management(BPM)의 시스템 재구성을 위한 기초 데이터로 사용할 수 있다. 또한, CPN TOOLs와 같은 오픈소스 시뮬레이션 툴을 이용하여 속성별로 컬러를 입힌 페트리넷colored Petri net을 생성하고 다양한 변수를 조정하여 동작해석을 할 수도 있다. 실제 로그에서 취득된 이벤트 정보로 시뮬레이션 한 모델과 실제 모델의 차이점을 분석할 수도 있을 것이다.

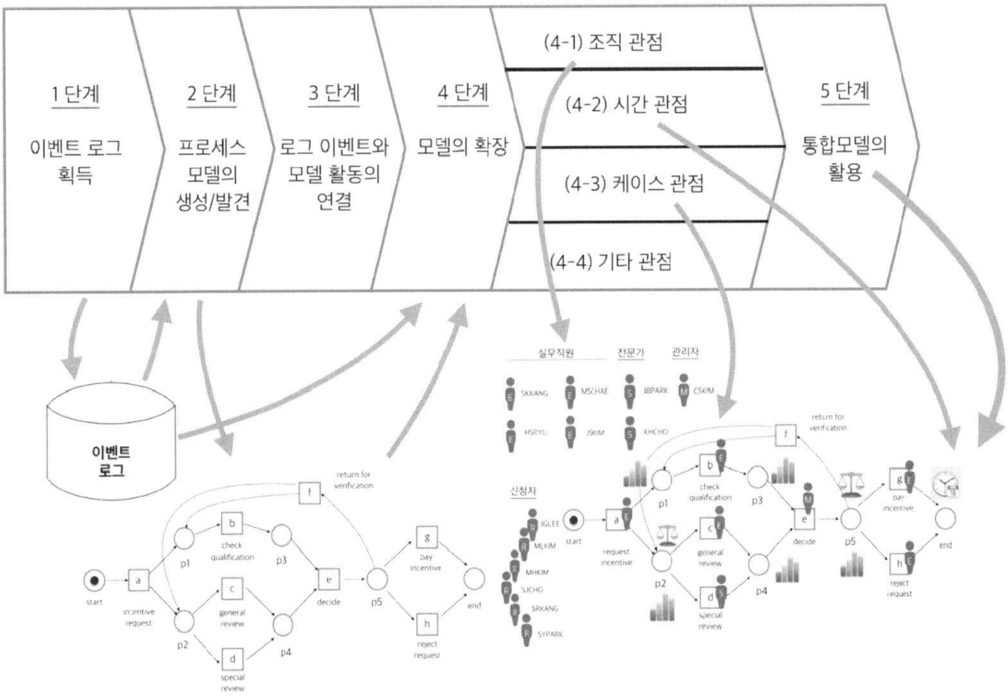

[그림 15-10] 프로세스 마이닝 모델(Aalst의 모델을 기반으로 변경함)

프로세스 마이닝 기술을 조직에 도입할 때의 사전 고려 사항이 있다. 프로세스 마이닝은 시스템에서 떨구는 로그데이터를 이용한다. 생산공장의 경우는 컨트롤러가 붙어있는 자동화 장비나 현장에 분산된 다양한 IoT장비가 데이터 소스가 될 수 있다. 그러나 이러한 장비로부터 데이터가 유용한 수준으로 모여지기란 쉽지 않은 일이다. 첫째는 최신 장비가 아니면, 로그 데이트가 원하는 형태로 출력되지 않을 수 있고, 기존의 시스템 프로그램에 많은 수정 작업이 필요할 수 있다.

프로세스 마이닝 솔루션 도입의 가장 큰 장애요인은 기술적 문제라기 보다는 조직문화에 있다. 현업의 협력이 부족하다면 프로세스 마이닝 솔루션의 도입은 실패하기 십상이다. 특히 프로세스 마이닝 도구가 사람 의존적인 정보를 취합할 경우, CEO는 조직내의 구성원의 일거수 일투족을 투명하게 볼 수 있게 된다. 이러한 일은 직원들의 불안감을 증폭시킨다. 불안한 직원은 고의로 사용할 수 없는 수준으로 프로세스 마이닝 데이터를 왜곡시킬 가능성이 농후하다. 섣불리 신기술을 도입을 통한 혁신을 도모하기 보다는, 구성원 참여적 조직 문화를 먼저 구축해야 한다. 구성원들의 권한을 강화시키고, 그들의 직능을 향상시켜 자율적 자기조직화를 불러일으켜야 한다. 미시권력이 허락되고 자율화된 조직원들은 스스로 학습문화를 고양하고 생산성 향상을 위한 프로세스 마이닝 도구를 주도적으로 리드해 나갈 것이다. 쉽지 않은 일이지만, 깨어있는 최고경영자들이 시도해야 할 접근방법이라 생각한다.

이상에서 설명한 프로세스 마이닝 도구는 큰 틀에서 프로세스 거버넌스의 성과 측정을 위한 미시적 측정지표로 사용될 수 있다. 그러나 IT 기술적 배경이 취약한 관리조직에서 이러한 지표를 설정하고, 측정하고, 거버넌스 관리에 활용하기는 오랜 준비시간과 역량확보가 필요하다. 상위레벨의 관리계층을 위한 프로세스 거버넌스 측정도구가 필요한 이유가 여기에 있다. 그러한 이유로 경영계층에게는 Chapter 13의 프로세스 거버넌스 측정도구와 Chapter 14의 성숙도 모델이 보다 효과적인 관리도구가 될 수 있으며, 간단한 도구를 통한 조직관리를 먼저 접근하기를 권고한다.

참고문헌

1. Lebas, Michel(1995), “Peformance measurement and performance management”, Internaltional Journal Production Economics, Vol. 41, pp. 23-35.
2. 이정규(2018), “프로세스 거버넌스 측정도구와 프레임워크에 대한 연구”, 박사학위논문, 국민대BIT 대학원
3. Ibid..
4. Harmon, Paul(2007), Business Process Change, Morgan Kaufmann Publishers,
5. Leavitt, Carol C.(2011), "A Comparative Analysis of Three Unique Theories of Organizational Learning". https://eric.ed.gov/?id=ED523990
6. Argyris, Chris(1995), "Action Science and Organizational Learning", Journal of Managerial Psychology, Vol. 10, No. 6, pp. 20-26.
7. 양인모 외(2015), Six Sigma 경영, 민영사.
8. 머다드 바가이 외(2000), 맥킨지 성장의 묘약, FKI미디어.
9. 구글 검색어 “radar chart”과 “IBM $APPEALS” 참조.
10. 구글 검색어: phylogenetic tree
11. 구글 검색어: “gartner hype cycle”
12. 구글 검색어 “product and market segmentation”
13. 구글 검색어 “value chain"
14. 정승렬 & 이정규(2018), 비즈니스 프로세스, 한빛아카데미, pp 375~418.
15. 정승렬 & 이정규(2018), ibid, pp 374~418.
16. Aalst, Wil van der, Process Mining, Springer, 2016.
17. Damm, Werner & Harel, David(2001), “LSCs: Breathing Life into Message Sequence Charts”, Formal Mehthods in System Design, Vol 19. pp. 45~80.

부 록

프로세스 거버넌스 성숙도 측정 체크리스트

Process Governance Capability Evaluation Checklist

[점수: 매우 아니다(1), 아니다(2), 보통이다(3), 그렇다(4), 매우 그렇다(5)]

순번	레벨1 역량요인	순번	레벨2 역량변인	순번	레벨3 측정도구	Point
1	전략연계					25
		1-1	당면한 기업의 전략적 '목표(가치지향)'에 맞추어 프로세스가 적정하게 구현되어 있다.			5
			목표연계	1	조직의 전략적 목표가 분명히 정의되어 있다.	1
				2	조직의 전략적 목표의 상대적 우선순위가 분명히 정의되어 있다.	1
				3	프로세스가 조직의 전략적 목표에 맞게 설계되어 있다.	1
				4	프로세스가 조직의 전략적 목표에 맞는 결과를 만든다.	1
				5	조직의 전략 목표에 부합하지 않는 프로세스를 검증하는 활동을 한다.	1
		1-2	선행 프로세스의 결과물이 담당 프로세스의 목표달성을 적정하게 지원한다.			5
			선행연계	1	(선행프로세스가 있다면) 선행프로세스의 결과물이 적정하게 전달된다.	1
				2	선행 프로세스의 변동이 발생해도 담당 프로세스를 융통성있게 대응시킨다.	1
				3	선행 프로세스의 장애(문제)가 담당 프로세스에 신속하게 통보된다.	1
				4	담당 프로세스의 변동을 선행프로세스에 신속하게 피드백한다.	1
				5	담당 프로세스의 장애(문제)를 선행 프로세스에 신속하게 통보한다.	1
		1-3	담당 프로세스의 결과물이 후행 프로세스의 목표달성을 적정하게 지원한다.			5
			후행연계	1	담당 프로세스의 결과물을 후행프로세스에 적정하게 전달한다.	1
				2	담당 프로세스의 변동에 후행프로세스가 신속하게 적응한다.	1
				3	담당 프로세스의 장애(문제)를 후행 프로세스에 신속하게 통보한다.	1
				4	후행 프로세스의 변동에 담당 프로세스를 융통성있게 대응시킨다.	1
				5	후행 프로세스의 장애(문제)를 담당 프로세스에서 신속하게 인지한다.	1

순번	레벨1 역량요인	순번	레벨2 역량변인	순번	레벨3 측정도구	Point
		1-4	설계된 프로세스 요건을 정보시스템이 적정하게 충족시키고 있다.			5
			정보연계	1	IT 시스템이 프로세스 입력을 적정하게 수행한다.	1
				2	IT 시스템이 프로세스를 정의된 절차에 따라 적정하게 수행한다.	1
				3	IT 시스템이 프로세스 출력을 적정하게 수행한다.	1
				4	IT 시스템이 프로세스 운영의 문제점을 사전에 경고한다.	1
				5	IT 시스템이 프로세스 문제 해결 방안을 제시하거나 스스로 해결한다.	1
		1-5	프로세스의 성과지표가 조직의 사업목표와 적정하게 연계되어 있다.			5
			지표연계	1	조직의 사업목표와 프로세스 성과지표가 연동된다.	1
				2	사업목표의 변화가 프로세스 성과지표에 즉시 반영된다.	1
				3	프로세스 성과지표의 미달성을 즉각적으로 파악한다.	1
				4	조직의 사업목표 달성을 높이도록 프로세스 개선활동이 항상 운영된다.	1
				5	사업목표 달성에 영향을 주는 해당 프로세스를 명확히 추적할 수 있다.	1
2	권한강화					25
		2-1	팀원은 고객지향적으로 프로세스의 사업목표를 결정할 최종적 권한을 가지고 있다.			5
			목표권한	1	팀원이 직접 고객을 만나는 시도를 도모한다.	1
				2	팀원이 고객만족을 높이는 주요요인을 도출하는 작업을 수행한다.	1
				3	고객만족도에 대한 포괄적 정보를 팀원들에게 제공한다.	1
				4	팀원들이 경쟁제품을 경험할 기회를 허용하고 제공한다.	1
				5	팀원들이 경쟁사보다 탁월한 가치를 제공할 지표를 설정한다.	1
		2-2	팀원은 조직의 '가치지향'에 맞도록 업무 프로세스를 자율적으로 설계(혹은 개선)할 권한을 가지고 있다.			5
			설계권한	1	팀원이 담당 프로세스의 산출물과 품질을 결정한다.	1
				2	팀원이 담당 프로세스의 투입물의 질과 양을 결정한다.	1
				3	팀원이 자신이 담당하는 프로세스의 성과지표를 결정한다.	1
				4	팀원이 고객 만족도를 높이는 요인에 관심을 가지고 조사한다.	1
				5	팀원이 경쟁상황과 환경변화를 따라 프로세스의 변경을 설계한다.	1
		2-3	팀원은 담당 프로세스에 영향을 주는 선후행 프로세스의 성과지표를 합의할 권한을 가지고 있다.			5
				1	팀원은 선행 프로세스의 성과지표에 합의할 권한을 가지고 있다.	1
				2	팀원은 후행 프로세스에 성과지표의 합의를 요청한다.	1

순번	레벨1 역량요인	순번	레벨2 역량변인	순번	레벨3 측정도구	Point
			합의권한	3	합의되지 않는 성과지표에 대한 조정기구가 존재한다.	1
				4	조정기구는 이슈에 대한 적정한 합의를 도출할 비즈니스 역량을 가지고 있다.	1
				5	자신의 이슈를 충분히 제시할 기회를 허락하고 이해받는다.	1
		2-4	팀원은 담당 프로세스의 문제해결을 위해 다기능 팀을 구성할 권한이 있다.			5
			조직권한	1	팀원이 발생한 프로세스 문제점을 해결할 인적역량의 구성을 알고 있다.	1
				2	팀원이 발생한 문제점을 해결할 다기능팀의 소집을 요청할 수 있다.	1
				3	인적자원의 확보경쟁이 발생할 경우 우선순위 결정의 중재를 요청할 수 있다.	1
				4	팀원이 다기능 팀의 해결과업 일정을 확정할 권한을 가지고 있다.	1
				5	팀원이 다기능 팀의 기여도를 평가할 권한을 가지고 있다.	1
		2-5	팀원은 프로세스 창조/운영/변경에 필요한 자원을 스스로 배정할 권한을 가지고 있다.			5
			자원권한	1	팀원은 담당프로세스의 생산자원을 직접 계획한다.	1
				2	팀원이 담당 프로세스 투입자원의 공급처를 결정한다.	1
				3	팀원이 담당 프로세스를 운영할 설비자원을 결정한다.	1
				4	팀원이 담당 프로세스를 운영한 정보자원을 정의한다.	1
				5	팀원이 담당 프로세스의 잉여자원을 처리할 권한을 가지고 있다.	1
3	직능향상					25
		3-1	담당 프로세스에 관련된 직무역량, 요소기술 및 툴(도구)을 구분하고 정의한다.			5
			직능정의	1	프로세스별로 요구되는 직무역량을 구분하여 가지고 있다.	1
				2	프로세스별로 필요한 요소기술을 구분한 모델을 가지고 있다.	1
				3	프로세스별로 사용가능한 툴(도구, 프로그램)을 정의하였다.	1
				4	프로세스 직무역량의 성숙도를 단계별로 제시할 수 있다.	1
				5	매년 직무역량 모델(competency framework)을 실무자의 참여로 갱신한다.	1
		3-2	담당 프로세스의 개선과 혁신에 도움을 주는 학습 시스템을 설계하고 운영한다.			5
			학습체계	1	직무의 역량개발을 위한 로드맵을 가지고 있다.	1
				2	프로세스별로 학습콘텐츠를 개발(외주)하여 보유하고 있다.	1
				3	프로세스별로 직무역량 평가 모델을 가지고 있다.	1
				4	해당 프로세스 도메인의 스킬 리더가 존재한다.	1
				5	스킬 리더에게 멘티의 역량개발을 돕는 성과목표가 부여되어 있다.	1

순번	레벨1 역량요인	순번	레벨2 역량변인	순번	레벨3 측정도구	Point
		3-3	담당 프로세스를 효율적으로 수행하기 위한 적정한 학습기회가 적시에 제공된다.			5
			학습기회	1	학습주제를 명확히 가지고 있는 학습동아리(community of practice)가 구성되어 운영된다.	1
				2	학습효과증진을 위해 이질적 집단이 함께 섞여 학습한다.	1
				3	학습 동아리는 멘토(혹은 코치)외 적정한 인원(1조 5인 이하)으로 구성되어 있다.	1
				4	학습을 위한 적정한 시간과 공간(가상 공간 포함)이 주어진다.	1
				5	학습을 위한 예산과 산출물 제작을 위한 예산이 지원된다.	1
		3-4	프로세스 관련 학습을 위한 학습평가 및 학습성과 피드백 시스템을 운영한다.			5
			학습관리	1	정기적으로 꾸준한 학습평가 활동이 수행되고 있다.	1
				2	학습의 내용과 성취도를 담당자에게 직접 피드백하는 체계가 있다.	1
				3	직원이 성공(실패)경험을 조직에 공유하는 기회를 장려한다.	1
				4	학습평가를 통한 미래학습계획을 수립하고 관리하는 조직이 있다.	1
				5	학습 성취에 대한 집단적 보상을 제공한다.	1
		3-5	프로세스 학습 자산을 매뉴얼(지침, 가이드라인 등)로 만들고, 다양한 정보채널을 통해 적정하게 전파한다.			5
			학습전파	1	학습된 지적자산을 체계적으로 축적한다.	1
				2	학습된 지적자산의 신선도를 적정하게 유지한다.	1
				3	학습된 지적자산의 생애주기 관리를 수행한다.	1
				4	학습된 지적자산의 콘텐츠 오너십이 존재한다.	1
				5	학습된 자산의 배포체계를 적정하게 유지하고 있다.	1
4	자율조직					25
		4-1	문제가 있다고 생각되는 프로세스 개선 대상을 지속적으로 찾아낸다.			5
			자율발굴	1	자율적으로 프로개선팀을 출범한다.	1
				2	자율적으로 프로세스 개선과제를 도출한다.	1
				3	자율적으로 프로세스 개선 프로젝트를 계획한다.	1
				4	자율적으로 고객의 소리(Voice of Customer)와 경영진의 소리(voice of business)를 수집한다.	1
				5	자율적으로 보다 나은 프로세스 변경을 계획한다.	1

순번	레벨1 역량요인	순번	레벨2 역량변인	순번	레벨3 측정도구	Point
		4-2	개선 대상이 되는 프로세스의 성과지표를 꾸준히 측정하여 비교한다.			5
			자율측정	1	자율적으로 담당 프로세스의 입력단, 처리, 출력단의 성과지표 항목을 결정한다.	1
				2	자율적으로 고객만족에 영향을 주는 핵심 프로세스(critical to process) 지표를 정의한다.	1
				3	자율적으로 품질성과지표(critical to quality)의 적정한 측정 방법을 설계한다.	1
				4	자율적으로 성과지표의 추이를 지속적으로 측정한다.	1
				5	자율적으로 베이스라인과 실제 성과지표와 갭을 좁히도록 노력한다.	1
		4-3	이슈가 되는 성과지표의 근본적인 발생원인이 무엇인지 분석하고 대안을 찾는다.			5
			자율분석	1	자율적으로 저성과지표의 근본원인을 찾는 적정한 분석방법을 결정한다.	1
				2	자율적으로 표준값과 갭이 벌어진 지표항목을 통계적으로 선별한다.	1
				3	자율적으로 성과지표 갭의 근본원인을 분석툴을 이용하여 분석한다.	1
				4	자율적으로 문제를 해결할 솔루션을 체계적으로 설계한다.	1
				5	자율적으로 최적의 대안을 선정할 우선순위 정책을 수립한다.	1
		4-4	바람직한 프로세스가 구축될 수 있도록 시스템 구성요소들을 개선한다.			5
			자율개선	1	자율적으로 프로세스 문제를 해결할 솔루션을 설계한다.	1
				2	자율적으로 실험을 통해 해당 솔루션의 이점과 단점을 평가한다.	1
				3	자율적으로 전사적으로 최적화된 솔루션을 만든다.	1
				4	자율적으로 솔루션의 효과를 검증할 시범프로젝트를 수행한다.	1
				5	자율적으로 검증된 프로세스 솔루션을 이해관계자에게 설명하고 수행계획을 수립한다.	1
		4-5	개선된 프로세스가 유지되도록 자원 투입과 변동요인을 관리한다.			5
			자율유지	1	자율적으로 개선된 프로세스을 적정하게 운영한다.	1
				2	자율적으로 새로이 적용된 프로세스의 변동추이를 모니터링 한다.	1
				3	자율적으로 새로운 프로세스의 성과지표와 기대치를 비교한다.	1
				4	개선된 프로세스의 표준 지침을 정리한다.	1
				5	예기치 못한 돌발상황에 대비한 플랜 B 방안을 강구한다.	1

[내재화 측정도구]

x	내재화					25
	(검증 필요)	x-1	사업목표 달성을 위한 프로세스 아키텍처(목표, 절차, 역할 & 책임, 자원 등)가 적정하게 정의되어 있다.			5
			공정정의	1	프로세스의 목표를 명확하게 정의 했다.	1
				2	연관 프로세스의 입력, 처리, 출력의 절차를 적정하게 정의하였다.	1
				3	프로세스 담당자의 역할과 책임을 잘 명시했다.	1
				4	프로세스 수행을 위한 자원(설비, 툴, 방법론)과 작업환경을 적정하게 정의했다.	1
				5	적정한 관리 수준으로 프로세스의 계층 모델을 단계별로 잘 구조화하였다.	1
		x-2	프로세스의 모범사례(Best Practice) 구현으로 검증된 머릿속의 지식(노하우, 절차)을 문서화된 지식(매뉴얼, 참조문서 등)으로 자산화 한다.			5
			지적자산	1	직원들이 암묵적 지식을 문서화하는 일에 솔선한다.	1
				2	직원들이 자신이 생성한 지적자산에 대하여 동료의 리뷰를 개방적으로 요청한다.	1
				3	직원들이 동료의 지적자산에 대하여 기꺼이 동료 리뷰를 수행한다.	1
				4	직원들이 생성된 지적자산이 개인뿐만 아니라 조직전체의 자산임에 동의한다.	1
				5	직원들의 지적자산 성과에 대한 평가와 인센티브 프로그램이 운영된다.	1
		x-3	프로세스 성과지표의 타당성에 대하여 조직전반의 공감대가 존재한다.			5
			성과공감	1	직원들이 조직본연의 가치창조에 기여하는 핵심 프로세스가 무엇인지 알고 있다.	1
				2	직원들이 조직의 목표달성을 검증할 중요한 성과지표 항목에 공감한다.	1
				3	직원들이 핵심 프로세스의 성과지표의 산출 방법과 주기에 동의한다.	1
				4	직원들이 핵심 프로세스의 변동원인이 발생할 경우 그 근본원인을 알고자 한다.	1
				5	직원들이 담당업무에 의한 핵심 성과지표의 영향정도에 대하여 이해하고 있다.	1
		x-4	프로세스 전문가들이 리더십을 발휘할 수 있는 조직적 환경(장인양성, 기술전수 등)이 마련되어 있다.			5
				1	조직의 핵심 프로세스별로 최고 전문가(장인)를 양성한다.	1
				2	프로세스 전문가가 후배를 양성하는 프로그램을 운영한다.	1

x	내재화					25
			전문인력	3	프로세스 전문가가 충실하게 기업에 기여하는 모티베이션 프로그램이 있다.	1
				4	프로세스 전문가가 자신의 직무역량을 보다 깊게(전문적으로) 향상하도록 지원한다.	1
				5	프로세스 전문가가 횡적으로도 다기능적 역량을 확보하도록 지원한다.	1
		x-5	프로세스의 변경요구에 따른 관련 프로세스의 합리적 조정을 책임질 관리조직을 운영한다.			5
			관리조직	1	프로세스 개선활동과 관련된 우선순위를 조정할 권한이 있는 인력(예, 프로세스 거버넌스 담당자)이 있다.	1
				2	프로세스 거버넌스 담당자를 위한 적정한 직무정의서와 성과지표가 존재한다.	1
				3	프로세스 거버넌스 담당자(조직)가 기업거버넌스에 대한 적정한 학습기회를 가진다.	1
				4	프로세스 거버넌스 담당자(조직)가 역할 수행을 위한 역량과 관계자산을 가지고 있다.	1
				5	프로세스 거버넌스 담당자가 위험상황을 최고경영자나 BoD에 제약없이 보고한다.	1

㈜ 체크리스트를 파일로 받고자 할 경우 deepsmart.org의 contact으로 신청

부록 B 홀라크라시 거버넌스

X, Y이론의 대안으로 V이론을 주창한 서강대 노부호 교수는 그의 책 'V이론에 의한 제3의 경영'에서 '사람들이 성실하게 일에 몰입하게 하기 위해서는 경영 관행이 공동체 의식을 조장하는 방향으로 바뀌어야 한다. (중략) 공동체 조직에서는 직위와 직책이 중요한 것이 아니다. 직원의 경험과 능력에 따라 조직이 가장 발전할 수 있는 방향으로 자율과 책임의 원칙에 기초를 두고 협의와 합의를 통해서 각자 자기의 역할과 책임을 정하게 해야 한다'고 주장했다.[1)] 이러한 제3의 경영 모델을 혹자들은 홀라크라시Holacracy라 부른다. 홀라크라시는 브라이언 로버트슨Brian Robertson에 의해 제안되었다. 로버트슨은 '홀라크라시Holacracy: The New Management System for a Rapidly Changing World'라는 책을 썼으며, 홀라크라시원HolacracyOne이라는 회사를 설립하였다. 그 회사는 홀라크라시의 원칙과 실행을 설명하는 홀라크라시 헌장Holacracy Constitution을 보급하고 홀라크라시 거버넌스 체제의 변화를 원하는 조직을 컨설팅하고 있다.

업계에서는 이미 홀라크라시의 원칙을 조직 내에 도입한 사례가 여럿 생겨나고 있다. 미국의 자포스Zappos, 브라질의 셈코Semco, 일본의 메이난제작소Meinan Machinery라는 기업이 대표적으로 언급되고 있다. 로버트슨이 운영하는 홀라크라시 웹사이트에는 1000여개의 기업들이 홀라크라시 거버넌스를 도입하였다고 주장한다. 이러한 조직들이 사전에 공모하여 동시에 홀라크라시를 시도한 증거는 없다. 공교롭게도 몇몇 개별 업체의 성공스토리가 책으로 나오기 시작하면서, 대륙을 달리하는 이들 업체들의 조직문화가 주목받기 시작했다. 그들의 조직문화는 대부분 창업자의 주도로 시작되기는 했지만, 조직원의 자율성을 극대화하는 방향으로 추진되고 있다.

홀라크라시 조직의 경영자는 사람을 평가하는 일을 쓸 데없는 짓이라고 간주한다. 그러한 이유로 홀라크라시 조직문화는 직원들을 성과평가로 줄 세우지 않는다. 조직 학습은 조장하되, 직원의 열위를 구분하지 않는다는 말이다. 급여를 자기가 직접 정하는 경우도 있고 동료들의 합의를 통해 결정하지만, 회사의 이사회나 관리자가 급여수준과 인상폭을 반드시 결정하지도 않는다. 부양가족의 유무에 따라 급여를 고려하기도 하지만, 급여 수준의 차등이 없는 조직도 있다. 직원을 믿지 않는 맥락에 근거한 '지시에 의한 경영이론'인 X이론도 아니고, 모티베이션이 되면 창의력을 발휘한다는 '목표에 의한 경영이론'인 Y이론과도 다르다. V이론이나 홀라크라시는 직원 스스로의 창의적 자율성이 내재되어 있다는 가정에 근거하여, 조직집단이 그러한 역량을 발휘할 여건만 만들어주면 조직은 알아서 잘 운영되고, 탁월하게 성장한다는 신념에 기반한다. 이를 노부호 교수는 '비전에 의한 경영'이라고 호칭했다.

셈코Semco의 회장인 리카르도 세믈러Ricardo Semler는 이렇게 주장했다. "어떤 사람이 의사결정은 최고결정권자에 의해 내려져야 한다고 생각한다면 그는 지나치게 교만한 사람이거나 지나치게 순진한 사람이다. 권력과 지위가 절대 무오류를 보증하지도 않거니와 반드시 최선의 선택을 가져다주지도 않는다. 민주주의는 사람들에게 의견을 달리할 권리를 부여한다. 민주주의에서는 다수의 직관이 한 사람의 권한에 우선한다. 유권자가 후보나 어떤 제안에 퇴짜를 놓을 때 그것이 심각한 실수를 범하는 일일 수도 있다. 하지만 우리는 집단적 판단과 직관이 한사람의 지배보다 낫다고 생각한다."[2] 세믈러의 주장이 항상 옳다고 할 수는 없겠지만, 그의 경영철학이 홀라크라시의 철학적 기반을 웅변해 주는 말임에는 틀림없다.

그러나 심리학 이론에 의하면 때때로 집단사고의 결과가 개인의 판단보다 못한 결과를 보여주기도 한다. 암묵적 집단의식이 위험을 경고하려는 개인의 의견을 억압하고 입을 다물게 할 수도 있기 때문이다. 결국 적정한 비지니스 거버넌스를 통한 구성원의 자발적 소통과 전향적 문제해결이 가능하고, 창의적 과업 수행을 통하여 학습하는 조직문화가 전제되어야 한다. 자발적 소통의 방편으로는 '오픈 스페이스 테크놀로지'가 주창하는 다이얼로그 방식의 대화법이 선호된다.[3]

홀라크라시 조직문화에서는 관리자의 통제가 약하다고, 직원들이 태업이나 방만한 경영을 할 것이라 생각하면 큰 오해이다. 오너십이 강한 조직원들 사이의 신뢰와 이에 부응하려는 노력들이 직원들의 게으름과 낭비를 방기하지 않는 조직내의 긴장을 유지하기 때문이다. 한편 홀라크라시형 조직이 직원들의 노동조합 운동과 궤적을 같이 한다고 상정할 수 없다. 노동조합은 자본가와 근로자의 계층구조를 전제로 하는 토양에서 시작되었다. 아울러 노조가 이익집단으로 변질할 경우에는 노조가 오히려 조직의 이중화된 구조적 층화를 고착시키길 수도 있다. 이러한 구조적 고착은 비즈니스 거버넌스가 끊임 없이 탈피하고자 하는 후진 환경이다. 홀라크라시형 조직은 사주와 근로자의 계층구조를 전제하는 봉건적 조직구조와 맥락을 달리하는 수평적 조직 문화로서 끊임 없이 환경에 적응하며 기존체제의 허물을 벗고 탈바꿈하는 유기체형 조직이다.

홀라크라시는 새로운 조직문화를 상정하는 이유로 조직의 구성원을 부르는 호칭을 새로이 정해야 한다. 표 B-1는 조직문화와 관련하여 홀라크라시 헌장에 등장하는 새로운 역할, 대표적 맥락 용어들이다. 혁신적인 도메인의 용어인 이유로 영문 단어의 한글용례를 제시하는데 한계가 있다. 앞으로 학자들이 좀 더 나은 한글용어들을 제안하기를 기대한다. 홀라크라시 헌장에서는 헌장의 룰을 변경할 경우 홀라크라시라는 용어를 사용하지 말도록 요구하고 있는데, 이는 지나치게 상세함에 집착하는 듯 하다. 변화를 막는 사상은 거버넌스의 토양인 유기체적 조직문화에 부합하지 않는다. 그러한 이유로 아래의 3가지 원칙을 준용한다면 홀라크라시 거버넌스 체제라 호칭할 수 있다는 판단을 가지고 있다.

- 집단의 의사결정이 위계에 의한 결정보다 우선한다. (권력의 원천)
- 자기조직화를 통해서 역할과 목표를 정하고 활동한다. (자기 조직화)
- 긴장을 인지하면 구조를 바꾸고 자율적으로 개선한다. (자율 개선)

홀라크라시가 모든 환경에 부합하고 당면한 과제를 해결하는 만병통치약은 아닐 것이다. 새로운 경영이론의 변천 역사가 이를 증명한다. 홀라크라시 거버넌스는 새로운 거버넌스의 접근이지만, 지속가능한 효과를 검증하기에는 더욱 많은 시간을 요구한다.

[표 B-1] 홀라크라시 용어[4)]

카테고리	영문용어	한글용례	설명
맥락 용어	Accountability	책무	역할자가 수행하는 지속적인 활동. 거버넌스 프로세스로 부여됨
	Constitution	헌장	홀라크라시 조직 및 운영 원칙. 거버넌스 힘의 근원
	Domain	도메인	역할자가 조직을 대신하여 배타적으로 관리하고 자원을 통제하는 활동영역
	Ellection	선출	간사, 서기, 대표 링크를 선출하는 전체 절차
	Governance	거버넌스 미팅	홀라크라시 운영의 최고의사결정 미팅. 긴장을 해결하고 제안과

카테고리	영문용어	한글용례	설명
	Meeting		반대의견을 검토하고 승인함
	Individual Action	개별활동	현재의 목적 혹은 책무를 벗어나는 활동. 의식적으로 고려되어야 하고, 반복되지 않도록 챙기는 의무를 동반함
	Metrics	성과지표	리드 링크가 선정한 성과지표
	Next-action	다음 행동	최우선 순위의 즉시 실행해야할 활동
	Objection	반대	거버넌스의 절차에 대한 이견을 거버넌스 미팅에서 제기하는 행동
	Policy	정책	도메인에 영향을 주는 사항을 허용하고 그 한계를 정함
	Process Breakdown	프로세스 브릭다운	헌장의 규칙과 갈등을 만드는 행동패턴의 증상
	Project	프로젝트	목적을 달성하는 여러가지 순차적 활동
	Proposal	제안	거버넌스 미팅에서 도메인의 긴장을 줄이는 제안
	Purpose	목적	역할자가 조직을 대신하여 추구하는 잠재적이고, 실현되지 않은 목표
	Strategy	전략	서클멤버의 의사결정을 가이드 하는 이해하기 쉬운 룰
	Tactical Meeting	전술 미팅	서클 멤버들의 운영레벨 미팅
	Tension	긴장	홀라크라시의 변화를 유발시키는 갭 요인(현실과 희망의 차이)
조직 용어	Anchor Circle	닻 써클	헌장의 정신에 의하여 최초로 구성된 써클
	Circle Member	써클 구성원	정의된 역할을 담당하는 써클 구성원
	Cirlce	써클	동일한 목적을 달성하는 역할자들로 구성되고, 도메인들을 통제하고, 책임을 수행하는 커다란 하나의 역할자(A Role)
	Core Circle Members	핵심 써클 멤버	정의된 역할을 맡는 파트너, 리드링크, 대표링크, 크로스 링크, 간사, 서기로 구성
	Cross Link	크로스 링크	외부의 연결집단을 중재하는 리더
	Defined Role	정의된 역할	써클에서 정의한 역할
	Facilitator	간사	써클 거버넌스를 책임지고, 헌장과 운영실행을 연계시킴. 리드링크와 중복안됨.
	Lead Link	리드 링크	전체 써클의 목적을 책임지는 리더. 멤버의 역할을 정의하고 자원을 할당하고 우선순위와 전략 성과지표를 정의함.
	Linked entity	연결 집단	써클 외부의 또다른 써클
	Proposer	제안자	거버넌스의 변경을 제안하는 사람
	Ratifier	비준자	헌장의 도입을 결정하고, 그 정신을 행동으로 옮길 것을 확약한 자.
	Rep Link	대표 링크	상위써클에서는 하위 써클의 리드 링크가 대표 링크가 됨. 하위 써클과 상위써클의 긴장을 해결함.
	Role	역할자	목적과 활동 도메인, 책무를 가지는 주체

카테고리	영문용어	한글용례	설명
	Secretary	서기	써클의 공식적인 기록과 문서보관을 관리함.
	Sub Circle	하위 써클	써클 내에 존재하는 하부 써클 집단
	Super Circle	상위 써클	써클이 소속된 상위 써클 집단

부록 C 비즈니스 거버넌스 국제표준

아래는 기업 환경에서 도움이 될 비즈니스 거버넌스에 관한 몇가지 국제 표준을 설명한다. COSO는 회계사 집단의 기여로 만들어진 기업의 위험관리 프레임워크이고, ISO 37000은 기업 거버넌스에 관하여 진행 중인 국제 표준이고, ISO 26000은 기업의 사회적 책임에 대한 표준이지만 인증 제도를 전제하지 않는 표준이다.

C1 COSO

내부통제구조internal control procedure는 회계감사 도메인에서 자주 사용하는 용어로 조직 재무제표의 투명성을 보증하는 업무 프로세스와 관련된다. 미국은 1985년 Committee of Sponsoring Organizations of the Treadway Commission(COSO)가 결성되어 1992년 조직의 내부통제구조에 대한 프레임워크인 COSO-Internal Control 이하 COSO-IC를 발표했다. 영문 단체명에 들어있는 생뚱맞은 'Treadway'는 이 단체의 설립에 기여한 '국립사기성재무보고위원회National Commission on Fraudulent Financial Reporting'의 초대 의장 트레드웨이James C. Treadway, Jr.의 이름을 딴 것이다. 그로부터 12여년이 지난 2004년 COSO는 COSO-IC보다 확장된 버전인 COSO-Enterprise Risk Management 이하 COSO-ERM를 발표한다. 이는 조직의 리스크관리에 대한 프레임워크 표준이다. ERM 확장판이 필요하게 된 동기는 2001년 엔론 스캔들과 같은 대형 회계 부정사건의 영향이 크다.[5)]

COSO는 미국공인회계사협회(AICPA)를 포함한 5개 민간부분 단체가 참여하고 있다. 그러나 COSO-IC와 COSO-ERM 프레임워크 보고서는 프라이즈워터하우스쿠퍼스(PwC)의 전문가들이 주도하였다. 멤버의 구성에서 알 수 있듯이 COSO는 주로 재무적 투명성을 보증하는 리스크 관리에 집중한다. 그림 C-1은 COSO의 두 가지 프레임워크 도식을 비교한 내용이다. COSO측은 COSO-ERM이 COSO-IC를 보완하는 것이지 대체하는 것은 아니라고 주장 한다. 그러나 그림에서 보듯이 COSO-ERM은 COSO-IC의 요소를 포괄하는 개념이다. 일반적으로 규모가 큰 조직은 COSO-IC보다는 COSO-ERM으로 접근할 것을 권고한다. COSO 프레임워크는 사업목표, 관리 요소, 조직체계의 3가지 부분으로 설계된 큐브의 이미지로 표현되며 내용은 아래와 같다.

첫째는 입방체의 상면인 통제목표objectives이다. 운영operation, 보고reporting, 법규준수compliance 그리고 COSO-ERM의 경우 전략strategic이 추가된다. 둘째는 입방체의 정면인 통제요소component이다. 통제환경control environment, 위험평가risk assessment, 통제활동control activity, 정보와 커뮤니케이션, 모니터링 활동monitoring activity이 있다. 그리고 COSO-ERM의 경우 통제환경 대신에 내부환경internal environment, 그리고 목표설정objective setting, 이벤트 식별event identification이 추가되었다. 셋째는 입방체의 측면인 조직체계organizational structure이다. 큰 규모로부터 작은 규모로 4단계로 표시한다. 이 부분은 COSO를 도입하는 조직의 상황에 맞게 설정하도록 권고된다.

COSO-IC	COSO-ERM
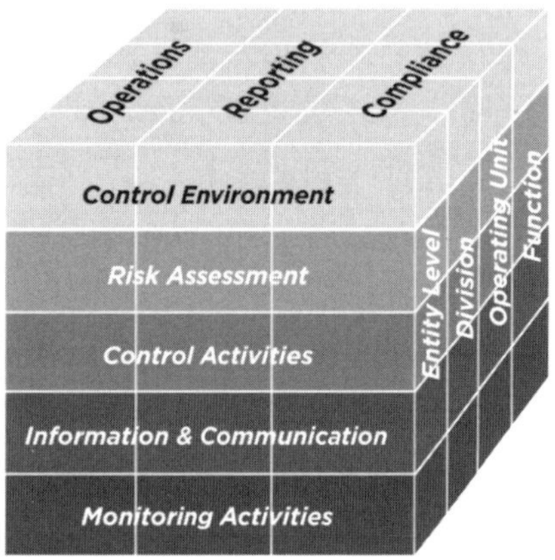	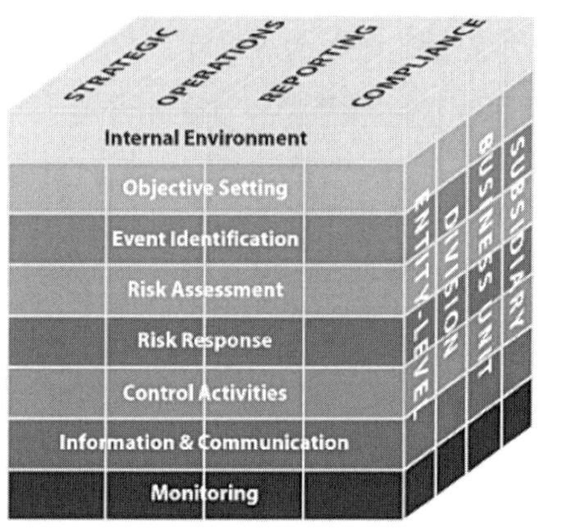

[그림 C-1] COSO-IC(좌)와 COSO-ERM(우)

2000년대 초반의 엔론Enron과 월드컴WorldCom의 회계부정 사건 이후 2002년 7월 말에 사베인스-옥슬리법(SOX법)이 선포되고 2년 후인 2004년 11월 15일부터 발효되었다. SOX법은 재무제표의 투명성뿐만 아니라, 조직과 기관의 재무 보고를 위하여 적절한 내부 통제 및 절차를 수립·유지하기 위한 책임소재를 결정하고, 이를 경영자의 책임으로 규정한다.[6] SOX 법

302조/404조는 IT와 직접 관련되어 있는데, 이 조항은 IT 인프라가 투명하고, 책무적인 방식으로 관리되어야 하고, 내부통제가 사기활동을 적정하게 방지하는지를 증명해야 하다고 적시되어 있다.[7] 표 C-1의 404조 내용은 내부통제구조의 적정성에 대하여 발행인(보통 CEO)의 보증을 규정한다. 예전과 다른 점은 내부 통제 구조와 절차(프로세스)의 효과성에 대한 평가를 요구하고 있다는 점이다. 이처럼 COSO-ERM은 경제 주체에 대한 미정부의 강화된 조직 거버넌스 및 프로세스 거버넌스 보증 요구에 부응하기 위해 마련된 표준 프레임워크이다.

[표 C-1] SOX 법 404조

S404(a)(1)(2) 요구되는 법규. (중략) 내부통제보고서는 (1) 재무보고를 위한 적정한 내부통제 구조와 절차를 수립하고 유지하기 위한 매니지먼트의 책임을 명시하여야 한다. 그리고 (2) 가장 최근의 회계연도 기준일로 재무보고서 발행인의 내부 통제 구조와 절차의 효과성 평가를 포함하여야 한다.

C2 ISO 37000

ISO는 2016년 11월부터 임의 그룹을 결성하여 조직 거버넌스에 대한 국제표준의 타당성을 검토하고 새로운 표준 항목의 제안을 준비해 왔다. 2017년 5월 캐나다 퀘백에서 TC309 사전 미팅이 개최되었다. 이때 새로운 표준이 'ISO 37000: Guidance for the Governance of Organization'으로 명명되었고, 2020년까지 조직 거버넌스의 표준을 완성할 계획으로 ISO/TC309 워크 그룹에 과업이 할당되었다. ISO 37000은 영국의 BS13500에 기초하고 있으며, 조직 거버넌스를 다음과 같이 정의한다. 조직 거버넌스는 '조직이 오랜시간에 걸쳐 조직의 핵심 목적을 달성하기 위하여 조직을 지휘, 통제하고 책무성을 유지하는 시스템'이다. 그리고 조직 거버넌스가 모든 유형과 다양한 규모의 조직에서 굿 거버넌스를 정착시킬 때, 조직의 효율성efficiency, 지속가능성sustainability, 책무성accountability 그리고 공평성fairness을 향상하고 위험한 사고를 회피할 수 있도록 도울 것으로 판단하고 있다. 그리고 앞으로 나올 문서는 조직 유형이나 규모에 제한 받지 않으며, 거버넌스 토픽에 집중하기 위해 일반적인 매니지먼트 시스템의 내용은 배제할 것을 분명히 하고 있다. 또한 산출물이 법규, 공공 정책에 영향을 줄 의도가 없으며, 또한 기존의 국제 조약을 해석하지도 않을 것이고, 일반 조직을 위한 가이드 라인에 국한할 것임을 분명히 하고 있다. 이러한 언급은 조직 거버넌스를 정치사회적 이슈와 달리하는 기업 도메인의 이슈로 정의함으로서 불필요한 사회적 논란을 피하려는 듯 보인다.

C3 ISO 26000

이밖에 조직 거버넌스에 참고할만한 다른 국제 표준으로 조직의 사회적 책임과 관련한 ISO 26000이 있다. 표 C-2는 이에 대한 핵심적 설명이다.

[표 C-2] 기타 거버넌스 관련 국제 표준[8)]

표준의 명칭	설명
ISO 26000	국제표준화기구(ISO)에서 개발한 조직의 사회적 책임(Corporate Social Responsibility: CSR)의 국제 표준이다. 유의사항은 현재 ISO 26000은 인증제도(certification)의 표준이 아니라, 가이드라인이라는 점이다.

인증이 아니라는 것은 조직들이 인증심사를 신청하고, 심사 후 인증서를 교부하는 사업행위가 존재하지 않는다는 뜻이다. 그러나 일부 심사기관은 컨설팅 차원에서 ISO 26000의 가이드라인을 현업에 적용하는 서비스를 제공하기도 한다.

이상의 거버넌스에 관련한 여러 가지 국제표준을 준용하여 조직은 비즈니스·프로세스·IT 거버넌스에 대한 정책, 조직화, 프로세스 활동, 성과지표를 내재화시킬 수 있다. 그러나 초기 접근은 많은 시행착오가 발생할 수 있다. 선행 경험을 한 조직의 사례나 업계 전문가의 조언을 청취하고 접근하는 일이 비용대비 효과를 높이고 효과적이고 효율적인 거버넌스 체제 구현에 도움이 될 것이다.

부록 D 프로세스와 프로젝트 관리

프로세스에 관련된 유관 개념 중에서 프로젝트는 반드시 다루어야할 주제이다. 조직의 활동을 프로세스 관점으로만 설명한다면, 프로젝트 프로세스project process와 운영 프로세스operational process로 나눌 수 있기 때문이다. 비즈니스 도메인에 새로운 사업을 도입하고, 환경변화에 적응하기 위해서는 프로젝트를 통하여 이를 구현하는 프로세스 과정이 필요하다. 프로젝트 프로세스의 목적은 새로운 제품이나 서비스를 개발하거나, 이에 맞춘 새로운 프로세스를 정착하는 일이 된다. 그러므로 프로젝트의 3가지 특징은 일시적temporary이고, 유일unique하고, 점진적progressive으로 상세화되는 것으로 설명된다.

반면에 운영 프로세스는 프로젝트 프로세스의 효과성이 검증된 이후에 프로세스의 효율성을 적정수준으로 유지하는 일과 관련된다. 그러므로 운영 프로세스의 3가지 특징은 지속적continuous이고, 반복적repeatable이며, 표준적인normalized 활동으로 설명된다. 한편, 기존의 운영 프로세스의 효율을 더욱 향상 시키는 과업은 새로운 대안을 설계하고 구축하는 일이므로 프로젝트 프로세스의 범주로 포함시키는 것이 적당하다. 이러한 프로젝트 프로세스에 관한 업계의 대표적인 가이드라인 혹은 표준으로는 PMBOK와 SPICE가 있다. PMBOK는 보편적인 프로젝트 관리방법이고, SPICE는 IT개발에 맞추어진 프로젝트 방법론이 된다. SPICE에 대하여는 부록 E. IT 거버넌스의 범주에도 들어가지만, 프로젝트 관리 차원에서 본 부록에서 같이 설명한다.

D1 PMBOK

Project Management Institute(PMI)에서 만든 Project Management for Body of Knowledge (PMBOK)는 프로젝트 관리분야의 사실상의 표준이다. Project Management Professional (PMP) 자격증 시험도 PMBOK를 기반으로 하고 있다. 최신 버전은 2017년에 발표된 6번째 판본이다. PMBOK는 프로젝트의 성공에 지대하게 영향을 끼치는 지식, 프로세스, 기술, 도구 및 기법을 제시한다. PMBOK는 ISO 21500 인증으로 채용되기도 하였다.

PMBOK는 수직으로 10개의 지식체계, 수평으로 5단계의 프로세스 그룹으로 설계되어 있다. 그림 D-1는 이러한 PMBOK(2017)의 10개 지식체계의 관계를 개략적으로 도식화한 그림이다. 9개의 지식체계를 적정하게 운영하여 궁극적으로 이해관계자를 만족시키는 것이 목적이라 생각하면 된다. 10개의 지식체계 중에서 이해관계자 지식체계는 2013년에 발표된 제5판부터 포함되기 시작하였다.

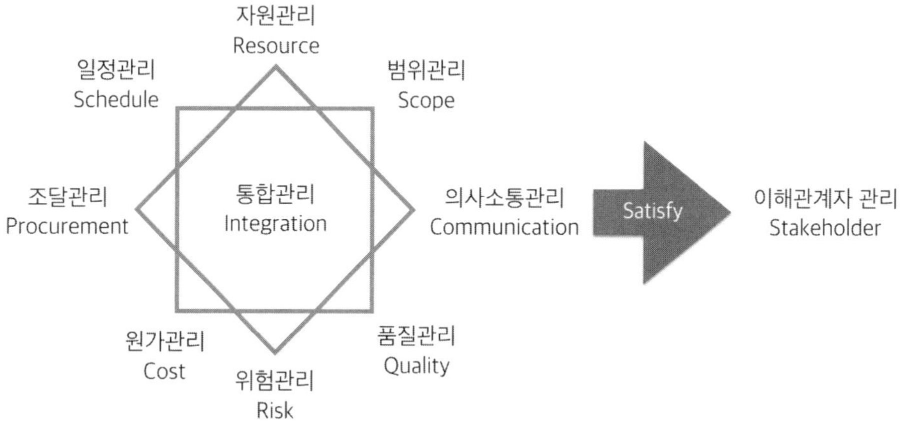

[그림 D-1] PMBOK의 상위 개념(Dinsmore & Rocha의 차트를 수정함)

[표 D-1] PMBOK 매트릭스

Knowledge Area	Process Group					
	Initialing	Planning	Executing	Monitoring and Controlling	Closing	
[4] Integration Management	4.1 Develop Project Charter	4.2 Develop Project Management Plan	4.3 Direct and Manage Project Work 4.4 **Manage Project Knowledge**	4.5 Monitor and Control Project Work 4.6 Perform Integrated Change	4.7 Close Project or Phase	7
[5] Scope Management		5.1 Plan Scope Management 5.2 Collect Requirements 5.3 Define Scope 5.4 Create WBS		5.5 Validate Scope 5.6 Control Scope		6
[6] Schedule Management		6.1 Plan Schedule Management 6.2 Define Activities 6.3 Sequence Activities 6.4 Estimate Activity Durations 6.5 Develop Schedule		6.6 Control Schedule		6
[7] Cost Management		7.1 Plan Cost Management 7.2 Estimate Costs 7.3 Determine Budget		7.4 Control Costs		4
[8] Quality Management		8.1 Plan Quality Management	8.2 **Manage Quality**	8.3 Control Quality		3
[9] Resource Management		9.1 Plan Resource Management 9.2 **Estimate Activity Resources**	9.3 **Acquired Resources** 9.4 **Develop Team** 9.5 **Manage Team**	9.6 **Control Resources**		6
[10] Communications Management		10.1 Plan Communications Management	10.2 Manage Communications	10.3 **Monitor Communications**		3
[11] Risk Management		11.1 Plan Risk Management 11.2 Identify Risks 11.3 Perform Qualitative Risk Analysis 11.4 Perform Quantitative Risk Analysis 11.5 Plan Risk Responses	11.6 **Implement Risk Responses**	11.7 **MonitorRisks**		7
[12] Procurement Management		12.1 Plan Procurement Management	12.2 Conduct Procurements	12.3 Control Procurements		3
[13] Stakeholder Management	13.1 Identify Stakeholders	13.2 Plan Stakeholder **Engagement**	13.3 Manage Stakeholder Engagement	13.4 **MonitorStakeholder** Engagement		4
	2	24	10	12	1	49

표 D-1는 착수, 계획, 실행, 모니터링 및 통제, 종료의 5단계 프로세스 그룹과 10개의 지식체계로 배열된 총49개의 최신 PMBOK 목차 항목을 보여준다. 항목의 앞에 있는 번호는 PMBOK 문서상의 번호와 동일하다. 지식체계의 항목이 가장 많이 매핑된 프로세스 그룹은 계획단계로 24개의 모듈이 매칭 되어있다. PMBOK는 가이드라인이니, 프로젝트 멤버들은 이를 참조하여 자사의 프로젝트에 맞추어 테일러링 하면 된다. PMBOK는 4~5년 마다 내용이 꾸준히 변경되고 있고, 1996년 180페이지였던 내용이 2017년 6판에는 750페이지가 넘게 풍부해졌다. 이처럼 PMBOK는 프로젝트 거버넌스를 위한 좋은 프레임워크를 제공한다.

D2 SPICE

Software Process Improvement and Capability dEtermination(SPICE)는 소프트웨어 프로세스 수행 능력 평가를 위한 국제 표준이며, 이는 소프트웨어 개발 프로세스 향상과 프로세스 역량 향상을 위해 활용된다. SPICE는 ISO 15504의 다른 이름이다. 이는 이전의 ISO 1227(소프트웨어 생명주기 프로세스)로부터 파생되었다고 알려져 있고, CMMI와 많은 유산을 공유하고 있다. SPICE 버전 1은 1995년 6월에 발표되었다 SPICE 모델의 두가지 주요한 특징은 CMM 성숙도 모델과 V-모델로 판단된다. 특히, 다른 사업보다도 자동차 업계에서 Automotive SPICE가 널리 활용되고 있는데, 무엇보다도 안정성을 최우선시 하는 자동차의 개발에 순차적 V-Model이 적합하기 때문이다. CMM 성숙도 모델에 대하여는 Chapter 14의 설명을 참조하고, 본 장에서는 널리 알려진 V-모델에 대하여 간략히 언급한다.

V 모델은 지식 도메인에 따라 다양하게 수정되어 사용되는데, 소프트웨어 도메인의 경우는 전통적인 개발 방법론인 폭포수waterfall 모델의 변형으로 간주된다. 전통적인 폭포수 모델은 위로부터 요구정의, 설계, 구현, 테스트, 운영의 단계로 마치 폭포가 떨어지는 형상으로 단계를 표현하는 것이 일반적이다. 그 모양은 그림 D-2와 같다.

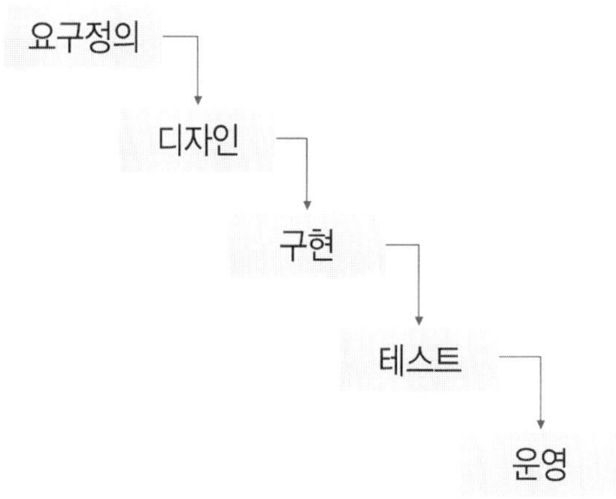

[그림 D-2] 전형적인 폭포수 개발 사이클

폭포수 모델은 중간의 구현단계를 중심으로 전반부은 개념적 설계 단계이고, 후반부는 물리적 구현단계로 나뉠 수 있다. V-모델은 그림 D-3처럼 구현단계에 해당하는 유닛 설계 단계를 바닥에 두고, 폭포수 모델의 물리적 구현단계부터는 V자 형태로 꺾어 표현한 모델을 사용한다. 그렇다면 폭포수 모델에 비교하여 V-모델은 어떠한 이점을 줄까? 폭포수 모델과 비교할 때 V-모델은 프로세스 각 단계의 추상화 수준에 맞추어 과업 계획Job plan과 과업 이행Job done을 상호 비교하게 해주는 장점이 있다. 그림 D-3의 V-모델을 정보시스템의 개발에 맞추어 좀 더 상세히 작성해 보면, 그림 D-4과 같다. 그림처럼 소프트웨어 업계에서는 물리적 구현단계의 시작을 소프트웨어 유닛모듈의 설계 및 개발과 소프트웨어 유닛모듈의 테스팅 단계가 동시에 진행되는 과정으로 상정한다.

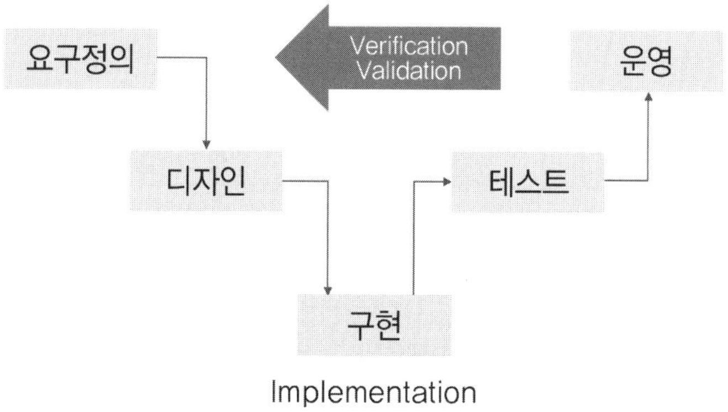

[그림 D-3] 단순화한 V-model

[그림 D-4] 소프트웨어 개발을 위한 전형적인 V-모델

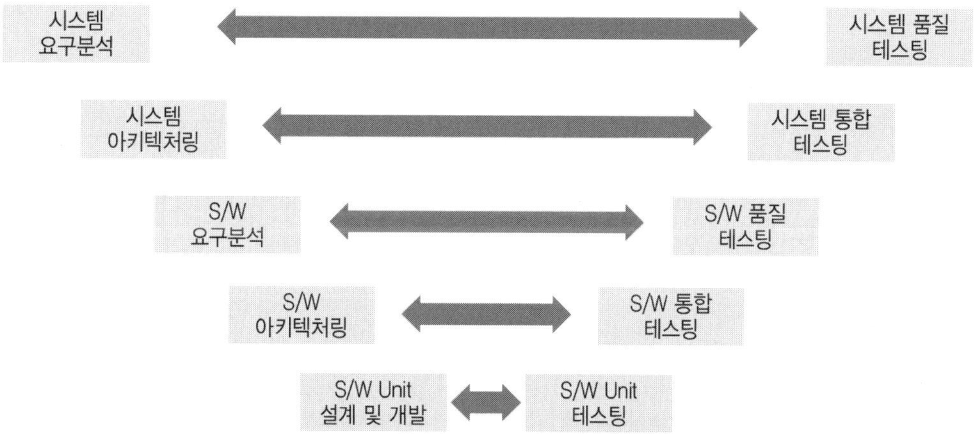

[그림 D-4] 소프트웨어 개발을 위한 전형적인 V-모델

개념적 설계단계와 물리적 구현단계를 비교 검토하는 활동은 확인validation과 검증verification이 있다. 영어 용어, 한글 단어 모두 이해가 쉽지 않다. 혹자는 그림 D-4의 상위 비교활동을 확인, 하위 비교활동을 검증으로 설명하기도 하지만 옳지 않은 접근으로 판단한다. 확인과 검증은 엄밀하게는 추상화레벨에 따른 구분이 아니다. 그보다는 개발단계 전체 사이클에서 확인과 검증활동 수행이 가능하다. 구분의 요체는 표 D-2에서 설명한 바와 같이 사용자 관점에서 '확인'하는 것인지, 엔지니어 관점에서 '검증'하는 것인지로 판단함이 옳다.

[표 D-2] 확인활동과 검증활동의 비교표

영문 용어	한글 번역	정의 및 설명
Validation	확인	• 사용자의 비즈니스 관점에서 확인함 • 설계사양이 사용자의 요구사항과 정합하는지 검토하는 활동 • 대개 설계 마지막 단계의 검수단계에서 수행함. • 거시적 Validation의 관점을 놓치지 않고 Verification이 수행되어야 함. • 거버넌스의 범주임.
Verification	검증	• 엔지니어의 관점에서 확인함 • 소프트웨어가 설계사양을 충족하는지 검증하는 활동. • 각 개발 단계(phase) 마다 검증함. • 각 개발 단계마다 verification을 적정하게 하였다고 하여도 Validation을 담보하지는 못할 수 있음. • 매니지먼트의 범주임.

검증verification 작업은 전문적인 분야이고, 기술적 식견이 없다면 수행이 용이하지 않은 일이며, 거버넌스 분야의 일이라기 보다는 매니지먼트의 과업에 속한다. 그러므로 프로세스 거버넌스의 관점에서는 확인활동이 더욱 집중해야 할 과업이다. 위에서 설명한 V 모델의 확인validation 과업은 IT거버넌스의 주요 활동이 된다.

부록 E IT 거버넌스 국제 표준

프로세스 거버넌스에 대한 국제적 표준은 아직 발현되지 않았지만, 비즈니스 거버넌스와 아울러 IT 거버넌스 역시 업력이 길기 때문에 참조할 프레임워크가 존재한다. 대표적인 모델로 COBIT이 있고, 국제 표준화 단체인 ISO에서도 ISO 38500을 발표했다. 서로 다른 표준화 단체가 시장 선점을 위하여 경쟁하는 느낌이다.

E1 COBIT

조직의 IT 거버넌스 프레임워크 표준은 Information Systems Audit and Control Association(ISACA) 산하의 IT Governance Institute(ITGI)가 주도하는 Control OBjectives for Information and related Technology(COBIT)이 있다. 최신 버전은 COBIT 5로 조직 전략과 IT 전략이 통합된 거버넌스 및 관리 도메인의 실행 전략을 참조할 수 있다. COBIT 5는 그림 E-1처럼 5개 카테고리 총 37개 서브 프로세스를 가이드라인으로 제시한다.[9]

사용자는 COBIT 5가 제안하는 조직의 전략적 선택지와 프로세스 선택지의 연관도 매핑 테이블을 활용하여 손쉽게 실행 전략을 수립할 수 있다. 그림처럼 COBIT 5는 거버넌스 도메인과 관리 도메인을 구별한다. 그림 상단의 IT 거버넌스 도메인은 5개 서브 프로세스가 있다. 그것은 거버넌스 프레임워크 설정과 유지governance framework setting & maintenance, 효익 전달benefit delivery, 위험 최적화risk optimization, 자원 최적화resource optimization, 이해당사자 투명성stakeholder transparency 등이다. 그림 하단의 IT 관리 도메인은 계획·생성·운영·모니터 단계의 4개의 카테고리로 구분하고 있다. 표 E-1는 이를 간략히 정리한 표이다.

[그림 E-1] COBIT 5 프레임워크

[표 E-1] COBIT 프로세스 명세

도메인	레벨 2 단계명	영문 활동명	약자	서브 프로세스 개수
거버넌스 도메인		측정, 지시, 감독 (Evaluate, Direct, Monitor)	EDM	5
관리 도메인	계획(Plan) 단계	조정, 계획, 조직 (Align, Plan, Organize)	APO	13
	개발(Build) 단계	개발, 도입, 구현 (Build, Acquire, Implement)	BAI	10
	운영(Run) 단계	배포, 서비스, 지원 (Deliver, Service, Support)	DSS	6
	모니터(Monitor) 단계	감독, 측정, 평가 (Monitor, Evaluate, Assess)	MEA	3

E2 ISO 38500

IT 기술에 관련된 조직 거버넌스를 위한 국제 표준인 ISO/IEC 38500: Corporate Governace of Information Technology은 거버넌스 조직(특히 이사회)에게 IT 기술과 인터넷 기술에 대한 핵심 거버넌스 원칙의 틀을 제공한다. 이 표준은 International Standard Organization (ISO)와 International Electro-technical Commission(IEC)의 협업의 산출물로서 2008년 공표되었다. 2005년에 호주에서 공표된 표준을 준용한 것으로 알려져 있다. ISO 38500은 설명 사양서와 가이드라인의 2가지의 내용을 핵심으로 하며 다음과 같이 크게 3개 부분으로 기술되어 있다.[10)]

첫째는 개요 부분으로 거버넌스의 범위, 적용과 목표Scope, Application and Objectives를 설명한다. 둘째는 IT 조직의 바람직한 (굿)거버넌스 프레임워크Framework for Good organization governance of IT를 설명한다. 거버넌스가 어떻게 수행되어야 하는지 설명하는 사양서 specification이다. 품질경영의 표준인 ISO 9001과 유사하며 인증 심사의 항목을 구체적으로 설명한다. 마지막 부분은 IT 조직 거버넌스의 가이드라인Guidance for the organization governance of IT인데 모범사례를 설명하고 어떻게 일이 수행되어야 하는지에 대한 조언을 제공하는 가이드라인의 집합이다. 즉, 실천 강령code of practice이며 IT Infrastructure Library(ITIL)와 유사하다.

E3 기타 국제 IT 표준

이밖에 IT 거버넌스 분야에 관련된 국제 표준은 표 E-2과 같다. 표와 같은 서비스 관리, 정보보안에 관한 기존의 표준을 선택하여 참조할 수 있다. 그러나 최신의 IT 거버넌스 표준들이 이러한 분야를 포괄하고 있으니, COBIT과 같은 표준을 수용할 경우 크게 문제될 것은 없을 것이다.

[표 E-2] IT 거버넌스 관련 국제 표준

표준의 명칭	설명
ISO/IEC 20000	ITIL에 기반을 두어 ISO가 만든 IT 서비스관리 국제표준
ISO/IEC 27002	정보기술 보안에 대한 국제 표준
ITIL (IT Infrastructure Library)	IT 서비스 관리(IT Service Management: ITSM)를 위한 국제표준이다. ITIL 2011이 최신 버전

부록 F 프로세스 거버넌스 목적 모델링

조직의 목적은 성장, 지속 그리고 좋은 평판이다(Hofstede, 2004).[11] 거버넌스 역시 이러한 기업목적의 달성을 위해서 의미를 가진다. 그러므로 지속적으로 성장하면서 좋은 평판을 유지하는 기업은 좋은 거버넌스를 가진 조직이다. 좋은 거버넌스를 속칭 '굿 거버넌스Good Governance'라 부른다. 그러나 정치학에 있어서도 무엇이 굿 거버넌스이고, 어떻게 객관적으로 굿 거버넌스의 성패를 가늠하고, 어떤 조건 하에서 굿 거버넌스가 가능한지는 연구가 부족하다.[12] 굿 거버넌스의 개념은 세계은행World Bank과 OECD 회원국이 저개발국가의 해외 원조의 성과를 높이는 방안으로 고안한 개념이고, 수혜국에 대한 일종의 사전 조건으로 제시되어 왔다.[13] 이러한 조건은 크게 공공관리역량, 공정한 법체제, 책임성, 투명성과 정보개방의 4가지 구성요소를 요구한다.[14] 그러나 이러한 굿 거버넌스의 개념은 시민사회와의 협력적 거버넌스, 수평적 네트워크와 같은 거버넌스의 보편적 가치를 반영하지 못하고 있다는 비평이 있다. 학계에서 굿 거버넌스의 요인을 측정하는 지표로 추천되는 용어는 표 F-1과 같다.

[표 F-1] 굿 거버넌스 요인의 사례

요인의 사례	출처
민주성, 효율성, 자율성, 참여성, 분권화, 네트워크, 전문성, 책임성	임성학(2007)
정당성, 신뢰성, 전문성, 투명성	이경민 & 이철우(2007)
참여성, 자율성, 책임성, 네트워크	김영(2008)
대표성, 투명성, 반응성, 합리성, 상호호혜성, 신뢰성, 개방성, 형평성, 정당성	김의영(2011)

업무관리의 관점에서 성과지표는 레벨 별로 3~5개가 효과적이다. 표 F-1와 같이 너무 많은 성과지표의 항목은 조직의 활동 에너지를 분산시켜 관리의 효율성을 떨어뜨린다. 너무 많은 성과지표는 국제조직의 경우 마찬가지 추세를 보여준다. 표 F-2는 UN Development Programme(UNDP)의 거버넌스 목표와 UN-HABITAT에서 후원한 Urban Management Program, 1997-2001(UMP) ASIA에서 언급된 굿 거버넌스의 요소이다. 표 F-2의 테이블의 양쪽 성과 지표 중에서 일치하는 지표는 책무성, 응답성, 파트너십뿐이다. 이처럼 정치사회적

의미에서의 거버넌스 목적에 대한 보편적인 합의가 없듯이, 연구 업력이 짧은 프로세스 거버넌스의 목적 역시 보편적으로 합의된 목적을 말하기 이른 것 같다.

[표 F-2] 굿 거버넌스 성과지표의 사례

단체명	UNDP	UMP-ASIA
굿 거버넌스 성과지표	• 참여도(Participation) • 법체제(Rule of Law) • 투명성(Transparency) • 응답성(Responsiveness: Serve all stakeholders) • 합의지향(Consensus Orientation) • 형평성(Equity[Well-being] and inclusive • 효과 & 효율(Effectiveness and Efficiency) • 책무성(Accountability) • 전략적 비전(Strategic Vision) • 정당성(legitimacy) • 자원의 절약(resource prudence) • 환경적 건전성(ecological soundness) • 권한위임(empowering & enabling) • 파트너십 • 지역사회적 기반(spatially grounded in communities)	• 책무성(Accountability) • 응답성(Responsiveness: Serve all stakeholders) • 관리혁신(Management Innovation) • 공공 민간 파트너십(Public Private Partnership) • 지방정부 시민 협력(Local Government Citizen Interaction) • 분권 관리(Decentralized Management) • 네트워킹(Networking) • 인적자원관리(Human Resource Development)
출처	UNDP, 1997: Governance for Sustainable Human Development	Dinesh Mehta, 1998: Urban governance from best practices in Asia(UMP-Asia Occasional Paper)

프로세스 거버넌스의 목적은 프로세스 거버넌스를 통하여 달성하고자 하는 조직의 거시적 목표를 말한다. 이는 조직의 거시적 목적이 결국 프로세스 거버넌스의 목표와 유사해야한다는 말이다. 한편 전통적인 매니지먼트의 목적과 비교하여 차별화된 거버넌스의 목적이 존재하는가 하는 의문이 생길 수 있다. 거버넌스의 목적은 매니지먼트의 목적을 포괄해야 하지만, 또한 전통적인 매니지먼트의 관심사를 초월한 장기적이고 거시적인 관점의 목적이 존재해야 한다. 이는 Chapter 3의 표 3-1에서 설명한 거버넌스 vs. 매니지먼트의 비교 테이블을 재고할 때에 분명해 진다. 거버넌스의 목적은 거시적이어야 하며, 조직의 장기적 관점에 무게를 두어야 하며, 주주는 물론 조직 활동의 영향을 받는 여러 이해관계자 및 지역 공동체에 대한 사회적 책임을 지향해야 한다.

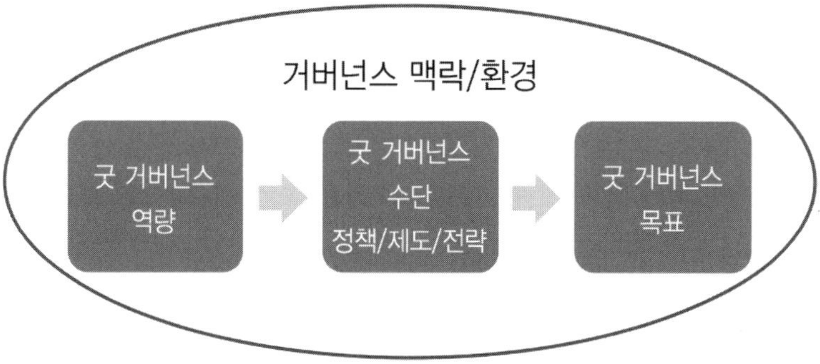

[그림 F-1] 굿 거버넌스 분석틀

거버넌스의 목적을 결정하기에 앞서서 김의영(2011)이 제시한 그림 F-1의 '굿 거버넌스 분석 틀'은 매우 유용하다.[15] 굿 거버넌스 분석 틀은 세 가지 이점을 제공한다. 첫째, 거버넌스의 목표와 이행 수단(정책, 제도, 전략)을 구분하도록 해준다. 둘째, 이행 수단을 운용할 조직 역량을 구분한다. 셋째, 목표・수단・역량이 관계를 맺는 맥락과 환경을 구분하게 해준다.

그림의 분석틀을 이용하여 표 F-1, F-2의 키워드를 필터링하면 표 F-3과 같이 역량, 수단, 목표, 환경의 4가지로 거버넌스의 목적요인을 분류할 수 있다. 분류된 내용 중에서 거버넌스의 목적과 직접 관련된 목표적 요인과 공통적 요인을 검토한 결과, '정당성'은 공유정신모형에서 다루었던 정체성에 관계되어 삭제하였고, 자원절약은 프로세스 관리의 효율성에 관계된 목표이므로 제외했다. 또한 근년에 반포된 UN의 '지속가능발전목표Sustainable Development

[표 F-3] 목적 요인의 분류 사례

요인 구분	요인 예시
역량적 요인	인적자원관리, 참여도(참여성), 전문성, 신뢰성, 반응성(응답성), 합리성
수단적 요인	전략적 비전, 관리혁신, 분권화(권한위임), 자율성, 파트너십(지방정부 시민협력, 공공민간 협력), 대표성, 상호호혜성
목표적 요인	효과성, 효율성. 자원절약, 정당성
환경적 용어	민주성, 형평성(평등), 개방성, 법체제, 합의지향, 네트워킹, 환경 건전성
공통적 요인	투명성, 책무성(책임성)

Goal: UN SDG 2016-2030'를 고려하여 조직의 장기적 지속가능성을 거버넌스의 중요한 목적으로 포함하였다. 이는 거버넌스의 장기적 관점과도 일치한다. 그 결과 최종적으로 프로세스 거버넌스의 5가지 목적을 아래와 같이 선정하였다.

- 첫째는 지속가능성sustainability으로 조직의 장기적인 생존과 성장을 보장하는 목적을 말한다.[16)]
- 둘째는 책무성accountability으로 조직 활동의 긍정·부정적 결과에 대한 설명책무를 말한다. 거버넌스와 매니지먼트를 구별하는 중요한 특성이다.
- 세째는 투명성transparency으로 조직 활동의 정당성을 검증할 수 있는 정도를 말한다. 개인의 사생활은 보호받아야 하지만, 공공 민간 조직의 투명성은 합당한 절차에 의하여 검증 가능해야 한다.
- 넷째는 효과성effectiveness으로 매니지먼트와 목적개념이 공유되며, 프로세스의 기대를 충족하는 정도이다.
- 다섯째는 효율성efficiency으로 역시 매니지먼트와 목적개념이 공유되며, 프로세스의 투입 대비 효과, 비용 효율적 생산성의 정도를 말한다.

이상 도출된 5가지 목적에 대한 이론적 고찰을 Chapter 8에서 다루었다. 그림 F-2는 위의

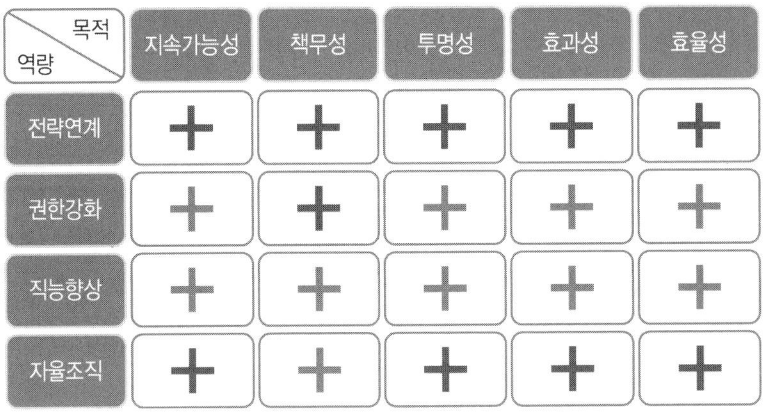

[그림 F-2] 거버넌스 역량/목적 매트릭스

다섯 가지 거버넌스 목적과 네 가지 거버넌스 요인의 상관관계에 대한 매트릭스이다. 이 매트릭스는 Chapter 7의 4가지 역량차원과 프로세스 거버넌스 목적에 관한 포괄적인 상관관계를 보여준다. 그림의 매트릭스에 기재된 '+'는 양의 상관관계를 의미하며, 실제로 과학적 연구로 시행된 상관관계 분석을 통해 검증한 데이터이다. 찐한 색은 좀 더 강한 상관관계를 나타낸다.

미래의 좋은 성과를 만들기 위해서는 인과관계 모델이 필요하다. 그래야만 성과를 만들어 내는 프로세스에 초점을 맞추고 관리할 수 있다.[17] 그러므로 상관관계가 검증된 다음에는 PG 역량 요인과 PG 목적과의 인과관계 연구가 계속되어야 한다. ☺

참고문헌

1. 노부호(2017), V이론에 의한 제3의 경영, 21세기비즈니스.
2. 리카르도 세믈러/최동석 역(2006), 셈코스토리(세상에서 가장 별난 기업), 한스컨텐츠.
3. https://en.wikipedia.org/wiki/Open_Space_Technology
4. 홀라크라시 헌장 v4.1
5. Cendrowski, Harry & Mair, William C.(2009), Enterprise Risk Management and COSO, John Wiley & Sons. Inc.
6. 이재범 외(2009), IT Governance, 생능출판사.
7. Cheong, Lai Kuan(2007), "The Need for Data Governance: A Case Study", ACIS 2007 proceeding, 2007.
8. Ecologia(2011), Handbook for Implementers of ISO 26000: Global Guidance Standard on Social Responsibility, Designed by ECOLOGIA for Small and Medium Sized Business, 2011.
9. 정승렬 & 이정규, 비즈니스 프로세스, 한빛아카데미, pp. 156.
10. Calder, Alan(2008) ISO/IEC 38500 : The IT Governance Standard, pp. 12.
11. Hofstede, Geert(2004), "Business Goals and organization governance", Asia Pacific Business Review, Vol. 10, No. 3-4, pp. 292-301.
12. 김의영(2011), "굿 거버넌스 연구 분석틀: 로컬 거버넌스를 중심으로", 한국정치연구, 제20권, 제2호, 2011.
13. Lupu, Lulia(2014), "The indirect relation between organization governance and Financial Stability", 2nd International Conference - Economic Scientific Research - Theoretical, Empirical and Practical Approaches: ESPERA 2014. http://dx.doi.org/10.1016/S2212-5671(15)00254-3'
14. 김의영(2011), Ibid.
15. 김의영(2011), "굿 거버넌스 연구 분석틀: 로컬 거버넌스를 중심으로", 한국정치연구, 제20권, 제2호, 2011.
16. Pidun, Tim & Felden, Carsten(2010), "An overview of models for Business Process Analysis - Beyond Performance Measurement with KPIs", 2010 14th IEEE International Enterprise Distributed Object Computing Conference Workshops, pp. 99-105.
    Pitelis, Christos N. et al. (2011), Green Business, Green Values, and Sustainability, Routledge.
17. Lebas, Michel & Euske, Ken(2002), "A Conceptual and Operational Delineation of Performance", (in) Business Performance Measurement: Theory and Practice, Cambridge University Press, pp. 68.

찾아보기(영문)

S

T

U

V

W

Z

찾아보기(국문)